Eberhard Hungerbühler

PIONIERE für den Frieden

Unter Mitarbeit von
Werner Jany und
Lydia Tews

Ueberreuter

CIP-Kurztitelaufnahme der Deutschen Bibliothek

Hungerbühler, Eberhard:
Pioniere für den Frieden / Eberhard Hungerbühler.
Unter Mitarb. von Werner Jany u. Lydia Tews. —
Wien; Heidelberg: Ueberreuter, 1983. —
ISBN 3-8000-3188-4

Bildnachweis

Ullstein Bilderdienst, Berlin: 13, 21, 30, 51, 53, 77, 81, 84, 87, 125, 129, 171; Interfoto Friedrich Rauch, München: 17, 69, 123, 134, 152; Bilderdienst Süddeutscher Verlag, München: 25, 33, 57, 61, 93, 101, 108, 147, 176, 186, 190; Bavaria-Verlag, Gauting: 55, 120; Votava, Wien: 141, 149, 167; Verlag »pläne«, Dortmund: 159; Prado, Madrid; © VBK, Wien 1983: 97.
Schutzumschlag: Ullstein Bilderdienst, Berlin (4); Bilderdienst Süddeutscher Verlag, München (2); Votava, Wien (1); Verlag »pläne«, Dortmund (1).

J 1398/1

Umschlag von Brigitte Schwaiger

Papier und Gesamtherstellung: Salzer - Ueberreuter, Wien
Printed in Austria

Inhalt

7
Vorwort

11
Bertha von Suttner

23
Rosa Luxemburg

39
Mahatma Gandhi

59
Janusz Korczak

75
Carl von Ossietzky

91
Pablo Picasso

103
Martin Luther King

127
Albert Luthuli

139
Pablo Neruda

155
Victor Jara

165
Ernesto Cardenal

183
Martin Niemöller

Vorwort

Wo anfangen? Wo aufhören?

Ein Pionier für den Frieden war Jesus Christus, vielleicht auch schon König David. Pioniere für den Frieden sind die ungezählten freiwilligen Mitarbeiter der Gefangenenhilfsorganisation Amnesty International, und zwar — wie wir glauben — in weit größerem Maß als so mancher Nobelpreisträger.
Wofür traten und treten sie ein, die Friedenskämpfer auf allen Kontinenten? Sie sind natürlich gegen den Krieg, wenden sich aber darüber hinaus gegen Gewalt und Gewaltanwendung in jeglicher Form. Legt man dieses Verständnis zugrunde, so stößt man bereits in historischer Zeit auf »Pioniere für den Frieden« — Männer und Frauen, die aus unterschiedlicher Motivation für die Idee des Friedens eintraten. Von einer »Friedensbewegung« im engeren Sinn kann man jedoch erst ab dem 19. Jahrhundert sprechen. Ab dieser Zeit veränderten sich durch die Industrialisierung die Sozialstrukturen, und der Friedensbegriff wurde zu einem zentralen Thema. Die politische Zielsetzung des Nationalismus, Chauvinismus und Imperialismus rief Widerstand und Protest hervor. Der Widerstand war religiös, sozial-ethisch oder politisch begründet. Um diese Zeit entstanden die ersten »Friedensgesellschaften«. Nun waren es keine Einzelpersonen mehr, sondern Gruppierungen, die gemeinsam für den Frieden kämpften. Zum ersten Kulminationspunkt wurde der Erste Weltkrieg 1914—1918. Aus der unmittelbaren Betroffenheit heraus bildeten sich Gruppierungen, die über Friedenssicherung diskutierten. Doch ihre Aktivitäten konnten den Zweiten Weltkrieg 1939—1945 nicht verhindern.
Nach dem Zweiten Weltkrieg entstand eine neue Friedensdiskussion, die sich gegen Wiederbewaffnung (1952) und Atombewaffnung (1956—1958) wandte. Ab 1960 protestierten die Ostermarschierer gegen die Atomrüstung. Eine Tradition, die von der heutigen Friedensbewegung wieder aufgegriffen wird.
Es ist problematisch, in modernerer Zeit Einzelpersonen in ihren Bemühungen um Frieden herauszugreifen.
Personen stehen hier lediglich als Repräsentanten für Bewegungen und politische Strömungen. Wenn in dem Buch trotzdem Personen in ihrer »Pionierfunktion« dargestellt werden, dann deshalb, weil sie durch besonderes persönliches Engagement und Integrationsvermögen zu Triebkräften der Entwicklung wurden.

Ein Kristallisationspunkt ist der »Friedensnobelpreis«. Die politische Vereinnahmung dieser Auszeichnung führte allerdings in den letzten Jahren immer mehr zur Pervertierung des Begriffs Frieden. War in den ersten Jahren eine Überbetonung der »humanistischen Komponente« (Rotes Kreuz) festzustellen, so entwikkelte sich nach dem Zweiten Weltkrieg der Nobelpreis zum Instrument der Politik in der Blockkonfrontation. Mit der Verleihung des Preises an Henry Kissinger oder — noch fragwürdiger — an Begin und Sadat verlor die Auszeichnung ihre richtungweisende Funktion.
Es gibt allerdings auch immer wieder positive Überraschungen bei der Verleihung des Friedensnobelpreises. 1977 erhielt Amnesty International (kurz: ai) den Preis. Wir haben lange überlegt, ob wir diese beispielshafte Organisation nicht auch in einem Kapitel würdigen sollten.
Da aber dieses Buch Teil einer Buchreihe ist, deren Konzept es ist, Menschen, herausragende Persönlichkeiten, zu porträtieren, wollten wir es auch in diesem Band so halten.
Wie bei anderen Organisationen — wir denken dabei zum Beispiel an SIPRI (Stockholm International Peace Research Institute) — fehlen bei ai die repräsentativen Persönlichkeiten, die sozusagen stellvertretend für die gesamte Organisation stehen. Bewußt hat ai auf eine solche Organisationsform verzichtet und setzt lieber auf das Engagement jedes einzelnen Mitglieds. Dabei steht für diese Organisation weniger der militärische Gewaltbegriff im Mittelpunkt, sondern die Verletzung von Menschenrechten. Das Ziel von ai ist es, Menschen, die aus weltanschaulichen, religiösen oder politischen Gründen verhaftet werden, zu helfen. Über 100 000 Mitglieder in über 70 Ländern bilden etwa 1 700 Kleingruppen, die im Schnitt drei Gefangene (normalerweise je einen aus einem westlichen, einem östlichen und einem Entwicklungsland) betreuen.
Während der Arbeit an diesem Buch haben wir uns immer wieder gefragt, wie wirksam die Arbeit der Friedenspioniere wohl ist. Sie ist erstaunlich wirksam: Männer wie Gandhi, Martin Luther King, Albert Luthuli, Frauen wie Bertha von Suttner und Rosa Luxemburg haben mehr bewirkt als manche Regierung und viele Armeen.
Und das Unglück auf unserer Welt wäre ungleich größer, gäbe es nicht die vielen ungenannten Friedenskämpfer bei ai und in anderen Gruppierungen, die trotz ständig zunehmender Gewalt und immer neuer Rückschläge zäh und unermüdlich für den Frieden und die Menschenrechte eintreten.
1965 schrieb der Friedensnobelpreisträger und Atomwaffengegner Linus Pauling in einem Vorwort zu Bertha von Suttners Memoiren:
»Bertha von Suttners großes Wirken für den Frieden dauerte, vor etwa achtzig Jahren beginnend, über einen Zeitraum von zwei Jahrzehnten. Dieses Wirken trug keine unmittelbaren Früchte: man verzichtete nicht auf die Institution des Krieges, eine Umgestaltung der Gesellschaft folgte nicht; heute aber, fast ein Jahrhundert später, hat die Welt das Stadium erreicht, in dem sich das Wesen ihrer politischen Struktur und ihrer Einrichtungen ändern muß. Die Entwicklung nuklearer Waffen, die — werden sie in einem großen Krieg angewandt — unsere Zivilisation zerstören und vielleicht zur Vernichtung der menschlichen Rasse führen können, zwingt uns, die Institution des Krieges abzuschaffen und statt dessen

ein weltumfassendes System des Rechts zu errichten, das auf den Prinzipien der Gerechtigkeit beruht.

Wir sind auf einem Weg, der uns aus der Welt des Militarismus und der Machtpolitik zu einer neuen Welt führt, einer Welt, die sich von der vergangenen wesentlich unterscheidet. Das Abkommen über einen teilweisen Atomteststopp und dessen Annahme durch die meisten Nationen im Jahr 1963 bedeutet einen ersten großen Schritt. Weitere Schritte müssen nun unternommen werden, nicht nur auf dem Gebiete der Abrüstung, sondern ebenso im Hinblick auf die Lösung sozialer, politischer und wirtschaftlicher Probleme.«

Heute muß man sagen, daß Linus Pauling damals die nahe Zukunft zu rosig gesehen hat. Zwanzig Jahre danach hat die Welt ihr Vernichtungspotential vervielfacht. Die Konfrontationen haben sich verschärft, in vielen Regionen der Erde toben Kriege.

Wir sind weit vom Frieden entfernt. Grund genug, sich auf die Pioniere für den Frieden zu besinnen und selbst etwas zu tun.

Die Autoren

Bertha von Suttner

»Die Waffen nieder!«

»Immer ist das Rüsten der anderen für uns eine Gefahr, das eigene ist für die anderen keine. – Tritt aber einer für Einschränkungen aller Rüstungen auf, so ist das schon die größte Gefahr!«
Diese ironischen Zeilen wurden nicht etwa im Herbst 1983 geschrieben, sondern im Frühjahr 1907, und sie stammen nicht aus der Feder eines Raketengegners unserer Tage, sondern aus der einer adeligen Dame, die in den eleganten Salons von Wien, Paris und Berlin zu Hause war.
Ihr Engagement für den Frieden war zu ihrer Zeit für eine Frau etwas ganz Ungewöhnliches — für eine Dame ihres Standes aber war es eine Sensation; denn immerhin hatten 1907 die Frauen keinerlei politischen Rechte, die Mitgliedschaft in politischen Vereinigungen war ihnen sogar verboten. Die Rede ist von Bertha von Suttner, der ersten weiblichen Friedensnobelpreisträgerin der Geschichte.
Der familiäre Hintergrund Bertha von Suttners ließ alles mögliche erwarten, nur nicht, daß sie sich zu einer kämpferischen Frau entwickeln würde, die eines Tages das Interesse der Weltöffentlichkeit auf sich ziehen würde. Ihr Vater, Graf Kinsky von Wichnitz und Tettau, gehörte zum Hochadel der österreichisch-ungarischen Donaumonarchie. Er starb 78jährig noch vor Berthas Geburt. Seine vornehme Familie blickte etwas naserümpfend auf die Mutter herab, denn sie kam »nur« aus dem Bürgertum. Darum wollte die große Welt am Wiener Hof auch nichts von ihr wissen, was später auch die heranwachsende Tochter zu spüren bekam. Weinend kam Bertha oft von einem der großen Bälle nach Hause. Als Mauerblümchen war sie unbeachtet in der Ecke gestanden.
»Wir sind eben nicht hoffähig«, seufzte die Mutter resigniert und reiste mit der Tochter und dem ererbten Geld lieber ins Ausland. In den europäischen Metropolen führten beide ein angenehmes, aufwendiges Leben. Sie verkehrten in Luxussalons und vornehmen Bädern, und Bertha bekam eine Erziehung, wie es sich für adelige junge Damen damals gehörte. Es schien alles getan, um aus ihr eine Frau der besten Gesellschaft zu machen.
Aber dann plötzlich mußte Bertha auf eigenen Füßen stehen. Die Mutter hatte das ererbte Vermögen in den Spielsalons von Baden-Baden durchgebracht, und Bertha, inzwischen eine 30jährige Frau, mußte sich einen Beruf suchen, um Geld zu verdienen.

An einem sonnigen Julitag stand sie vor dem großen vornehmen Haus des reichen Barons von Suttner. Das Dienstmädchen führte sie in einen Salon, und man ließ sie warten. Bertha atmete tief durch, um das Herzklopfen zu vertreiben. Schließlich trat die Baronin von Suttner ein. Kritisch musterte sie die junge Frau. Bertha hielt dem Blick stand.
»Ich hoffe, Sie sprechen gut französisch«, begann die Baronin mit strenger Stimme.
»Ja. Außerdem italienisch, englisch und russisch.«
»Verstehen Sie etwas von Musik?«
»Ich habe eine Gesangsausbildung und spiele Klavier.«
Nach einer halben Stunde war Bertha von Kinsky als Erzieherin der vier halbwüchsigen Töchter engagiert. Es dauerte nicht lange und sie schloß Feundschaft mit den Mädchen, die von der weitgereisten und weltgewandten jungen Frau begeistert waren. Auch Arthur, der ältere Bruder von Berthas Schutzbefohlenen, empfand Sympathie für die selbstbewußte Frau. Er machte ihr den Hof. Eine heimliche Romanze begann. Natürlich mußte alles streng geheim bleiben, denn die Familie hätte nie geduldet, daß der um sieben Jahre jüngere Mann Gefallen an einer verarmten Komtesse fand.
Ihm sagten alle eine glänzende Karriere und natürlich auch eine glänzende Partie voraus.

Auf Schloß Harmannsdorf, der Sommerresidenz der Familie, trafen sich die beiden jeden Abend in einem verschwiegenen Pavillon. So auch an einem lauen Sommerabend im Jahr 1876. Als es dunkelte, zog sich Bertha ein seidenes Tuch übers Haar und verließ über die Hintertreppe heimlich das Haus. Die knirschenden Kieswege vermeidend, erreichte sie eine Bank, die versteckt zwischen Haselnußsträuchern stand. Ungeduldig erwartete sie Arthur in der Dunkelheit. Er schloß sie fest in die Arme.
»So kann es nicht mehr weitergehen«, sagte er.
»Was meinst du damit?«
»Ich halte das Versteckspiel nicht mehr aus.«
»Aber was bleibt uns denn anderes übrig?«
»Ich will dich heiraten«, sagte er und blickte ihr dabei fest in die Augen.
»Deine Familie wäre niemals damit einverstanden.«
»Dann tun wir es heimlich.«
Bertha widersprach, doch Arthur ließ nicht locker. »Nichts auf der Welt kann uns mehr trennen. Und wenn alles gegen uns ist, dann werden wir fliehen.«
»Wohin?«
»Irgendwo auf der Welt gibt es immer einen Platz.«

So abenteuerlich der Gedanke für die damalige Zeit auch war, sie verwirklichten ihn. Am 12. Juni 1876 ließen sie sich heimlich in einer kleinen Pfarrkirche eines Vororts trauen. Vorher hatten sie alles für die Flucht vorbereitet. Eine frühere Freundin von Bertha, die Fürstin von Mingrelien, die im Kaukasus lebte, gewährte den Jungvermählten Asyl.
Neun Jahre blieben sie dort. Erst 1885 kehrten sie, endlich mit der Familie ausge-

Gräfin Bertha von Kinsky — nicht hoffähig, aber wohlhabend, bis ihre verwitwete Mutter das Vermögen verspielte.

söhnt, von der langen Hochzeitsreise zurück. Es waren nicht immer nur Flitterwochen gewesen, die die beiden im Kaukasus verbracht hatten, denn schließlich mußten sie für ihren Lebensunterhalt sorgen. Arthur von Suttner begann zu schreiben. Er verfaßte Romane und Novellen, deren Schauplatz der Kaukasus war.

Auch Bertha von Suttner griff zur Feder. Zuerst schrieb sie nur unterhaltende Geschichten. Allmählich aber wurden ihre Artikel kritischer. Sie veröffentlichte unter dem Pseudonym »B. Oulot« und hatte mit ihren Arbeiten beim Publikum einen erstaunlichen Erfolg.

Balduin Groller, der Redakteur einer großen belletristischen Zeitschrift, war von ihren Beiträgen ganz besonders begeistert. Lange Zeit rätselte er, wer sich hinter dem seltsamen Pseudonym wohl verbergen mochte. Er stellte die abenteuerlichsten Vermutungen an. »Ich bin von Ihrer Arbeit fasziniert«, schrieb er dem unbekannten Autor Oulot, »da gibt es eine wissenschaftliche und philosophische Be-

schlagenheit wie nur bei irgendeinem Universitätsprofessor, dabei aber eine Grazie und einen über alles triumphierenden Humor.«
Groller wollte den Verfasser dieser Artikel unbedingt einmal kennenlernen. »Was? Eine Frau!« rief er aus, als sich Bertha von Suttner nach ihrer Rückkehr aus dem Kaukasus bei ihm vorstellte.
»Ist das so schlimm?« fragte sie, nur mit Mühe das Lachen unterdrückend.
»Na, auch gut. Daran läßt sich jetzt ja sowieso nichts mehr ändern!« sagte Groller schließlich lächelnd.
Das Schreiben war für Bertha von Suttner zum Lebensinhalt geworden. Zudem konnte sie bequem davon leben. Der lange Aufenthalt im Ausland hatte noch eine zweite Leidenschaft in ihr geweckt: das Reisen. Bei einem Besuch in Paris lernte sie den Philosophen Ernest Renan kennen. Es war in einem eleganten Salon, in dem nur die vornehmsten Leute verkehrten. Die Damen trugen elegante Garderoben, und die Herren zogen an duftenden Zigarren. Zwischen all dem Glanz entdeckte Bertha von Suttner einen Mann, der überhaupt nicht in diese vornehme Gesellschaft zu passen schien. »Meine Güte, ist der häßlich«, flüsterte sie unwillkürlich und schaute sich sogleich erschrocken um, ob sie jemand gehört hatte. Noch ehe sie sich von dem Anblick erholen konnte, faßte die Gastgeberin Bertha von Suttner am Arm und zog sie direkt zu dem Fremden hin. Klein, dick, fahl, mit einem ungeheuren kahlen Schädel stand der Mann vor ihr und starrte sie mit herausquellenden Froschaugen an. »Liebe Baronin, darf ich Ihnen den Philosophen Ernest Renan vorstellen. Er ist einer der klügsten Köpfe unseres Landes«, sagte die Gastgeberin. Widerstrebend reichte Frau von Suttner dem Mann die Hand.
Da es unhöflich erscheinen konnte, wenn sie sich sofort wieder abwandte, blieb sie notgedrungen stehen, um mit ihm einige Worte zu wechseln. Renan aber kam ohne Umschweife zum einzigen Thema, das ihn interessierte: »Das Gemetzel zwischen den Völkern muß aufhören; wir müssen den Krieg abschaffen, denn das Wohl und das Glück der Menschheit kann nur durch einen dauerhaften Frieden gesichert werden.«
»Aber wie sollen die Nationen dazu gebracht werden, keine Kriege zu führen?« fragte sie, noch immer um Konversation bemüht.
»An die Stelle der Waffengewalt muß ein internationales Schiedsgericht treten, das die Streitfälle zwischen den Staaten regelt.«
»Aber das ist doch nichts weiter als eine Idee, ein schöner Gedanke, der nie Wirklichkeit werden wird«, widersprach Bertha von Suttner. Sie sah sich hilfesuchend um. Wie kam sie nur von diesem Kerl wieder los.
»Nein«, sagte Renan so laut, daß ringsum die anderen Gespräche verstummten, »es ist nicht nur eine Idee. In London gibt es eine Organisation, die sich ›Internationale Schiedsgericht- und Friedensgesellschaft‹ nennt. Sie hat sich zum Ziel gesetzt, den Krieg abzuschaffen. In Stuttgart, Rom, Schweden, Norwegen und Dänemark gibt es bereits Zweigvereine dieser Organisation.«
Bertha von Suttner begann zu interessieren, was Renan im Stil eines Volksredners vortrug: »Es muß ein Ende damit haben, daß sich die Völker immer wieder aufs neue zum Krieg aufhetzen lassen!«
Frau von Suttner nickte heftig. Der Mann hatte natürlich recht, aber was konnte

eine Frau tun? »Schreiben!« sagte Ernest Renan, »wie ich höre, sind Sie Schriftstellerin — setzen Sie Ihre Talente für den Frieden ein. Es gibt keinen besseren Zweck!«
Wieder nickte Bertha von Suttner, Renans Worte leuchteten ihr ein. »Steigen Sie herab aus Ihrem Elfenbeinturm«, rief der Philosoph recht theatralisch, »schreiben Sie für den Frieden, reden Sie für den Frieden, kämpfen Sie für den Frieden!« Im Salon wurde applaudiert, Renan war ein faszinierender Redner. Niemand dachte daran, seine Ratschläge zu beherzigen, aber der Feuerkopf war immer wieder eine kleine Sensation, und er hatte ja auch recht, nur — konnte man von der Aristokratie verlangen, Massenaufklärung zu betreiben? Nein, dazu wollte sich niemand von der Oberschicht hergeben — niemand außer der österreichischen Schriftstellerin Bertha von Suttner.
Bertha von Suttner schrieb ein Buch gegen den Krieg und gab ihm den Titel: »Die Waffen nieder!« Im Mittelpunkt steht eine Frau, deren Leben durch die Kriege der zweiten Hälfte des 19. Jahrhunderts bestimmt wird, die zwei Ehemänner und einen Sohn auf den europäischen Schlachtfeldern verliert. »Die Waffen nieder!« ist nichts anderes als das Programm des Pazifismus als Roman. Klaus Mannhardt und Winfried Schwamborn, die Bertha von Suttners Antikriegstexte herausgegeben haben, sagen dazu in einem gemeinsamen Text:
»Der Tendenzroman erregte unerhörtes Aufsehen — mehr, als er es von seiner literarischen Qualität her verdient hätte. Grund der Resonanz war vielmehr die Tatsache, daß Wurzeln, Traditionen und Selbstrechtfertigung des deutschen Militarismus niemals vorher in diesem literarischen Genre so sehr in ihrer Substanz angegriffen worden waren. Bertha von Suttner formulierte im Geist und in der Sprache ihrer Zeit. Daß sie fast ausschließlich von einer Position moralischer Empörung argumentierte, tat der Eingängigkeit und Überzeugungskraft ihres Buches keinen Abbruch; eine nüchtern-wissenschaftliche Analyse hätte einen solchen Einbruch in das allgemeine Bewußtsein vielmehr kaum erreichen können.«
Alfred Nobel, mit Bertha von Suttner persönlich bekannt (wesentlich auf ihre Initiative ging später seine Stiftung der Nobelpreise zurück), schrieb: »Ich habe die Lektüre Ihres bewundernswerten Meisterwerkes vollendet. Man sagt, es gäbe zweitausend Sprachen — es scheinen mir 1999 zuviel —, aber sicherlich gibt es nicht eine, in die Ihr herrliches Werk nicht übersetzt, in der es nicht gelesen und besprochen werden sollte.«
Und Peter Rosegger urteilte über »Die Waffen nieder!«: »Als die Lektüre zu Ende war, hatte ich den einen lebhaften Wunsch, dieses Buch möchte in alle Kultursprachen übersetzt, in alle Büchereien aufgenommen, in allen Schulen eingeführt werden. Es gibt Gesellschaften zur Verbreitung der Bibel; möge sich auch eine Gesellschaft bilden zur Verbreitung dieses merkwürdigen Buches, welches ich geneigt bin, ein epochemachendes Werk zu nennen.«
»Der Wunsch Roseggers sollte wenige Jahre später in nicht vorhergeahnter Weise in Erfüllung gehen«, schreiben Mannhardt und Schwamborn. Im Jahre 1892 bildete sich in der Hochburg des deutschen Militarismus, in Berlin, eine Gesellschaft zwar nicht zur Verbreitung des Romans, aber seines politischen Programms. Mit der Gründung der Deutschen Friedensgesellschaft erhielt der Pazi-

fismus in Deutschland erstmals eine organisatorische Basis. Zwar gab es in anderen europäischen Ländern wie England und Frankreich schon Friedensgesellschaften, in Österreich und Deutschland aber wurden sie erst durch Bertha von Suttner bekannt. Mehr noch: den Vertretern der einzelnen nationalen Friedensgesellschaften wurde erst durch ihr Wirken bewußt, daß sie gemeinsam jeweils Teil eines Ganzen waren, daß sie zusammen und übernational »die« Friedensbewegung bildeten.
»Die Friedensbewegung«, schreibt Alfred Hermann Fried, Bertha von Suttners langjähriger Vertrauter und Vorsitzender der Deutschen Friedensgesellschaft, »ist keineswegs von Bertha von Suttner geschaffen worden. Sie wurde nur durch den Erfolg ihres Romans in den deutschsprechenden Ländern erst bekannt und hat erst von da ab in jenen Ländern größeren Umfang angenommen.«
Bertha von Suttners Roman wurde schon bald in zwölf Sprachen übersetzt. Leo Tolstoi schrieb an die Autorin und verglich ihr Buch in der Wirkung mit »Onkel Toms Hütte« — jenem Roman, der wesentlich zur Beendigung der Sklaverei in Amerika beigetragen hat.
Diese unerwartete Wirkung war es, die Bertha von Suttner plötzlich ins Rampenlicht brachte. Man verlangte nach ihr überall, wo sich die Freunde des Friedens zu Kongressen trafen. Sie reiste kreuz und quer durch Europa, absolvierte ein ungeheures Programm. Sie versäumte keine Friedenskonferenz in den neunziger Jahren des letzten Jahrhunderts.
Allerdings: Nicht als Autorin, sondern als Präsidentin der Österreichischen Friedensgesellschaft, die sie 1891 gegründet hatte und der sie bis zu ihrem Tod 1914 vorstand, trat Bertha von Suttner auf. Aber natürlich konnte sie niemals die Schriftstellerin verleugnen — genausowenig wie die Aristokratin. »Im Gegenteil«, schreibt die Journalistin Lerke von Saalfeld, »auf allen internationalen Friedenskonferenzen ... trat sie stets betont aristokratisch auf. Sie verstand sich als Vermittlerin zwischen ›oben‹ und ›unten‹, sie glaubte, die Brücke schlagen zu können zwischen dem breiten Friedenswillen im Volk und der Welt der Politiker und Diplomaten. Frau von Suttner, so ihre Biographin Beatrix Kempf, sei immer bestrebt gewesen, mit ihren Ideen und Anschauungen in den Gedankenkreis jener dünnen europäischen und amerikanischen Oberschicht einzudringen, die man die ›herrschende‹ nannte.«
Es waren noch immer die Ideen des Franzosen Renan, für die sie kämpfte: Erstens die Einrichtung eines internationalen Schiedsgerichts zur Beilegung von zwischenstaatlichen Konflikten. Damit wollte sie ein für allemal den Krieg als politische Lösung abschaffen. Zweitens Rüstungsstopp, um die immerwährende Kriegsgefahr einzudämmen.
Man sieht, Bertha von Suttners Forderungen sind heute so aktuell wie damals. Linus Pauling meinte 1965 sogar, daß ihre Schriften »heute größere Bedeutung haben, als sie in der Vergangenheit hatten«. Pauling, Chemiker und Fiedensnobelpreisträger 1962 wegen seines engagierten Eintretens gegen die Kernwaffenversuche der Atomstaaten, fährt fort: »Durch die Neuauflage ihrer Bücher kann Bertha von Suttner in den kommenden Jahren größeren Einfluß auf den Lauf der Weltgeschichte gewinnen als zu der Zeit, da ihre Bücher zum erstenmal veröffentlicht wurden.«

Bertha von Suttner in der Mitte ihres Lebens — eine Frau, deren Buch »Die Waffen nieder!« die Welt aufrüttelte.

Zunächst sah es aber auch für Bertha von Suttner noch so aus, als könnte ihr publizistischer Erfolg auch politisch umgemünzt werden. Unermüdlich bedrängten die Friedenskämpfer die Politiker, ihre Gedanken in praktische Beschlüsse umzusetzen.
Und eines Tages schien sich der Erfolg tatsächlich auch einzustellen. Im August 1898 machte eine Veröffentlichung Furore, die natürlich auch Bertha von Suttner entdeckt hatte — genauer: ihr Mann Arthur war darauf gestoßen. Bertha von Suttner schildert den denkwürdigen Vormittag in ihren Memoiren selbst: Eines Morgens kam er ganz aufgeregt zu mir in den Garten. »Hör dir das an«, rief er und schwenkte die Zeitung. »Das Großartigste, das Überraschendste bringe ich heute...«
»Was ist's? Haben wir einen Haupttreffer getan?«
»Fast so — hör dir an, was das gestrige Abendblatt scheibt.« Es war ein warmer Augusttag, und ich saß im Schatten eines Kastanienbaumes. Arthur setzte sich neben mich und las:
»Die Aufrechterhaltung des allgemeinen Friedens und eine Herabsetzung der

übermäßigen Rüstung, welche auf allen Nationen lastet, stellt sich in der ganzen Welt als Ideal dar, auf das die Bemühungen aller Regierungen gerichtet sein müßten ...«
»Sein müßten, aber nicht sind«, unterbrach ich ihn, aber er las ungerührt weiter.
»Der gegenwärtige Augenblick wäre äußerst günstig, auf dem Wege internationaler Beratung die wirksamsten Mittel zu suchen, um allen Völkern die Wohltaten eines wirklichen und dauerhaften Friedens zu sichern ...«
»Der Artikel dürfte von Passy oder sonst einem der Unseren sein.«
»Wie scharfsinnig! ... und vor allem der fortschreitenden Entwicklung der Rüstung ein Ziel zu setzen.«
»Diesen Artikel hat offenbar ein Sozialdemokrat geschrieben.«
»Immer scharfsinniger. Aber du täuschst dich. Hier lies selbst.«
Voller Staunen entdeckte Bertha von Suttner, daß dies ein offizielles Dokument war, im Namen eines sogenannten »Obersten Kriegsherrn« an alle Regierungen gerichtet, mit der Aufforderung, eine Konferenz einzuberufen, auf der man über den Weltfrieden verhandeln würde. Unterzeichnet war das Manifest mit Zar Nikolaus II.
Bertha sprang auf. »Das ist der Durchbruch. Endlich, endlich wirkt sich unsere Arbeit wirklich aus.«
Der Termin für das spektakuläre Gipfeltreffen, das der Zar vorgeschlagen hatte, wurde auf 18. Mai 1899 festgelegt. Und alle, alle kamen. Neben den Akteuren, den Spitzenpolitikern aus vielen Ländern auch die Friedenskämpfer um Bertha von Suttner.
Aber so enthusiastisch sie am Beginn der Konferenz waren, so niedergeschlagen reisten sie ab. Die Konferenz hatte nichts gebracht. Der deutsche Kaiser Wilhelm II.schrieb an den Rand der gemeinsamen Resolution: »... scheiße auf die ganzen Beschlüsse und verlasse mich lieber auf mein scharfes Schwert.« Andere Teilnehmer, so der Vertreter Österreich-Ungarns, nahmen die Vorschläge zur Friedenssicherung mit »wohlwollender Heiterkeit« auf.
26 Staaten hatten teilgenommen und vom 18. Mai bis zum 29. Juli konferiert. Neben allen europäischen Ländern waren die USA, Mexiko, China, Japan und Siam beteiligt. Eine einmalige Gelegenheit! Aber es stellte sich bald heraus, daß der Zar im Westen auf Abrüstung drängte, um den Rücken frei zu haben für seine Eroberungspläne in Ostasien. Der deutsche Kaiser wollte sich in seine europäische Großmachtpolitik nicht dreinreden lassen. Und so kam es schließlich nur zu einer unverbindlichen Erklärung, die eine Einschränkung der Militärlasten als »wünschenswert« bezeichnete. Auch das geforderte internationale Schiedsgericht kam nicht zustande, sondern lediglich eine Empfehlung »für schiedsgerichtliche Erledigung von Streitfällen« und die Einrichtung eines »ständigen internationalen Schiedshofs in Den Haag«, der freilich keinerlei Kompetenzen erhielt.
Bertha von Suttner, die viele der Konferenzteilnehmer persönlich kannte, sagte nach dem Gipfeltreffen zu ihrem Freund Fried: »Nun weiß man, was es bedeutet, wenn hohe Herren sagen: ›Ich werde sehen, was sich tun läßt.‹ Da tut sich gewöhnlich gar nichts.«
Doch entmutigen ließ sie sich dadurch nicht. Weiterhin schrieb sie als erste politi-

sche Journalistin Artikel für die Presse, verfaßte für die eigene Zeitschrift »Die Waffen nieder!« kritische Aufsätze und veröffentlichte in dem von Fried herausgegeben pazifistischen Blatt »Die Friedenswarte« regelmäßig die »Randglossen zur Zeitgeschichte«.
Aber auch auf Schloß Harmannsdorf gab es zunehmend Sorgen. Mit den Finanzen ging es immer mehr bergab. Trotz der eifrigen Schriftstellerei wurden die Schulden immer größer. Berthas Romane, die man als Tendenzliteratur bezeichnet, weil sie immer ein aktuelles politisches oder soziales Thema behandeln, wurden zwar überall mit Begeisterung gelesen. Doch das Honorar reichte nicht aus, um die Kosten des aufwendigen Haushalts zu decken.
1902 traf Bertha von Suttner die schwerste Erschütterung ihres Lebens: Arthur starb. Nächtelang hatte sie an seinem Krankenlager gewacht.
»Du mußt weiterarbeiten, um der guten Sache willen die Arbeit fortsetzen. Mut also! In dem, was wir leisten, sind wir uns einig, und darum mußt du trachten, noch viel zu tun«, waren seine letzten Worte.
Und sie arbeitet weiter, trotz der zunehmenden Verzweiflung, weil der Erfolg ausbleibt. So kommt es zu einer denkwürdigen Szene: Vornehm gekleidet schreitet sie durch die Straßen Wiens und beobachtet die Leute. Mit ruhigen gemessenen Schritten geht sie durch die belebte Innenstadt. Überall sieht sie nur gleichgültige Gesichter. Plötzlich verliert sie die Beherrschung. »Warum tut ihr nichts, ihr jungen Leute?« ruft sie aufgebracht. »Euch geht es vor allem an! Wehrt euch doch, schließt euch zusammen! Laßt nicht immer alles uns paar alte Frauen tun, auf die niemand mehr hört, der Frieden kommt nicht, wenn ihr nicht für ihn kämpft.« Überrascht bleiben die Leute stehen. Diese teuer gekleidete Dame scheint den Verstand verloren zu haben. Kopfschüttelnd wechseln sie zur anderen Straßenseite hinüber und gehen weiter.
Auch die Friedensfreunde verloren das Interesse an der gemeinsamen Arbeit. Viele blieben unentschuldigt den Versammlungen fern. »Die ganze Friedensbewegung ist ein lascher Haufen«, wetterte Bertha von Suttner bei den Sitzungen und blickte voller Wut in die betretenen Gesichter.
Aber aufgegeben hat sie nie. 1904 reiste sie nach Amerika zum Bostoner Weltfriedenskongreß. Mit Sicherheit und Souveränität bewegte sie sich in der Welt der hohen Politik und Diplomatie. Sie liebte die Atmosphäre der betriebsamen Kongresse und Versammlungen. Bei einer Vortragsreise durch mehrere amerikanische Städte lernte sie auch Präsident Roosevelt kennen. Wie immer, wenn ihr ein namhafter Herr versicherte, ihre Arbeit unterstützen zu wollen, war sie begeistert. »Abenteuerfrohes Raubrittertum im Blut, aber weitblickendes, soziales Wollen im Geist — so erschien mir Theodore Roosevelt«, notierte sie in ihr Tagebuch. Kein Wunder, daß Bertha von Suttner mit neuem Mut von ihrer Reise zurückkehrte. Schließlich galt Amerika als das große Vorbild. Alle europäischen Friedensvereine strebten einen Staatenbund an — ähnlich dem der Vereinigten Staaten von Amerika. Der politische Zusammenschluß Europas sollte Haß und Mißtrauen endlich beseitigen. Pan-Amerika, also die Organisation, die alle Staaten des amerikanischen Kontinents vereinigt, war das große Beispiel und Vorbild. Doch einem Pan-Europa standen bisher das Nationalitätenproblem und die damit verbundenen Grenzregulierungen im Wege.

Die Friedensgesellschaften hatten ein neues Thema, diskutierten es mit großem Eifer und erzielten in der Öffentlichkeit doch nur eine geringe Resonanz. Bertha von Suttner kämpfte, redete, schrieb nach wie vor, aber seit dem Tod ihres Mannes erschien sie doch immer häufiger müde und resigniert. Zu den Sorgen um den Frieden gesellten sich die Sorgen um den privaten Besitz.
Ihrer Sekretärin Gräfin Hedwig Pötting gestand Bertha von Suttner ihre Probleme ein. Das Gespräch ist im Tagebuch der Gräfin festgehalten:
»Du machst mir ja keinen freudigen Eindruck«, sagt die Pötting besorgt.
»Kein Wunder, ich habe die ganze Nacht nicht geschlafen.«
»Was bedrückt dich denn so?«
»Meine drei Zentner: meine Arbeit, die finanziellen Sorgen und die europäischen Sorgen.«
Wenigstens die finanziellen Probleme konnten überwunden werden. Denn im Jahre 1905 wurde Bertha von Suttner der Friedensnobelpreis zuerkannt — ein Preis, der nicht zuletzt auf ihre Anregung hin geschaffen worden war. Sie kannte Alfred Nobel schon lange — genau seit 1876. Damals hatte sie sich noch als Komtesse Kinsky als Sekretärin und Hausdame bei ihm beworben. Man saß sich im Foyer eines berühmten Pariser Hotels gegenüber. Bald schon diskutierten die beiden über Welt und Menschen, über Kunst und Leben und über die Probleme von Zeit und Ewigkeit. Und natürlich war auch der Friede ein Thema.
Nobel sagte: »Ich will einen Stoff schaffen, von so massenhaft verheerender Wirkung, daß dadurch Kriege unmöglich gemacht werden.«
»Aber das ist der falsche Weg«, protestiert Bertha von Suttner.
»Glauben Sie, mit guten Worten allein lassen sich die Menschen zum Frieden erziehen? Erst wenn einmal die Leute mit höher entwickelten Gehirnen zur Welt kommen, sehe ich eine Zukunft«, sagte Nobel.
Trotz der Gegensätze wuchs zwischen den beiden eine jahrzehntelange Freundschaft. Bei Kongressen und Konferenzen trafen sie immer wieder zusammen, und sie standen in regem Briefverkehr miteinander. Selbst bei einer Bootsfahrt auf dem Zürichsee sprachen sie über ihre Arbeit — bequem in den Bordstühlen zurückgelehnt. Heftig kritisierte Bertha von Suttner den Mann, der sein Vermögen mit einer Dynamitfabrik verdiente.
»Meine Fabriken werden vielleicht dem Krieg noch früher ein Ende machen als Ihre Kongresse«, erwiderte Nobel, »an dem Tag, da zwei Armeekorps sich gegenseitig in einer Sekunde vernichten können, werden wohl alle zivilisierten Nationen zurückschaudern und ihre Truppen verabschieden.«
Doch dieser Philosophie konnte Bertha von Suttner nicht zustimmen.
Obwohl der vielfache Millionär daran zweifelte, daß sich die Friedensbewegung jemals durchsetzen würde, verfügte er in seinem Testament doch, daß neben hervorragenden Naturwissenschaftlern, Ärzten und Schriftstellern auch Förderer des Weltfriedens mit dem Nobelpreis ausgezeichnet werden sollten. 1905 wurde Bertha von Suttner als erste Frau mit diesem Preis geehrt.
Nun ist sie eine sehr berühmte Frau. Fast 70jährig reist sie ein halbes Jahr durch Amerika — ein Triumphzug. Überall jubelt man ihr zu. »Ich bin müde und alt, ich kann nicht mehr«, sagt sie zu Fried und reist zwei Wochen später zum nächsten Kongreß. Nebenher schreibt sie weiter für Zeitungen und Zeitschriften. Zu

Bis ins hohe Alter reiste Bertha von Suttner um die Welt, um für den Frieden zu werben. Wütend wetterte sie: »Die Friedensbewegung ist von einer Schlappheit, die ihresgleichen sucht. Na ja — an der Spitze ein altes Weib! Wo sind die jungen, kräftigen, begeisterten Dreinfahrenden?«

allen politischen Themen nimmt sie Stellung, verfaßt Briefe und warnt ihre Zeitgenossen vor der Gefahr eines Weltkrieges.
Gesundheitlich geht es ihr immer schlechter. Geschwächt durch einen beginnenden Magenkrebs, arbeitet sie trotzdem weiter. 1913 fährt sie nach Prag, Dresden, Berlin, Breslau und nach Den Haag zur Eröffnung des Friedenspalais.
1914 soll der Weltfriedenskongreß erstmals in Wien stattfinden. Viele Vorbereitungen sind zu treffen. Wenn etwas nicht klappt, fährt sie die verdutzten Mitglieder an: »Die Friedensbewegung bei uns ist wirklich von einer Schlappheit, die

ihresgleichen sucht. Na ja — an der Spitze ein altes Weib! Wo sind die jungen kräftigen, begeisterten Dreinfahrenden?«
Noch einmal rafft sie sich zu einem warnenden Artikel auf — zu einer klarsichtigen Analyse, die heute in der Mitte der achtziger Jahre hätte verfaßt werden können. Auf den Tag genau vor Ausbruch des Ersten Weltkrieges am 28. Juni 1914 erscheint der Beitrag, in dem Bertha von Suttner schreibt:
»In jüngster Zeit ist im politischen Felde ein neuer Fetisch aufgetaucht: Gleichgewicht. Schlagworte sind wie Moden: sie verbreiten sich mit derselben Raschheit, sie erfreuen sich derselben Beliebtheit, und sie drängen sich mit derselben Tyrannei auf wie neue Hutformen oder ein neuer Gesellschaftstanz. Das durch den Balkankrieg verschobene Gleichgewicht der europäischen Allianzen diente als Begründung der deutschen Milliardenwehrvorlage und der darauf folgenden dreijährigen Dienstzeit in Frankreich ... Um recht sicher zu ruhen — das hat man uns schon lange gelehrt —, müssen die Staaten sich auf Bajonette setzen; und um sich in dieser bequemen Stellung zu erhalten, müssen sie — das ist die neueste Errungenschaft — eine Balancierstange handhaben.«
Aufrüstung, um das Gleichgewicht zu erhalten — dieser gefährliche Gedanke ist heute so aktuell wie damals, ein Jahr vor dem ersten von zwei entsetzlichen Weltkriegen.
Sieben Tage vor den Schüssen von Sarajevo, die den Ersten Weltkrieg auslösen, stirbt Bertha von Suttner. Zu Alfred Hermann Fried, der bis zur letzten Minute bei ihr bleibt, sagt sie: »Die Waffen nieder, sag's vielen — vielen!«
Stefan Zweig sagt später in einer Gedenkrede über Bertha von Suttner, sie habe »aus ihrem Leben eine Überzeugung gemacht und aus ihrer Überzeugung ein Leben«.

Rosa Luxemburg

Mit den Arbeitern gegen den Krieg

»Genossen! Es ist das erste Mal, daß die polnischen Sozialdemokraten aus dem von Rußland unterworfenen Teil Polens an eurem Kongreß teilnehmen. Die sozialdemokratischen Prinzipien haben nun auch bei uns Fuß gefaßt, trotz der Verfolgung durch eine rohe Polizeimacht.«
Halb belustigt, halb bewundernd, wie sich jemand so ereifern kann, hören die Delegierten der jungen Frau zu. Sie vertritt die kleine Gruppe der »Sozialdemokratie des Königreichs Polen« (SDKP) beim III. Internationalen Sozialistenkongreß vom 6. bis 12. August 1893 in Zürich. Die unbekannte Rednerin heißt Rosa Luxemburg.
Am Abend erzählt ein französischer Abgeordneter seinen Kollegen über ihren Auftritt: »Die zweiundzwanzigjährige Rosa war zwar völlig unbekannt. Aber ihre Gegner hatten einen schweren Stand. Ich sehe noch, wie sie aus der Menge der Delegierten aufsprang und sich auf einen Stuhl schwang, um besser verstanden zu werden. Klein, schmächtig und zierlich wirkte sie in ihrem Sommerkleid. Doch sie verfocht ihre Sache mit einem solchen Magnetismus im Blick und mit solch flammenden Worten, daß die Masse des Kongresses erobert und bezaubert die Hand für ihre Zulassung hob.«
Mit diesem einen Auftritt hat sich Rosa in den Kreisen der europäischen Sozialisten einen Namen geschaffen. Aus der Unbekannten ist »die Frau mit den flammenden Worten« geworden.
In Polen kannte man sie schon länger. Als eines der ersten jüdischen Mädchen hatte sie dort das Gymnasium besucht. Im Abitur bekam sie 14mal die Note »ausgezeichnet« und fünfmal »sehr gut«. Trotzdem verlieh man ihr die normalerweise für derartige hervorragende Leistungen vergebene Goldmedaille nicht. Begründet wurde dies im Zeugnis mit »oppositioneller Haltung gegenüber der Autorität«.
Kurze Zeit nachdem sie die Schule verlassen hat, wird sie schon von der Polizei gesucht. Sie hat sich einer revolutionären Gruppe angeschlossen und muß fliehen, taucht in der Provinz unter, schläft in zugigen Heuschobern und holt sich eine Lungenentzündung. Ein alter Kampfgefährte hilft ihr, über die Grenze zu kommen.

Er erzählt einem Pfarrer die Geschichte von einem jüdischen Mädchen, das gegen den Willen ihrer Eltern zum Christentum übertreten möchte. Deshalb müsse sie ins Ausland.
»Hochwürden, Sie müssen uns helfen. Sie dürfen dieses arme, kranke Mädchen nicht im Stich lassen. Es ist unsere Christenpflicht, diese arme Seele zu retten«, redet der sozialistische Dachdecker Kasparzak auf den Pfarrer ein. Der Pfarrer ersinnt eine List. Er überredet einen Bauern, Rosa unter einer Fuhre Stroh ins Ausland zu schmuggeln. Von Österreich schlägt sich Rosa dann in die Schweiz durch.
In Zürich studiert sie Nationalökonomie und öffentliches Recht und schließt sich einem Zirkel polnischer Flüchtlinge an. Gemeinsam gründen sie die SDKP, als deren Vertreterin sie auf dem Sozialistenkongreß für Aufmerksamkeit sorgt.
Nachdem sie ihr Studium ebenfalls mit Auszeichnung abgeschlossen hat, will sie nach Deutschland. Auch hiefür ist wieder eine List erforderlich: In Zürich hat sie eine Landsmännin kennengelernt, die mit dem deutschen Schriftsteller Karl Wilhelm Lübeck verheiratet war. Zum Schein heiratet sie deren Sohn Gustav Lübeck. Mit dieser Heirat wird sie deutsche Staatsbürgerin. Fünf Jahre später läßt sie sich von Gustav, der sie nur auf dem Standesamt gesehen hat, wieder scheiden.
In Berlin angekommen, meldet sie sich sofort bei den Sozialdemokraten, wo sie ihr zukünftiges Betätigungsfeld sieht. Doch dort tritt man der jungen Genossin mit Vorbehalt entgegen. Die SPD ist die größte, stärkste und am besten organisierte sozialistische Partei Europas. Die Männer an der Spitze haben sich von der Pike auf hochgearbeitet. Sie haben die Partei in Zeiten der Verfolgung während der Sozialistengesetze aufgebaut. Da muß die junge, studierte Frau Doktor erst einmal beweisen, was in ihr steckt.
Rosa Luxemburg ist sich über ihre Position im klaren. An ihren Freund Leo Jogiches in Zürich schreibt sie: »Daß ich noch meine Epauletten [Rangabzeichen] in der deutschen Bewegung erst holen muß, weiß ich, ich will es auf dem linken Flügel tun, wo man mit dem Feind kämpfen, und nicht auf dem rechten, wo man mit dem Feind kompromisseln will.«
Auf der Geschäftsstelle des SPD-Parteivorstandes, wo sie sich vorstellt, empfängt sie Ignaz Auer, ein großer, blonder 40jähriger Mann, der anfangs etwas geringschätzig auf Rosa herabblickt. Aber genau das weckt den Kampfgeist in ihr. Sie will für die SPD in den polnisch-ostpreußischen Gebieten in den Wahlkampf ziehen.
Auer ist nicht gerade begeistert: »Was können Sie als schwache Frau dort schon ausrichten. Eine Wahlkampfreise ist beschwerlich. Und wie wollen Sie als Studierte dort die Arbeiter ansprechen?«
Doch die junge Frau läßt sich nicht entmutigen: »Die Reichstagswahlen stehen vor der Tür. Die Zeit drängt, und die Parteiarbeit ist schlecht organisiert. In weiten Teilen ist sie fast zum Erliegen gekommen.«
Rosas Kritik verletzt den Parteisekretär. So deutlich wie diese junge Genossin hat ihm noch niemand die Fehler der Partei im östlichen Teil des Reichs ins Gesicht gesagt.
»Das ist nicht richtig. Sie müssen beachten, daß dort schwierige Bedingungen herrschen. Die Gutsbesitzer und die Polizei üben starken Druck auf die Landar-

Eine kleine, unscheinbare Frau und eine begeisternde, mitreißende Rednerin — das war Rosa Luxemburg, hier bei einer Ansprache während des Sozialistenkongresses 1907.

beiterschaft aus. In den Fabriken gibt es sehr oft Sprachschwierigkeiten zwischen deutschen und polnischen Genossen«, beharrt Auer auf seiner Einschätzung.
»Schwierigkeiten mit der Obrigkeit gibt es überall. Während der Zeit der Sozialistengesetze war der Druck noch viel schlimmer. Nein, Genosse, der Fehler liegt in der Parteiorganisation. Die Lage dort wird nicht richtig eingeschätzt. Die Funktionäre sprechen nicht die Sprache der Arbeiter. Die Wahlagitation muß auf polnisch betrieben werden.«
Ignaz Auer ist beeindruckt. »Das klingt ja alles gut und schön; aber das mit dem Polnischen, das kann ich nicht unterschreiben. Man kann den Burschen doch keinen größeren Gefallen tun, als sie zu germanisieren. Nur sagen darf man ihnen das nicht.«
»Die lieben Preußen und ihre Arroganz! Ihren Nationalismus können Sie sich sparen. Ich weiß, mit welchem Kampfesmut das polnische Proletariat seine Sache vertritt. Die Massen entwickeln ein Klassengefühl, das ich den Deutschen gerne einmal zeigen möchte. Ein Leitsatz des Sozialismus lautet doch wohl: ›Proletarier aller Länder, vereinigt euch!‹ und nicht ›Proletarier aller Länder, germanisiert euch!‹« fährt sie dem Parteisekretär scharf über den Mund.

Auer streckt beschwichtigend die Hände von sich: »Aber so war das ja auch nicht gemeint. Ereifern Sie sich nicht, Genossin. Ich schreibe Ihnen eine Empfehlung an das Parteibüro in Oberschlesien aus. Die Genossen dort werden am besten wissen, wie Sie eingesetzt werden können.«
Mit diesem Schreiben in der Handtasche verläßt Rosa Luxemburg kurze Zeit später das Parteibüro. Sie hat erreicht, was sie wollte. Sie hat sich gleich beim ersten Versuch durchgesetzt.
Am nächsten Tag fährt sie mit dem Zug von Berlin nach Breslau. Der Parteisekretär für Oberschlesien, Bruhns, ist sehr erstaunt, daß die Partei ihm eine Frau schickt. Wie schon Ignaz Auer in Berlin, schildert auch Bruhns ihr die Sorgen und Nöte der Partei in Oberschlesien. Er erwartet aber keine Unterstützung von ihr, sondern eher mitleidige Anteilnahme. Doch auch er muß seine Meinung bald ändern.
»Ich habe den Auftrag der Partei, und den werde ich ausführen. Wenn Sie glauben, daß ich mich nur auf Frauenfragen beschränke, liegen Sie schief, Genosse.«
Einmal mehr wirkt ihr Auftreten überzeugend. Gemeinsam mit dem Parteisekretär bereitet Rosa Luxemburg den Wahlkampf vor. Sie schulen Wahlhelfer, übersetzen Flugblätter und halten Versammlungen ab. Als Rednerin hat Rosa Luxemburg erstaunlichen Erfolg.
An ihren Freund Leo Jogiches schreibt sie: »Gestern war es ausgezeichnet. Es drängten sich so viele Leute herein, daß neben dem Saal am Fenster mehr als im Saal selbst waren, sie standen einer auf dem andern hinter dem Fenster. Die Genossen sagten, daß sie noch keine so zahlreich besuchte Versammlung hatten. Ich erhielt natürlich ein dreifaches Hoch, nach dem Hoch auf die Sozialdemokratie, und heute morgen vor der Abfahrt einen entzückenden Strauß Rosen.«
Die Wahl wird ein voller Erfolg. Dort, wo Rosa aktiv war, hat sich die Stimmenzahl mehr als verdoppelt: von 10 728 auf 25 626 Stimmen.
Rosas Leistung wird in der Partei anerkannt. Die »junge studierte Frau« hat sich durchgesetzt.
Nur fünf Monate später nimmt sie als Delegierte für Oberschlesien am Parteitag der SPD in Stuttgart teil. Doch Rosa Luxemburg wäre nicht Rosa Luxemburg, wenn sie sich auf ihren Lorbeeren ausruhen würde. Obwohl sie zum erstenmal auf einem Parteitag dabei ist und zudem als Frau eine Ausnahme darstellt — von insgesamt 252 Delegierten sind nur sechs Frauen —, hält sie auch in Stuttgart mit ihrer Meinung nicht hinter dem Berg.
Als der führende Theoretiker der Partei, Eduard Berstein, in seiner Rede formuliert: »Ich gestehe es offen, ich habe für das, was man gemeinhin unter Endziel des Sozialismus versteht, außerordentlich wenig Sinn und Interesse; dieses Ziel, was immer es sei, ist mir nichts, die Bewegung ist alles«, springt Rosa empört auf:
»Das ist eine Schande«, ruft sie in den Saal, in dem die Anwesenden den Ausführungen ruhig zugehört haben. Ruckartig kommt Bewegung in die Menge. Alle blicken auf die kleine, temperamentvolle Frau, die erregt fortfährt:
»In unserer Partei hat sich ein wichtiger Punkt verdunkelt, nämlich das Verständnis von der Beziehung zwischen dem Ziel und dem alltäglichen Kampf. Wir können nur mit einem Ziel vor Augen kämpfen. Ohne dieses Ziel verlieren wir die

Übersicht, wir werden an einzelnen Mißständen herumreformieren, ohne das Ganze zu sehen, das System.«
Im Saal entsteht heftige Unruhe. Vereinzelt klatschen Delegierte Beifall. Aber auch Pfiffe sind zu hören.
Ein älterer Mann schreit Rosa an: »Du Gelbschnabel, ich könnte dein Großvater sein.« Weiter kommt er nicht.
Unerschrocken schneidet Rosa ihm das Wort ab: »Das ist kein Argument, das ist für mich der Beweis, daß jemand mit seinen logischen Gründen aus dem letzten Loch pfeift.« Minutenlang ist der Saal nicht mehr zu beruhigen. August Bebel, der altehrwürdige Parteivorsitzende, versucht die Wogen zu glätten und den Streit zu schlichten. Nur mühsam kann er sich durchsetzen. Er schlägt vor, die Auseinandersetzung auf den nächsten Parteitag zu verschieben.
Als in der folgenden Nacht seine Schuhe zum Putzen vor dem Hotelzimmer stehen, legt ihm Rosa einen Zettel in den Stiefel: »Aujust, ick liebe Dir.« Mit der Anspielung auf den Berliner Dialekt Bebels zeigt sie nicht einmal vor dem großen alten Mann der Sozialdemokratie Respekt.
Ihr Auftritt auf dem Parteitag bringt ihr den Ruf ein, »ein zänkisches Frauenzimmer zu sein«. Doch sie gewinnt auch zahlreiche Freunde, die ihr mutiges Auftreten bewundern. In den folgenden Jahren arbeitet sie bei verschiedenen Parteizeitungen.
Als in Rußland und Polen ein Aufstand gegen das Regime des Zaren ausbricht, geht sie nach Warschau, um die Aufständischen zu unterstützen. Sie wird verhaftet, kommt aber mit Hilfe der Partei wieder frei und kehrt nach Deutschland zurück. Dort übernimmt sie an der Parteischule eine Stelle als Lehrerin für Nationalökonomie. Über die ganzen Jahre bleibt sie jedoch eine unbequeme Kritikerin des Parteivorstandes.
Die Auseinandersetzungen nehmen an Schärfe zu, als August Bebel 1912 stirbt und Friedrich Ebert, ein konservativer Sozialdemokrat, in den Parteivorstand aufrückt. Im Reichstag zeigt die SPD immer mehr Bereitschaft zur Zusammenarbeit mit den übrigen Parteien. Im März 1913 wird eine Gesetzesvorlage eingebracht, die eine Verstärkung des Heeres in riesigem Ausmaß vorsieht. Ein Teil der Kosten soll durch zusätzliche Steuern finanziert werden. Die SPD-Fraktion lehnt zwar die Gesetzesvorlage ab, stimmt aber dem Finanzierungsplan zu. Daraufhin gründet Rosa Luxemburg mit einigen ihrer Freunde, die sich seit dem Stuttgarter Parteitag immer enger zusammengeschlossen haben, eine eigene Zeitung, die »Sozialdemokratische Korrespondenz«.
Heftig kritisiert die Zeitung das Verhalten der SPD-Fraktion. Sie erinnert an das alte Motto: »Diesem System keinen Mann und keinen Groschen.« Rosa Luxemburg warnt: »Dieser Weg führt in einen Krieg der imperialistischen Großmächte. Dies ist die logische Folgerung aus den wachsenden Rüstungsausgaben.«
Die Gruppe um Rosa Luxemburg hat die drohende Gefahr eines Weltkrieges erkannt. Doch nur wenige Parteifreunde hören auf die Warnung. Oft sitzen sie bis tief in die Nacht in der Redaktion beisammen. Auf den Schreibtischen stapeln sich die Manuskripte. Zigarrenrauch liegt schwer in der Luft. Julian Marchlewski, Clara Zetkin, Franz Mehring und Rosa Luxemburg diskutieren über das weitere Vorgehen.

»Wir müssen handeln, wir dürfen das Feld nicht der Fraktion überlassen.« Clara Zetkin formuliert, was auch die anderen denken. »Was haltet ihr von der Idee: wir organisieren über die Zeitung eine öffentliche Vortragsserie. Wir gehen direkt an die Öffentlichkeit.«
»Das nimmt die Partei nicht so einfach hin.« Franz Mehring, der bisher bedächtig an einer Zigarre gezogen hat, ist der Älteste in diesem Kreis. Sie legen auf die Erfahrung des 67jährigen großen Wert. Doch auch er sieht keinen anderen Ausweg. Während er die Asche von der Zigarre streift, fährt er ruhig fort: »Wenn wir uns an die Öffentlichkeit wenden, ohne dies mit dem Vorstand abzusprechen, ist der Teufel los. Aber was bleibt uns denn anderes übrig? Wir müssen es unbedingt wagen, auch auf die Gefahr hin, daß es dabei zum Bruch mit der Partei kommt.«
»Was heißt hier Bruch mit der Partei, die Fraktion ist sich nicht einig. Immerhin stehen einige Fraktionsmitglieder auch auf unserer Seite. Wenn wir an die Öffentlichkeit gehen, stärken wir auch deren Position.« In Rosa Luxemburg pocht wieder das Kämpferherz. »Vor den satten Herren Funktionären, die mit ihren dicken Hintern auf den Fraktionsbänken kleben, bin ich noch nie zurückgewichen. Claras Vorschlag ist gut. Wir werden in jeder Großstadt Versammlungen abhalten. Das Thema muß lauten: ›Gegen Militarismus und imperialistischen Krieg.‹ Wir müssen die Massen aufklären, welche Gefahr droht, wer Interesse an einem Krieg hat.«
Am 26. September 1913 spricht Rosa Luxemburg in Frankfurt-Bockenheim in der Liederhalle. Obwohl der örtliche Parteivorstand nicht für die Veranstaltung geworben hat, ist der Raum etwa zu zwei Drittel besetzt. In der hessischen Arbeiterschaft hat Rosa viele Anhänger. Einige sind auch nur gekommen, um die »berühmte Genossin mit dem losen Mundwerk« zu sehen.
»Das soll die rote Rosa sein? — Die hab ich mir ganz anders vorgestellt.« Das Erstaunen vieler Zuhörer ist groß. Doch die Enttäuschung über die Rednerin, die eher wirkt wie die Frau von nebenan, schlägt bald in Begeisterung um. Wortgewaltig entlarvt sie den Militarismus, die Unmenschlichkeit einer Gesellschaft, in der ein Offizier etwas »Besseres« ist, der erste Mann im Staat. Wie gebannt lauschen die Zuhörer ihren Worten.
»Der Feind des Arbeiters steht nicht jenseits der Grenzen des Deutschen Reiches. Der Feind des Arbeiters steht im eigenen Land.«
»Jawohl! — Richtig! — Genau, so ist es!« Die Zustimmung im Saal macht sich immer wieder durch Zwischenrufe bemerkbar.
»Der Mann, der von der guten und gesicherten Existenz der deutschen Arbeiter spricht, hat keine Ahnung.«
Damit spielt sie auf eine Rede des deutschen Kaisers, Wilhelm II., an. Jeder im Saal weiß, welcher Mann gemeint ist. Tosender Beifall unterbricht Rosa. Sie muß eine Pause einlegen, ehe sie weitersprechen kann.
»Wenn uns zugemutet wird, die Mordwaffe gegen unsere Brüder zu erheben, dann rufen wir: Das tun wir nicht!«
»Niemals!« ruft der ganze Saal.
»Arbeiter, Genossen, laßt ihr euch einen Krieg ungestraft gefallen?« Ein einstimmiges »Nein« ist die Antwort auf Rosas Frage. In einer der hinteren Reihen sitzt

ein Mann, der die ganze Rede Rosa Luxemburgs mitstenographiert hat. Auf Grund der Notizen des Polizeispitzels Henrici wird einige Tage später Anklage gegen die Kriegsgegnerin erhoben. Sie soll bei der Versammlung »eine Menschenmenge zum Ungehorsam gegen die Obrigkeit aufgewiegelt« haben, nach »§§ 110 und 111 des Strafgesetzbuches«.

Im Februar 1914 steht sie vor Gericht.

In seinem Plädoyer führt der Staatsanwalt aus: »Die ganze Persönlichkeit der Angeklagten ist nicht geeignet, eine milde Auffassung hervorzurufen. Sie ist bekannt für ihre außerordentlich scharfen Reden. Sie trägt den Beinamen ›die rote Rosa‹ nicht zu Unrecht. Die Frankfurter Reden zeigen, was sie in ihrem Kopf denkt, was sie in ihrer Brust fühlt. Sie spielt mit dem Massenstreik, sie animiert zum Mord, sie fordert zur Meuterei auf. Das läßt erkennen, von welcher Todfeindschaft die Angeklagte gegen die bestehende Staatsordnung erfüllt ist.«

Ruhig entgegnet ihm die Angeklagte:

»Herr Staatsanwalt, wir Sozialdemokraten hetzen überhaupt nicht! Denn was heißt ›hetzen‹? Habe ich etwa den Versammelten einzuschärfen versucht: Wenn ihr im Krieg als Deutsche in Feindesland, zum Beispiel nach China, kommt, dann haust so, daß kein Chinese nach hundert Jahren wagt, einen Deutschen mit scheelen Blicken anzusehen?«

Rosa Luxemburg verteidigt sich nicht für ihre Rede, sondern sie greift auch im Gerichtssaal die Regierungspolitik an. Die Rede über China hat der deutsche Kaiser gehalten.

Empört springt der Staatsanwalt auf: »Das ist Majestätsbeleidigung, Herr Richter. Entziehen Sie der Angeklagten das Wort.« Unbeirrt fährt Rosa Luxemburg mit ihren Ausführungen fort: »Hätte ich so gesprochen, dann wäre das allerdings eine Aufhetzung. Oder habe ich vielleicht in den versammelten Massen den nationalen Dünkel, den Chauvinismus, die Verachtung und den Haß gegen andere Rassen und Völker aufzustacheln versucht? Das wäre allerdings eine Aufhetzung gewesen. Aber so sprach ich nicht, und so spricht nie ein geschulter Sozialdemokrat.«

Das Gericht verurteilt Rosa Luxemburg zu einer Gefängnisstrafe von einem Jahr. Die Angeklagte legt Berufung gegen das Urteil ein, so daß sie die Haftstrafe nicht umgehend antreten muß. In ganz Deutschland demonstrieren Arbeiter gegen die Verurteilung. Rosa Luxemburg setzt ihre Vorträge wie geplant fort. Auf Versammlungen in Stuttgart, Berlin, Karlsruhe, München und in anderen Städten Süddeutschlands agitiert sie gegen den Militarismus und den drohenden Weltkrieg.

Zum zweiten Prozeß legen Rosas Verteidiger, Dr. Kurt Rosenfeld und Dr. Paul Levi, dem Gericht Zeugenmaterial von 30 000 Soldatenmißhandlungen vor. Schon am ersten Tag erscheinen hundert Zeugen der Verteidigung. Das Gericht sieht sich außerstande, das Material eingehend zu bearbeiten.

Am nächsten Tag ist in der »Leipziger Volkszeitung«, für die Rosa Luxemburg lange Jahre gearbeitet hat, zu lesen: »Die am Freitag wiederaufgenommene Verhandlung gegen die Genossin Luxemburg endete mit der Vertagung des Prozesses auf unbestimmte Zeit.«

Zur Wiederaufnahme des Verfahrens kam es nicht mehr. Am 28. Juli 1914 erklärt

Rosa Luxemburg 1914, kurz vor Ausbruch des Ersten Weltkriegs.

Österreich nach der Ermordung des österreichischen Thronfolgers Serbien den Krieg.
Am nächsten Tag mobilisiert Rußland einen Teil seiner Truppen. Die ganze Welt wartet gespannt darauf, was das Deutsche Reich tun wird. Ruft auch der deutsche Kaiser die Mobilisierung aus, so bedeutet das Krieg.
In aller Eile wird eine Sitzung des Büros der Sozialistischen Internationale nach Brüssel einberufen. Rosa Luxemburg nimmt als Beobachterin daran teil. Zu Beginn hat sie noch große Hoffnungen, daß die sozialistischen Parteien den Krieg vielleicht verhindern können. Ein Telegramm teilt den Delegierten mit, daß 100 000 Menschen in Berlin für den Frieden und gegen den Krieg demonstrieren. Das weckt Hoffnungen. Ein internationaler Massenstreik in den wichtigen Ländern Europas kann den Zug Richtung Krieg unter Umständen stoppen, bevor er abfährt. Doch bald wachsen die ersten Zweifel.
Der Österreicher Victor Adler stellt die Lage in seinem Land sehr pessimistisch dar: »Das Volk, die Masse, will in den Krieg. Es demonstriert für den Krieg. Wenn wir Sozialisten uns gegen den Krieg aussprechen, isolieren wir uns von den Massen.«
Rosa Luxemburg redet auf der Beobachterbank empört auf den spanischen De-

legierten Fabra-Ribas ein. »Wo bleibt denn da die internationale Solidarität? Jetzt, wo alles auf dem Spiel steht, erweist sich das Ideal als Sonntagsgesinnung. Ja, man ist gegen den Krieg, aber wenn die Vaterländer in Gefahr sind, zieht man trotzdem in den Krieg. Das ist die bittere Wirklichkeit, die Alltagsgesinnung.«

»Noch ist nichts verloren, Genossin. Noch haben die anderen Länder nicht berichtet. Die Massen sind nicht überall so kriegsfreudig wie in Österreich.« Der Spanier hat noch Hoffnung.

Zornig entgegnet Rosa: »Die Sitzung kann in einer solchen Stimmung nicht fortgesetzt werden.«

Der deutsche Delegierte Haase schildert die Demonstration gegen den Krieg in Berlin. Was er nicht erwähnt, ist, daß seine Fraktion zur gleichen Zeit mit dem Reichskanzler Bethmann-Hollweg über die Bewilligung von Kriegskrediten und ein Stillhalteabkommen verhandelt.

Der Franzose Jean Jaurès versprüht noch einmal einen Hoffnungsfunken: »Wir Franzosen haben die Pflicht, darauf zu bestehen, daß die französische Regierung energisch mit Rußland spricht, damit es sich dem Konflikt fernhält. Und tut Rußland das nicht, dann ist es unsere Pflicht zu sagen: Wir kennen nur einen Vertrag, den Vertrag, der uns an die Menschheit bindet.« Die französischen Sozialisten wollen verhindern, daß Frankreich durch seinen Bündnisvertrag mit Rußland in den Krieg hineingezogen wird.

Auf konkrete Beschlüsse einigt sich die Konferenz nicht. Die Delegierten verschieben die Frage, welche Maßnahmen ergriffen werden sollen, auf eine Konferenz, die am 9. August in Paris stattfinden soll.

In Brüssel wird lediglich eine Erklärung verabschiedet: »Die deutschen und französischen Proletarier werden mit all ihren Kräften auf ihre Regierungen einwirken, damit diese auf ihre Verbündeten Druck ausüben. Die Verbündeten sollen davon ablassen, den Weltfrieden zu gefährden.«

Jean Jaurès, der bärtige Franzose, will zum Abschluß der Beratungen noch Rosa Luxemburg das Wort erteilen: »Sie gestatten mir, die tapfere Frau zu begrüßen, die die Flamme ihres Gedankens in die Herzen der deutschen Proletarier versetzt hat. Ich bitte Sie, das Wort zu ergreifen.«

Doch die wortgewaltige Kämpferin bleibt regungslos sitzen. Die Hände vors Gesicht geschlagen, verharrt sie stumm und starr auf ihrem Platz. Sie weiß, daß auch die leidenschaftlichste Rede jetzt nichts mehr ändern kann. Sie ahnt, daß die Unentschlossenheit der sozialistischen Parteien viele Menschenleben kosten wird. Niedergeschlagen verläßt sie mit den beiden deutschen Delegierten Haase und Kautsky die Konferenz und tritt die 14stündige Nachtfahrt nach Berlin an. Dort erhalten sie die Nachricht, daß Jean Jaurès von einem nationalistischen Fanatiker ermordet worden ist. Während die beiden Männer noch darüber diskutieren, welche Auswirkungen der Tod des Franzosen haben könnte, wendet sich Rosa Luxemburg, ohne ein Wort zu sagen, von ihnen ab. Sie hat ihre Hoffnung vollends verloren. Wenn überhaupt jemand, dann wäre Jaurès in der Lage gewesen, die sozialistischen Parteien zu einem Generalstreik gegen den Krieg zu bewegen. Die tiefe Niedergeschlagenheit Rosa Luxemburgs verstärkt sich noch durch die Ereignisse der nächsten Tage.

Am 31. Juli 1914 war Jean Jaurès ermordet worden.
Am 1. August erklärt das Deutsche Reich Rußland und am 3. August Frankreich und Belgien den Krieg. In einer Rede verkündet Kaiser Wilhelm II.: »Ich kenne keine Parteien mehr, ich kenne nur noch Deutsche.«
Diese Worte verfehlen ihre Wirkung auf die SPD-Reichstagsfraktion nicht. Zwei Tage später stimmt sie für die Bewilligung der Kriegskredite. Die Gegner dieser Entscheidung werden durch Fraktionszwang verpflichtet, im Reichstag *für* die Bewilligung zu votieren.
Der Fraktionsvorsitzende Haase, der selbst zu den Gegnern der Bewilligung gehört, erklärt im Reichstag: »Es gilt Gefahr abzuwenden, die Kultur und Unabhängigkeit unseres Landes sicherzustellen. Da machen wir wahr, was wir immer betont haben. Wir lassen das Vaterland in der Stunde der Gefahr nicht im Stich.«
Als Rosa Luxemburg diese Nachricht erhält, denkt sie an Selbstmord. Die Partei, der sie seit Jahren angehört, für die sie mit aller Kraft in den Wahlkampf gezogen ist, stimmt für den Krieg. Was kann sie da noch tun?
Diese Frage stellt sie am nächsten Tag auch einigen Genossen, die ähnlich fühlen wie sie. Es sind die Mitarbeiter der »Sozialdemokratischen Korrespondenz« und einige Mitglieder der Reichstagsfraktion, die gegen den Beschluß waren.
Im Kreise dieser Gleichgesinnten kommt der Kampfeswille wieder zum Vorschein. Gegenseitig machen sie sich Mut. An Ortsgruppen der Partei verschicken sie dreihundert Telegramme: »Wir müssen den charakterlosen Götzen der Partei trotzen. Nehmt gegen das Verhalten der Fraktion Stellung. Kommt zu einer Besprechung nach Berlin.«
Zwar kommen nur sehr wenige der Angeschriebenen, doch diese sind sich einig, daß sie die Auseinandersetzung in der SPD fortsetzen und Aktionen gegen den Krieg planen wollen. Sie bleiben in der Partei, schließen sich aber zu einer Gruppe zusammen und geben ihr den Namen »Spartacus« – nach dem Führer eines Sklavenaufstandes im alten Rom.
Es gelingt ihnen, eine Erklärung an die sozialistischen Parteien ins Ausland zu schmuggeln: »Wir versichern den ausländischen Genossen, daß wir und sicherlich auch viele andere deutsche Sozialdemokraten den Krieg, seine Ursachen, seinen Charakter sowie die Rolle der Sozialdemokratie in der gegenwärtigen Lage von einem Standpunkt betrachten, der dem des Vorstands nicht entspricht. Der Belagerungszustand macht es uns vorläufig unmöglich, unsere Auffassung öffentlich zu vertreten.«
Insgeheim ist die Gruppe aber sehr aktiv. Sie diskutiert mit anderen Parteimitgliedern, lädt Abgeordnete ein und verfaßt Flugblätter.
Am 2. Dezember soll im Reichstag die Verlängerung der Kriegskredite beschlossen werden. Auf diesen Termin bereitet sich die Gruppe vor.
Enger Mitarbeiter Rosa Luxemburgs wird in dieser Zeit Karl Liebknecht, der Sohn von Wilhelm Liebknecht, des Mitbegründers der Partei.
Im November findet eine Besprechung mit dem Redakteur der »Leipziger Volkszeitung« Leusch und dem Abgeordneten Lebedour statt. Als Rosa in die Wohnung Liebknechts kommt, diskutieren die beiden Gäste schon mit Karl. Er versucht gerade, sie zu überzeugen: »Wenn wir öffentliche Protestversammlungen durchführen, bringen wir den Vorstand in Zugzwang.«

Karl Liebknecht, hier neben Rosa Luxemburg, war ein enger Mitkämpfer und treuer Freund der couragierten Frau.

»Das könnt ihr nicht machen«, Lebedour ist entsetzt, »solche Aktionen müssen mit der Zentrale besprochen werden. Ihr könnt keinen Alleingang unternehmen.«
»Das wäre vergebliche Liebesmüh'«, schaltet sich Rosa ins Gespräch ein. »Du kennst doch die Haltung des Vorstands. In Friedenszeiten haben sie getönt: ›Im Innern jedes Landes gilt der Klassenkampf, nach außen die internationale Solidarität.‹ Jetzt im Krieg, wo es darauf ankommt, vertreten die Herren die Meinung: ›Im Innern herrscht Frieden, nach außen Kampf.‹ Wenn wir etwas tun wollen, dann können wir nicht mit der Zustimmung des Vorstandes rechnen.«
»Das kann ich nicht verantworten. Nein, das geht nicht!« Lebedour bleibt bei seiner Ablehnung.
Der Redakteur Leusch pflichtet ihm bei: »Was ihr vorhabt, geht zu weit. Wir können die Partei nicht vor vollendete Tatsachen stellen.«
»Dann trennen sich unsere Wege. Als Sozialdemokraten dürfen wir uns am imperialistischen Krieg, an diesem Verbrechen an der Menschheit, nicht mitschuldig machen«, beendet Rosa Luxemburg die Debatte.

»Jetzt wissen wir wenigstens, woran wir sind. Nun müssen wir eben allein etwas unternehmen«, sagt Liebknecht und stellt sich damit auf Rosas Seite.
Gemeinsam brechen sie zu einer Agitationsreise durch Süd- und Westdeutschland auf. Bei den einfachen Parteimitgliedern finden sie viel Unterstützung, von den Abgeordneten ist aber keiner bereit, die Kriegskredite abzulehnen. Bei der Abstimmung im Reichstag stimmt Karl Liebknecht als einziger gegen die Verlängerung der Kriegskredite.
»Ich habe mit ›Nein‹ gestimmt, weil die Bewilligung nicht nur den Interessen der Arbeiter, sondern auch dem Parteiprogramm und den Beschlüssen der Sozialistischen Internationalen schroff widerspricht«, erklärt er im Reichstag. Diese Haltung wird vom Parteivorstand scharf kritisiert.
Rosa Luxemburg verteidigt Karl Liebknecht in der Parteizeitung »Vorwärts«: »Es kommt darauf an, dem Ziel, dem Gedanken des Programms treu zu bleiben und keinen Kadavergehorsam gegenüber der Partei als Organisation zu üben.«
Wenige Tage danach wird Karl Liebknecht als Armierungssoldat an die Front eingezogen.
Rosa Luxemburg wird im Februar 1915 verhaftet. Ohne Urteil wird sie bis zum Kriegsende in verschiedenen Gefängnissen festgehalten.
Mit Karl Liebknecht bleibt sie weiterhin in Kontakt. Heimlich werden Briefe ins Gefängnis hinein- und herausgeschmuggelt.
Am 1. Mai 1916, so planen sie, soll es zu einer großen politischen Demonstration gegen den Krieg kommen.
Die traditionellen Maifeiern sind im Deutschen Reich während des Krieges verboten. Die Vorbereitungen laufen deshalb in aller Stille ab. Mitglieder der Spartacus-Gruppe schreiben und vervielfältigen Handzettel und verteilen sie an vertrauenswürdige Arbeiter in den Berliner Fabriken.
»1.-Mai-Demonstration, abends 8 Uhr auf dem Potsdamer Platz«, lautet die Parole. Heimlich gehen die Zettel von Hand zu Hand. Flüsternd wird die Parole weitergegeben.
Trotzdem kommen 10 000 Menschen zu der Kundgebung. Der Platz ist bereits Stunden vorher von der Polizei umstellt. In kleinen Gruppen kommen die Arbeiter auf den Platz, getarnt als Liebespaare, Passanten oder Gasthausbesucher.
Karl Liebknecht schwingt sich auf eine Mauer und ruft aus: »Nieder mit dem Krieg! Nieder mit der Regierung!«
Die Menge klatscht begeistert Beifall. Dann greift auch schon die Polizei ein. Ein Dutzend Polizisten wirft sich auf Karl Liebknecht. Es entsteht ein Handgemenge mit den umstehenden Demonstranten. Die Polizei zückt die Säbel und schlägt auf die Demonstranten ein. Berittene Beamte zerstreuen die Menge und bahnen denen, die Karl Liebknecht abführen, eine Gasse.
In den angrenzenden Straßen liefern sich Demonstranten und Polizisten noch die halbe Nacht einen erbitterten Kampf. Viele werden verhaftet oder verletzt. Auch Karl Liebknecht und Rosa Luxemburg müssen ins Gefängnis. Doch die Ereignisse zeigen auf, daß es eine Opposition gegen den Krieg gibt.
Liebknecht wird zu zweieinhalb Jahren Zuchthaus verurteilt. Daraufhin streiken in Berlin 55 000 Munitionsarbeiter. Der Streik breitet sich nach Bremen und Braunschweig aus.

Zwei Jahre dauert der Weltkrieg bereits, als sich die Arbeit von Rosa Luxemburg und ihren Genossen nachhaltiger bemerkbar macht. Die Bevölkerung hat genug vom Krieg. Sie will den Frieden. Doch es soll noch einmal zwei Jahre dauern, bis das Blutvergießen beendet wird.
Im Oktober 1918 kommt es in vielen Städten des Deutschen Reiches zu Arbeiterdemonstrationen. Sie fordern: »Schluß mit dem Krieg!« und »Freiheit für Rosa Luxemburg und Karl Liebknecht!«
Am 23. Oktober wird Karl Liebknecht aus dem Zuchthaus entlassen. Von da an ist er rastlos unterwegs und verhandelt mit Gruppen, die sich bei der Organisation der Demonstrationen und Streiks gebildet haben. Mit einer großen gemeinsamen Aktion soll die Regierung gestürzt und die Republik ausgerufen werden.
Am 4. November revoltieren die Matrosen in Kiel. Sie weigern sich, mit ihren Schiffen zu einer letzten Schlacht in den sinnlosen Krieg zu ziehen — ein Signal für die Aufständischen im ganzen Land. Eine Woche später, am 11. November, soll die Aktion in Berlin beginnen.
Rosa Luxemburg wird erst am 8. November aus dem Gefängnis entlassen. Der Zug, der sie nach Berlin bringt, ist überfüllt mit Soldaten, die der Front den Rükken gekehrt haben. Am Bahnhof wird Rosa von Leo Jogiches und Karl Liebknecht erwartet. Rasch erzählen ihr die Freunde, was sich in den letzten Tagen ereignet hat.
»In zwei Tagen wird es soweit sein«, endet Jogiches seinen gerafften Bericht.
»Wenn uns die SPD nicht zuvorkommt«, warnt Karl Liebknecht. »Erzberger hat gestern die Waffenstillstandsverhandlungen aufgenommen. Die SPD tut alles, um die Revolution zu verhindern. Der SPD-Vorsitzende Ebert wäre bereit, mit den bürgerlichen Parteien gegen die Revolution vorzugehen. Die Zeit drängt.«
»Am besten, wir bringen Rosa aus dem Haus und rufen dann die anderen für heute abend zu einer Besprechung zusammen«, schlägt Jogiches vor.
»Nein«, protestiert Rosa, die im Gefängnis sichtlich abgemagert ist. Ihr graues Haar ist in der Zeit der Gefangenschaft weiß geworden. »Dazu haben wir jetzt keine Zeit. Ich nehme mir ein Hotelzimmer, dann können wir gleich mit den Beratungen beginnen. Meine Wohnung sehe ich noch früh genug. Für den Augenblick gibt es Wichtigeres zu tun.«
Bereits zwei Stunden später trifft sich die Spartacus-Gruppe in Rosas Hotelzimmer. Man beschließt, aus der losen Gruppierung eine feste Organisation zu machen, den Spartakusbund. Um ihre Meinung in die Bevölkerung zu tragen, gründen die Mitglieder eine neue Zeitung: die »Rote Fahne«.
»Rosa wird Herausgeberin und übernimmt die Redaktion« — ein Vorschlag von Jogiches, der allgemeine Zustimmung findet. »Dann brauch ich aber auch Räume und eine Druckerei«, sagt Rosa. »Wieso besetzen wir nicht einfach eine der bestehenden Zeitungen? Das Blatt hat sich gewendet, die Zeitungen müssen sich nun auch wenden.«
Hermann Duncker schlägt diese verblüffend einfache Lösung vor. »Eine siegreiche Revolution kann eine konterrevolutionäre Presse nicht dulden.«
»Und an welche Zeitung denkst du?« Rosa Luxemburg ist sich noch nicht ganz sicher, was sie von dem Vorschlag halten soll.
»Das Verlagsgebäude des Berliner Lokalanzeigers liegt zentral. Der Verleger ist

ein alter Reaktionär. Dort machen wir die ›Rote Fahne‹, das ist ausgleichende Gerechtigkeit.«
Der Plan von Hermann Duncker wird angenommen. Schon am nächsten Tag wird das Verlagsgebäude besetzt. Am Abend erscheint bereits die erste Nummer der »Roten Fahne«.
Am 11. November treten die Arbeiter in den Ausstand. In riesigen Demonstrationszügen ziehen sie in die Berliner Innenstadt. Soldaten aus den Kasernen schließen sich ihnen an. Ihr Ziel ist das Schloß. Man spricht davon, daß Karl Liebknecht vom Balkon aus die sozialistische Republik ausrufen wird.
Im Schloß befindet sich jedoch nicht Liebknecht, sondern die SPD-Reichstagsfraktion. Als sich die Massen vor dem Schloß gesammelt haben, tritt der Abgeordnete Philipp Scheidemann auf den Balkon hinaus. Von den Ereignissen überrascht, beginnt er zu reden. Seine Ansprache endet mit dem Satz: »Alles für das Volk! Nichts darf geschehen, was der Arbeiterbewegung zur Unehre gereicht. Seid einig, treu und pflichtbewußt. Das Alte und Morsche, die Monarchie, ist zusammengebrochen. Es lebe das Neue. Es lebe die Deutsche Republik.«
Die Menschen auf dem Platz brechen in Jubel aus. Sie umarmen sich, manchem stehen Tränen in den Augen. Jetzt beginnt eine neue Zeit. Sprechchöre wiederholen immer wieder: »Es lebe die Republik!«
Die Massen ziehen singend durch die Straßen. Scheidemann kehrt in das Fraktionszimmer zurück. Wütend kommt der Parteivorsitzende Ebert auf ihn zu: »Was hast du getan?« Mit hochrotem Kopf brüllt er ihn an: »Du hast kein Recht, die Republik auszurufen. Was aus Deutschland wird, das entscheidet eine Nationalversammlung.«
Die Arbeiter und Soldaten öffnen die Zellen der Gefängnisse. Tausende stürmen das Polizeipräsidium. Die Polizisten brauchen nicht mehr entwaffnet zu werden. Beim Anblick der Menge werfen sie Säbel und Pistolen freiwillig weg. Es fließt kein Tropfen Blut. Am Abend finden Verhandlungen zur Regierungsbildung statt. Ein Demonstrationszug begleitet Karl Liebknecht vor das Schloß. Dort angekommen, fordern die Menschen Liebknecht auf, zu reden. Er steigt auf einen Lastwagen und beginnt zu sprechen: »Der Tag der Revolution ist gekommen. Wir haben den Frieden erzwungen. Das Alte ist nicht mehr. Die Herrschaft der Hohenzollern, die jahrhundertelang in diesem Schloß gewohnt haben, ist vorüber. In dieser Stunde proklamieren wir die freie sozialistische Republik Deutschland.«
Tosender Jubel erfüllt den Platz. Am Mast des Schlosses wird eine rote Fahne hochgezogen. Die Hochrufe auf den Sozialismus und die Republik scheinen nicht mehr enden zu wollen. Rosa Luxemburg und Karl Liebknecht lehnen es ab, in der neuen Regierung einen Ministerposten zu übernehmen. Die SPD als stärkste Gruppe will die Macht einem Parlament übertragen. Die Spartakisten wollen dagegen, daß die politische Macht in die Hände der Arbeiter- und Soldatenräte gelegt wird. In den folgenden Wochen geht der Kampf um die zukünftige Staatsform weiter. Demonstrationen und Gegendemonstrationen gehören zum Alltag der Hauptstadt. In der »Roten Fahne« kritisiert Rosa Luxemburg das Vorgehen Eberts. Sie warnt vor den Winkelzügen der Konterrevolution. Sie fordert eine grundlegende soziale Umwälzung, aber sie kritisiert auch den Übereifer

manchers Revolutionäre. Für die alten Machthaber sind Rosa Luxemburg und Karl Liebknecht die Feinde Nummer eins. An den Litfaßsäulen kleben Plakate, die zum Mord an den Führern der Revolution auffordern:
»Das Vaterland ist dem Untergang nahe. Rettet es!«
»Es wird nicht von außen bedroht, sondern von innen: vom Spartakusbund.«
»Schlagt ihre Führer tot!«
»Tötet Liebknecht! Dann werdet ihr Frieden, Arbeit und Brot haben!«
Auch der »Vorwärts«, die Zeitung der SPD, stimmt in die verhängnisvolle Hetze mit ein. Am 13. Januar 1919 erscheint folgendes Gedicht:

»Vielhundert Tote in einer Reih' —
Proletarier!
Karl, Rosa und Kumpanei —
Es ist keiner dabei, es ist keiner dabei!
Proletarier!«

Später schreibt der Verfasser: »Heute bereue ich das Gedicht. Karl Liebknecht und Rosa Luxemburg waren nicht feige, sondern erwiesen sich als tapfer.« Er fühlt sich mitverantwortlich für die Ereignisse des 15. Januar.
Was an diesem Tag geschah, schilderte Wilhelm Pieck später vor einem Gericht so:
»Ich wurde in der Wohnung gemeinsam mit Liebknecht und Rosa Luxemburg verhaftet und per Auto zum Eden-Hotel gebracht. Beim Betreten des Hotels waren im Vorraum eine Menge Soldaten und Offiziere. Die Offiziere beschimpften Frau Luxemburg flegelhaft: ›Röschen, da kommt die alte Hure.‹ Als ich dagegen protestierte, erklärte ein Offizier: ›Was will der Kerl, ist wohl ihr Kavalier, haut ihm in die Fresse.‹ Dann wurde Rosa Luxemburg die Treppe hochgeführt. Ich wurde an einen Pfeiler gestellt. Ein Offizier lief herum und bot den Soldaten Zigaretten an und sagte: ›Die Bande darf nicht mehr lebend das Hotel verlassen.‹ Nach einer Viertelstunde wurde ich ebenfalls die Treppe hochgeführt und in ein Zimmer gebracht. Dabei sah ich, wie ein Dienstmädchen ihrer Kollegin in die Arme fiel und schluchzend rief: ›Ich werde den Eindruck nicht los, wie man die arme Frau niedergeschlagen und herumgeschleift hat.‹
Karl Liebknecht wird als erster wieder die Treppe hinuntergeführt. Beim Verlassen des Hotels schlägt ihn der Soldat Otto Runge mit einem Kolbenhieb nieder. Der halbbewußtlose Karl Liebknecht wird in ein Auto gezerrt, das ihn angeblich in das Untersuchungsgefängnis Moabit bringen soll. Unterwegs täuscht der Fahrer eine Panne vor. Karl Liebknecht, dem das Blut übers Gesicht rinnt, wird befohlen, auszusteigen. Er taumelt einige Schritte, da fällt ein Schuß und gleich darauf noch einer. Die beiden Kugeln treffen ihn in den Rücken. Die Offiziere zerren ihn wieder in den Wagen und bringen ihn zum Leichenhaus. Im Protokoll heißt es später: ›Karl Liebknecht wurde auf der Flucht erschossen.‹
Dann fährt das Todeskommando ins Hotel zurück und holt Rosa Luxemburg. Sie war schon im Hotelzimmer grausam mißhandelt worden. Am Ausgang steht wieder der Soldat Runge und schlägt mit seinem Gewehr auf die hilflose Frau ein. Sie wird in das Auto gezerrt, das langsam anfährt. Nach wenigen Metern springt einer der Bewacher, der vor dem Hotel gestanden hatte, auf das Trittbrett

des Autos, zieht eine Pistole und legt auf Rosa Luxemburg an. Der Schuß trifft sie in die Schläfe. Die Leiche werfen die Männer kurzerhand in den Landwehrkanal.«
Wilhelm Pieck gelingt die Flucht. Zusammen mit Leo Jogiches versucht er, den Fall aufzuklären. Drei Männer werden vor Gericht gestellt. Die übrigen Beteiligten »können nicht ermittelt werden«. Runge, der die Gefangenen niedergeschlagen hatte, und Oberleutnant Vogel, der sie erschossen hat, werden zu jeweils zwei Jahren Gefängnis verurteilt. Der dritte Angeklagte, Leutnant Liepmann, erhält zur Strafe sechs Wochen Stubenarrest. Vogel kann bereits drei Tage nach seiner Einlieferung ins Gefängnis fliehen. Runge erhält 1934 eine staatliche Entschädigung für die verbüßte Haftstrafe in Höhe von 6 000 Mark.

Mahatma Gandhi

Die gewaltige Macht der Gewaltlosigkeit

Mahatma Gandhi war ein kleiner Anwalt, als ihn 1893 die Handelsfirma Dada Abdulla & Co. aus seiner Heimatstadt Porbandar bat, nach Südafrika zu reisen, um die dortige Filiale des Unternehmens in einem Rechtsfall zu vertreten.
»Sieben Tage nach meiner Ankunft sah ich, daß ich es mit einer Situation zu tun hatte, die fürchterlich war, als man in Worten beschreiben kann«, notierte der damals 24jährige Rechtsanwalt Gandhi. Seine Gegner im Prozeß, aber auch die Richter, qualifizierten ihn als Kuli-Anwalt ab. Die besseren Hotels wiesen ihm die Tür. In einer Postkutsche wurde er von weißen Südafrikanern mit Faustschlägen von seinem Platz vertrieben. In Maritsburg schmiß ihn ein Schaffner aus dem Ersteklasseabteil eines Zuges, obwohl Gandhi einen gültigen Fahrschein hatte, und als der Inder protestierte, mußte er den Zug ganz verlassen und die kalte Nacht allein und schutzlos auf dem Bahnsteig verbringen.
Der Prozeß endete mit einem durchaus ehrenvollen Vergleich. Nun hätte der Rechtsanwalt in seine Heimat zurückfahren können. Aber er blieb. Einige Ansässige — reiche Kaufleute zumeist — hatten ihn zu einem Abschiedsessen eingeladen. Zuvor aber war eine Abordnung politisch interessierter Landsleute bei Gandhi gewesen. Er war der einzige indische Anwalt in ganz Südafrika. Und nie zuvor hatten die Inder einen rechtskundigen Sprecher so nötig gehabt wie in diesen Tagen. Die gesetzgebende Versammlung von Natal plante, den Indern das Wahlrecht wegzunehmen. Die Abordnung bat Gandhi, eine Eingabe für sie zu entwerfen und dem Staat gegenüber zu vertreten.
»Aber seht doch, ich habe ja meine Koffer schon gepackt«, wendete der junge Anwalt ein, »außerdem werde ich bei einer Abschiedsparty erwartet.« Aber Gandhi versprach, sich die Sache zu überlegen.
Die Stimmung bei dem Abschiedsfest war gut. Gandhi fühlte sich unter den gebildeten und wohlhabenden Landsleuten wohl. Aber die ausgelassene Fröhlichkeit paßte schlecht zu den Hiobsbotschaften, die er eine Stunde früher gehört hatte. Der Gastgeber trat auf den nachdenklichen Anwalt zu.
»Sie haben wohl Heimweh nach Südafrika, noch ehe Sie abgereist sind!«
Gandhi schüttelte den Kopf.
»Es ist etwas anderes«, sagte er, »ihr alle verschließt die Augen vor dem, was ist:

Fast alle unsere Landsleute, die hier leben, haben sich als Arbeiter anwerben lassen. Sie schufteten für ein paar Pennys und sind trotzdem rechtlos. In den Minen und auf den Plantagen werden sie schamlos ausgebeutet. Sie haben nur befristete Arbeitsverträge. Spätestens nach fünf Jahren müssen sie das Land verlassen. Sie sind keine Sklaven wie die Schwarzen, nein, das nicht, aber werden sie etwa viel besser behandelt? Jeder Weiße darf sie ungestraft schlagen. Man kann sie ohne Gerichtsurteil auf unbestimmte Zeit hinter Gitter bringen oder sie in Ghettos verbannen, die sie nie verlassen dürfen. Und wie viele unserer Landsleute werden dabei erbarmungslos von ihren Familien getrennt?
Gut, ich gebe zu, die Kaufleute führen ein vergleichsweise angenehmes Leben. Viele von uns hier leben schon seit Generationen in Südafrika. Es geht uns allen gut. Und ich gebe zu, daß es da schwerfällt, mit den Arbeitern zu fühlen, aber das wird uns schon bald nicht mehr so schwerfallen.«
Jetzt war es plötzlich still geworden in der Villa. Immer mehr Gäste hatten sich um den jungen Mann geschart, der eigentlich schüchtern und zurückhaltend wirkte und der sich nun doch in Feuer geredet hatte. Viele Augen sahen Gandhi an, als er jetzt mit Nachdruck und großem Ernst weitersprach:
»Hier in Natal leben heute sechsundvierzigtausend Inder. Und wißt ihr, wieviel Europäer hier sind? Genau eintausend weniger! Auch die Weißen können rechnen. Plötzlich haben sie Angst bekommen — Angst vor der Überfremdung. Eine richtige Panik greift um sich. Und das erste Ergebnis: Sie haben ein Gesetz eingebracht, mit dem sie uns kontrollieren wollen. Unsere politischen, aber auch unsere kulturellen Aktivitäten sollen drastisch eingeengt werden. Und man will uns das Wahlrecht beschneiden.«
Wie eine Bombe platzte Gandhis Nachricht in die ausgelassene Gesellschaft. Plötzlich war er der Mittelpunkt. Alles umdrängte ihn.
»Uns soll das Wahlrecht entzogen werden? Wir hatten davon keine Ahnung!« Aufgeregt rief alles durcheinander.
Mit feierlichem Gesicht trat der Gastgeber auf Gandhi zu. »Sie sind der einzige, der uns helfen kann.«
»Bitte bleiben Sie«, bestürmten ihn auch die anderen.
»Nur für einen Monat!«
Gandhi war unsicher. Was seine Landsleute von ihm erwarteten, ging über die Aufgaben eines einfachen Rechtsanwalts hinaus. Es war ein politischer Auftrag, aber Gandhi war kein Mann, der die Massen mitreißen konnte. Andererseits: hatten ihm nicht gerade eben alle atemlos zugehört? Konnte er vielleicht doch etwas erreichen? Plötzlich stand sein Entschluß fest: nach Hause konnte er erst, wenn er gemeinsam mit den anderen den Angriff der Weißen zurückgeschlagen hatte.
Innerhalb von 14 Tagen arbeitete er eine Kampagne aus, die ihn weit über die Grenzen Südafrikas hinaus bekannt machte. Er sammelte 10 000 Unterschriften und schickte sie zusammen mit einer Petition direkt an die Königin von England. Er gründete die Natal-Indien-Partei, in der sich alle Inder, egal ob er arm oder reich, organisieren konnten. Fast schlagartig war aus einem verlorenen Haufen rechtloser farbiger Kulis eine starke Massenbewegung geworden, die ihre Forderungen anmeldete.

Nun war an eine Heimkehr nicht mehr zu denken. Gandhi mußte das angefangene Werk weiterführen.
Im Herbst 1896 reist Gandhi zum erstenmal wieder nach Indien. Er hält sich sechs Monate in seiner Heimat auf, um persönliche Angelegenheiten zu regeln. Er will nun auch seine Familie mit nach Südafrika nehmen. Aber er nutzt die Zeit auch, um die Inder über die Lage ihrer Landsleute in Südafrika aufzuklären. Rastlos reist er durchs Land, hält Reden, berichtet den Redaktionen der großen Zeitungen, spricht mit Politikern. Und immer sind die Reporter der großen englischen Nachrichtenagentur Reuter dabei. Ihre Sensationsberichte werden in allen südafrikanischen Blättern aufgegriffen. Die Weißen werden regelrecht gegen den indischen Rechtsanwalt aufgeputscht. Als bekannt wird, mit welchem Schiff Gandhi zurückkehren wird, rotten sich im Hafen Tausende weißer Südafrikaner zusammen. Tagelang kann das Schiff nicht landen, und als es dann endlich doch an der Mole vertäut wird, sind noch immer ein paar hundert haßerfüllte Gandhi-Gegner auf dem Pier.
Aus der Menge erschallt plötzlich der Ruf:
»Hängt den alten Gandhi an den Sauerapfelbaum!«
Rhythmisch klatschen und stampfen die Leute zu dem Vers und wiegen sich dazu im Takt. Gandhi kommt unsicher über das Fallreep herunter. Er hebt beschwichtigend die Hände. Da fliegt der erste Stein. Menschen umringen ihn, reißen ihn zu Boden. In blinder Wut prügeln sie mit Faustschlägen und Fußtritten auf die zusammengekrümmte Gestalt ein, die wie ein lebloses Bündel da liegt. Gandhis Anzug hängt ihm blutverschmiert in Fetzen am Leib. An der linken Augenbraue klafft eine häßliche Platzwunde, der Ringfinger der linken Hand baumelt ausgekugelt im Gelenk.
»Seid ihr alle wahnsinnig geworden!« Eine junge Frau bahnt sich einen Weg durch die rasende Menge — es ist die Frau des Polizei-Superintendenten. Unter ihrem Sonnenschirm bringt sie den schwermißhandelten Mann weg. Jetzt endlich greift auch die Polizei ein, die bislang tatenlos zugesehen hat. Man bringt Gandhi in das Haus eines Freundes.
Gandhis Frau Kasturbai bittet ihn: »Laß uns zurückkehren nach Indien.«
»Wir bleiben hier«, entscheidet der Mann auf dem Krankenlager. »Ich bin die einzig hier verfügbare Person, die diese Angelegenheit in die Hand nehmen kann.«
»Ist es das alles denn wert?«
»Ja. Fast alle Inder, die hier leben, werden behandelt wie die Kulis. Sie sind Menschen dritter Klasse. Jeder beschimpft und demütigt sie, und was sie verdienen, reicht kaum zum Leben.«
»Aber was hast du mit diesen Leuten zu tun? Du bist doch Rechtsanwalt«, wendet Kasturbai ein.
»Gerade darum. Ich bin hier, um für ein Recht zu kämpfen. Alle Inder sollen die gleichen Rechte bekommen wie die Weißen, damit sie endlich in Frieden leben können.«
Aber wie soll er diesen Kampf mit Aussicht auf Erfolg führen — in einer Welt, die von irrationalem Haß geprägt ist?
Er kann ihn nur mit der Forderung nach Recht und Menschlichkeit führen.

»Die Mittel unseres Kampfes«, erklärte Gandhi später, »sind Festigkeit und Wahrheit. Wahrheit (indisch: *satya*) schließt Liebe ein, und Festigkeit (indisch: *ágraha*) vermittelt die Idee der Kraft und ist darum gleichbedeutend mit dieser. So begann ich die indische Bewegung *Satyágraha* zu nennen, das heißt die Macht, die aus der Wahrheit, der Liebe, oder der Gewaltlosigkeit, geboren ist.«
Als er einige Wochen nach seiner Rückkehr von einem europäischen Gönner zu einer Informationsveranstaltung eingeladen wurde, führte der ihn mit den Worten ein:
»Die Inder haben das Mittel des passiven Widerstandes entdeckt, weil ihnen andere Mittel nicht zur Verfügung stehen, ihre Lage zu ändern. Zahlenmäßig sind sie nur wenige, sie sind schwach und haben keine Waffen. Der passive Widerstand ist aber die Waffe der Schwachen.«
Gandhi widersprach seinem Gastgeber.
»Unser passiver Widerstand ist Seelenstärke, nicht Waffe des Schwachen. Die Inder sind unleugbar schwach, das stimmt, aber das ist nicht der Grund für *Satyágraha.* Wir hätten dieses Prinzip der Macht aus der Wahrheit und der Liebe auch angewandt, wenn wir stark und im Besitz von Waffen gewesen wären.«
Gandhi hob die Stimme ein wenig. »Die unvergleichliche Waffe der Inder, die durch *Satyágraha* gekennzeichnete Haltung und Bewegung, ist also eine sittliche Stärke, Seelenstärke rein und schlicht, sie ist also die Waffe der Starken!«
Er lächelte seinem weißen Zuhörer zu. »Eine Nation, die danach lebt, kann eher andere lehren, als daß sie von anderen lernen muß.«
Die Weißen reagierten betroffen. Der Kuli-Anwalt schwang sich wohl auf, sie zu schulmeistern.
»Solche Reden sind leicht zu führen«, rief einer, »wenn man als wohlhabender Anwalt ein bevorzugtes Leben führt.«
Und ein anderer ergänzte: »Sie kämpfen gegen eine Ungerechtigkeit, unter der gerade Sie nicht besonders zu leiden scheinen.«
So unrecht hatten die Kritiker nicht. Die Familie Gandhi lebte in einem hübschen weißen Häuschen. Dienstboten entlasteten Kasturbai bei der Arbeit, und das Gehalt, das Gandhi als Rechtsanwalt bekam, reichte für ein angenehmes Leben. Doch das wollte Gandhi nun ändern. Er begann ein System zu entwickeln, wie er die Haushaltskosten senken konnte. Da ließ sich ohne Mühe einiges finden: Die Wäsche wusch man jetzt zu Hause selbst. Der Friseur galt plötzlich als überflüssig, obwohl die ersten Do-it-yourself-Versuche etwas kläglich ausfielen; den Garten grub die Familie nun ohne fremde Hilfe um, und schließlich rückte Gandhi sogar dem Fußboden mit Eimer und Schrubber zu Leibe. Aber immer noch war er unzufrieden.
Eines Tages kaute sein kleiner Sohn Manilal beim Abendessen genüßlich an einer saftigen tropischen Frucht. Es schmeckte ihm, und er griff zum zweitenmal in die Obstschale. Sofort reagierte der Vater:
»Wer zuviel ißt, stiehlt die Mahlzeit einem anderen, der deswegen hungern muß«, wies er den Sohn zurecht.
Kasturbai schob die Obstschale außer Reichweite der Kinderhände und sah ihren Mann an. Sie wußte, wie streng er darauf achtete, daß seine Anordnungen eingehalten wurden.

»Viele Menschen sind so arm, daß sie nur von Brot und Salz leben können«, belehrte der Vater die Kinder.
Fast alle Inder sind Vegetarier. Darum war es für die Gandhis selbstverständlich, kein Fleisch zu essen. Der strenge Vater erweiterte aber nun das Verbot auch auf Eier, Milch, Kaffee, Tee und Süßigkeiten. Trotz des finanziellen Wohlstandes herrschten strenge Diätvorschriften.
Äußerste Sparsamkeit kannte Gandhi noch aus seinen mageren Studentenjahren in London. In Südafrika wurde sie nun auch für die Familie zur obersten Pflicht. Ein Hindu-Ehemann (Gandhi gehörte der Religionsgemeinschaft des Hinduismus an) hält sich für den Herrn und Meister seiner Frau. Für eine Hindu-Ehefrau gilt der fraglose Gehorsam gegenüber ihrem Gatten. Darum widersprach Kasturbai auch nicht, als der Vater der Familie nur Nüsse und frisches Obst als ideale Diät verordnete.
Als der Junge einmal mit Typhus im Bett lag und der Arzt zur Stärkung Hühnerbrühe und Eier empfahl, lehnte Gandhi kategorisch ab. Selbst wenn Lebensgefahr drohte, machte er keine Zugeständnisse.
»Es gehört zu meiner religiösen Überzeugung, daß der Mensch Fleisch, Eier und dergleichen nicht essen darf«, sagte Gandhi zu dem Mediziner, dessen westlichen Heilungsmethoden er von Anfang an mißtraut hatte.
»Aber der Junge muß wieder zu Kräften kommen. Es steht sehr schlecht um ihn«, sagte der Arzt.
»Ich übernehme das Risiko. Auch die Medikamente nehmen Sie bitte wieder mit. Alles, was meinem Sohn hilft, ist eingedickter Fruchtsaft und eine Wasserheilkur.«
Kopfschüttelnd fühlte der Arzt dem fiebrigen Kind nochmals den Puls und verließ das Haus.
Einige Zeit später spielte Manilal wieder mit seinen Geschwistern im Garten. Die natürliche Heilmethode hatte geholfen.
Vieles war bei den Gandhis anders geworden. Von dem aufwendigen Leben von einst war nichts mehr zu spüren. Doch immer noch war der Familienvater nicht zufrieden. Stets auf der Suche nach vollkommener Selbstverwirklichung, entschloß er sich 1906, ein umfassendes Entsagungsgelübde zu leisten. Er wollte von nun an sexuell völlig enthaltsam und in absoluter Armut leben.
»Kontrolle des Gaumens ist das erste, was bei der Wahrung des Gelübdes wesentlich ist. So überwältigend sind die Leidenschaften, daß sie nur unter Kontrolle gehalten werden können, wenn sie von allen Seiten beschnitten werden: von oben und von unten«, erklärte er seinen Freunden, die ihn erstaunt fragten:
»Aber warum erlegst du dir derart schwere Prüfungen auf?«
»Durch die Entsagung kann ich meine Sinne kontrollieren — im Denken wie im Reden und im Tun.«
So wie er sich eine strenge Diät auferlegte, so beharrlich entsagte er nun also auch dem Sexualleben. Dann fiel ihm eines Tages das Buch des amerikanischen Autors J. Ruskin in die Hände. Was dieser Mann schrieb, fand Gandhis volle Zustimmung: Vom glücklichen Leben durch körperliche Arbeit war da die Rede, von der Selbstverwirklichung durch Bescheidenheit und von der Genügsamkeit

als Mittel der Unabhängigkeit. Gandhi sog die Zeilen förmlich auf. Nur eines kritisierte er an dem Autor: es genügte nicht, solche Gedanken zu entwickeln, man mußte sie auch in die Tat umsetzen.
»Sinn bekommt das Ganze erst, wenn der Mensch die Kraft findet, sein eigenes Leben zu ändern«, meinte Gandhi. Das einfache Dasein des Landmannes, die tägliche Arbeit mit der Hand, ein bescheidenes Leben — das waren Ideale, die er verwirklichen wollte.
Er kaufte ein Stück Land, die Phönix-Farm, und zog mit seiner Familie und seinen Mitarbeitern dort hin.
Stumm standen die vier Söhne und Kasturbai vor dem neuerworbenen Grundstück. Heißer Wind blies ihnen ins Gesicht, wirbelte den feinkörnigen Sand auf, trug ihn in meterhohen Fontänen ein Stück mit sich und ließ ihn wie Regen wieder zur Erde prasseln. Kasturbai kniff vor Schmerzen die Augen zusammen. Eng zog sie ihr Tuch um den Körper und starrte auf die Wildnis. Wohin man auch blickte, überall wucherten nur Disteln und Dornengestrüpp. Es gab keinen Baum, keinen Strauch, kein Wasser — nur Sand, Steine und diesen entsetzlichen heißen Wind. Es mußte Jahre dauern, bis auf diesem Boden etwas wuchs. Schweiß und unsagbare Entbehrung würde diese Wüste von ihnen fordern, und es war nicht gewiß, ob sie überhaupt jemals etwas ernten konnten.
»Wie sollen wir denn in dieser Wüste leben?« fragte sie verzweifelt.
»Wir werden arbeiten!« antwortete ihr Mann gelassen.
»Aber hier gibt es doch nur trockenen Sand.«
»Dann sorgen wir dafür, daß daraus fruchtbarer Boden wird. Wir wollen hier mit einem genügsamen, harten Leben beginnen. Wichtig ist, daß die Gemeinschaft zusammenhält, dann werden wir es schon schaffen. Das einzige, was zählt, ist, daß Glaube und Handeln übereinstimmen.«
»Aber der Boden ist so karg, daß es nie für alle reichen wird.«
»Doch. Denn der Mensch braucht nur das, was er selbst herstellen kann.«
Seufzend ließ Kasturbai den Blick über die Einöde schweifen und betrachtete die heiße Sonne, die unbarmherzig herunterbrannte.
Wenige Wochen später standen die ersten strohgedeckten Lehmhütten. Am Dorfbrunnen holten die Frauen Wasser, und auf den Beeten erntete die Gemeinschaft ihr erstes Gemüse.
Nach zweijähriger Abgeschiedenheit auf der Phönix-Farm trat Gandhi wieder in das öffentliche politische Leben. Ein neues Gesetz sollte verabschiedet werden, um die indische Bevölkerung in ihren Rechten noch weiter einzuschränken: Um die illegalen Neuankömmlinge kontrollieren zu können, sollte sich jeder Inder bei der Behörde registrieren lassen. Alle zehn Fingerabdrücke wollte man deshalb auf einer Karte festhalten. Eine entwürdigende Prozedur. Jeder war verpflichtet, diese Identitätskarte ständig bei sich zu tragen. »Black Act«, schwarzes Gesetz, hieß diese Verfügung, die zum Ziel hatte, die Farbigen weiter zu unterdrücken.
Am 11. September 1906 sprach Gandhi im Empire Theater in Johannisburg vor seinen Landsleuten. Der schmale Advokat, der noch vor wenigen Jahren ins Stottern geriet und feuchte Hände bekam, wenn er vor einer größeren Menge reden sollte, strahlte eine faszinierende Ruhe und Zuversicht aus.

»Ihr Delegierten aus allen Landesteilen Transvaals! Ihr seid gekommen, um zu schwören, lieber alle erdenklichen Strafen auf euch zu nehmen, als euch dem ›Black Act‹ zu unterwerfen. Doch diesen Eid muß jeder vor sich selber ablegen und nicht im Angesicht eines Nachbarn, sondern einzig in dem seines Gottes. Jeder einzelne Mensch muß vor sich selbst versprechen, was er bereit ist zu erdulden: Beleidigung, Einkerkerung, Zwangsarbeit, Prügelstrafe, ja sogar den Tod. Aber ich kann mit voller Überzeugung und Gewißheit erklären, daß es, solange es auch nur eine Handvoll Männer gibt, die treu zu ihrem Gelöbnis stehen, nur einen Ausgang in diesem Kampf geben kann — und das ist der Sieg.«
Als die Registrierung beginnen sollte, weigerten sich die meisten Inder. Streikposten zogen vor den Einwohnermeldeämtern auf. Sie diskutierten mit den indischen Männern, die gekommen waren, um sich ihre zehn Fingerabdrücke abnehmen zu lassen. Die Streikposten argumentierten überzeugend. Sie hatten Gandhis Lektionen gut gelernt und gaben sie nun an ihre Brüder weiter. So bekam die Bewegung immer größeren Zulauf. Die Regierung sah nur noch einen Ausweg: Die Anführer mußten bestraft werden. Die Polizei verhaftete Gandhi. Widerstandslos ließ er sich abführen. Als die Gerichtsverhandlung begann, quoll der Saal förmlich über vor Menschen, die sich auf den Bänken drängten, um Gandhi ihre Sympathie zu bekunden. Gandhi lächelte nach allen Seiten, begrüßte seine Freunde und winkte den vielen Namenlosen zu, die für ihn Partei ergriffen.
Er stand, diesmal angeklagt als Rädelsführer, vor dem gleichen Gericht, vor dem er früher als makellos gekleideter Verteidiger seine Plädoyers gehalten hatte. Er bekannte sich für schuldig, ein Agitator zu sein, und ließ sich widerstandslos in eine Zelle sperren.
Im »Niggerblock« saß er in rauher Gefängniskleidung auf einer Pritsche, die Beine untergeschlagen und den Kopf zur Seite geneigt. Er lauschte auf die Geräusche des Gefängnisses, die durch die dicken Mauern gedämpft zu ihm drangen. Plötzlich veränderten sich die dumpfen Laute. Von Ferne drang Singen und Lachen zu ihm; erst leise, dann immer lauter anschwellend, und schließlich schien die Fröhlichkeit die schimmeligen Kerkermauern zu durchdringen. Es waren seine Anhänger, die mit ihm den Eid geschworen hatten. Widerstandslos ließen sie sich festnehmen, zu Herden zusammentreiben und in Zellen sperren.
All diese Heiterkeit speiste sich aus dem neuen unbezwingbaren Geist, der von der Regierung nicht unbemerkt geblieben war und die Kolonialherren in eine unhaltbare Lage gebracht hatte. Strafe konnte diese Leute nicht abschrecken. Im Gegenteil: sie schienen darauf zu warten, ins Gefängnis gesteckt zu werden. Jeden, den die Polizei in den Kerker warf, verehrten sie als Helden. In ohnmächtigem Zorn mußte die Staatsgewalt mit ansehen, wie die Anhänger dieser neuen Bewegung ihre Mitstreiter zum Gefängnistor begleiteten und dabei tanzten und lachten, so als sei die Strafe ein vergnüglicher Ferienaufenthalt.
Es dauerte nicht lange, und Gandhi wurde vom Polizeichef selbst aus der Zelle geführt. Man bot ihm einen Kuhhandel an: Wenn sich die Inder freiwillig registrieren ließen, wolle man alle anderen Paragraphen des Gesetzes außer Kraft setzen. Gandhi nahm das Angebot an. Als erster ließ er sich die Fingerkuppen schwärzen, um sie auf der Identitätskarte abdrucken zu lassen. Seine Anhänger folgten. Doch die Regierung wurde wortbrüchig — das Gesetz bestand weiter.

Nun wollten die Satyágrahi handeln. Auf dem Platz vor der größten Moschee in Johannisburg entfachten sie ein Feuer. Die Männer versammelten sich im Kreis und warfen ihre Identitätskarten in die lodernden Flammen. Gandhi mußte wieder mit einer Gefängnisstrafe rechnen. Er hätte sie mit Gleichmut hingenommen.
»Im Gefängnis hat man keine Sorgen«, sagte er einmal, »wie man sein Brot verdienen soll. Die Regierung sorgt für all das. Man ist frei von allen lasterhaften Gewohnheiten, und die Seele ist frei. Man hat eine Menge Zeit zum Beten. Der Körper ist zwar eingeengt, aber nicht die Seele.«
Aber diesmal kam die Polizei nicht zu ihm. Gandhi schien das fast zu bedauern.
Neue, die Inder diskriminierende Gesetze wurden erlassen. 1913 erklärte ein Richter alle Ehen für ungültig, die nicht nach christlichem Ritus geschlossen waren. Alle Angehörigen einer anderen Religionsgemeinschaft hätten somit gegen das Gesetz verstoßen, wenn sie weiterhin mit ihren Familien zusammenlebten.
Und die Regierung dachte sich weitere Schikanen aus. Plötzlich wurde allen Farbigen verboten, die Grenzen zwischen den Teilstaaten zu überschreiten. Jeder, der ohne Passierschein von Transvaal nach Natal oder umgekehrt wollte, mußte eine hohe Geldstrafe zahlen oder wurde festgenommen. Aber die Regierung geizte mit diesen Passierscheinen. Nicht einmal jene Inder, die drüben in Natal Arbeit hatten, bekamen das begehrte Papier. Um gegen diese erneute Unterdrükkung zu protestieren, riet Gandhi zum passiven Widerstand. Und er rief zu einer spektakulären Aktion auf.
Am 6. November 1913 zog unter Gandhis Führung eine Schar aus, um die verbotene Grenze von Transvaal zu überschreiten. 2 037 Männer, 127 Frauen und 57 Kinder waren Gandhis Aufruf gefolgt. Unterwegs wurde gesungen, gelacht und gescherzt.
36 Meilen waren es bis zur Grenze — zwei Tagesmärsche. Manche Entbehrungen nahm der friedliche Pilgerzug klaglos auf sich. In den notdürftigen Lagern schliefen alle sorglos ein, unbekümmert, was ihnen der nächste Morgen bringen würde.
Die Regierung sah nicht tatenlos zu. Dreimal wurde Gandhi verhaftet. Dreimal kam er gegen Kaution wieder frei, kehrte an die Spitze des Zuges zurück und ermunterte die Pilger. Ihr Ziel rückte immer näher. Dann war es soweit: An der Grenze von Transvaal erwartete sie der Leiter der Einwanderungsbehörde. Mitten im Ödland stand er über zweitausend Indern gegenüber, die ruhig und diszipliniert die Grenze überschritten. Niemand griff ein.
Mit dieser Aktion wurde Gandhi weit über Südafrika hinaus bekannt, es war seine letzte in Südafrika.
Wenige Wochen vor Ausbruch des Ersten Weltkriegs verließ Gandhi das Land, in dem er fast 23 Jahre lang für Recht und Freiheit seiner Landsleute gekämpft hatte. In Indien existiert bereits eine Bewegung mit dem Ziel, den Briten die kulturelle und wirtschaftliche und schließlich auch die politische Unabhängigkeit abzutrotzen. Der »Indian National Congress« ist eine Partei mit vielen Mitgliedern und Anhängern. Man hatte hier nicht auf Gandhi gewartet. Der »Kongreß«, wie die Partei kurz genannt wurde, hatte sich eine funktionierende Orga-

nisation geschaffen und ein weitverzweigtes Netz örtlicher Stützpunkte bis in die kleinsten Dörfer geknüpft. Aber die Partei, die von 350 gewählten Vertretern des Volkes geführt wurde, war auch in sich zerstritten und deshalb nicht sehr erfolgreich.
Dazu kam, daß der damalige englische Staatssekretär für Indien, Montague, das Hauptziel der britischen Politik darin sah, Indien schrittweise zu einer dem Volk verantwortlichen eigenen Regierung zu führen. Natürlich hoffte er, die neu zu bildende Nation im englischen Weltreich zu halten, während die Kongreßpartei ebenso natürlich von einer absoluten Unabhängigkeit träumte.
Gandhi bereiste das Land, um sich wieder einzuleben und ein Gespür für die unterschiedlichen Strömungen zu bekommen. Er wollte zwar auch in Indien den politischen Kampf aufnehmen, aber er hatte Zeit. Er wollte zunächst eine Bleibe finden, wo er gemäß seinen Prinzipien leben konnte — auch in Indien wollte er an seinem selbstlosen armen Dasein festhalten. Einladungen, die dem weltberühmten Apostel der Satyágraha gehäuft ins Haus flatterten, lehnte er ab. Er lebte mit seiner Familie und den Mitgliedern der Phönix-Farm zusammen. Gemeinsam suchten sie nach einem Stück Land, auf dem sie das begonnene Werk fortsetzen konnten. Im Eisenbahnwaggon dritter Klasse reiste Gandhi, gekleidet wie ein armer Angehöriger der untersten Kaste, umher und suchte nach einem geeigneten Fleck.
Am 20. Mai 1915 zog er mit 25 Vertrauten in der Nähe der Stadt Ahmedabad auf ein Grundstück, das den Namen Satyágraha-Ashram bekam. Dort wollte die Gemeinschaft im selbstlosen Tun die Selbstverwirklichung finden. Die Gruppe wollte sich allerdings nicht nur mit Feldarbeit und Weben begnügen. Trainiert wurde neben der wirtschaftlichen Genügsamkeit auch der politisch passive Widerstand. Gandhi wußte, daß der Tag kommen würde, an dem er sich mit seinen Lehren an die Spitze einer indischen Bewegung stellen würde.
Auch andere kannten seine Wirkung auf die Massen und seinen politischen Durchsetzungswillen. An einem heißen Sommertag saß Gandhi mit einem Besucher auf der Terrasse seiner Hütte. Ein großer Strohhut schützte ihn vor den unbarmherzigen Sonnenstrahlen.
»Jetzt ist es viel zu heiß, um auf den Feldern zu arbeiten. Trotzdem bleibt den armen Familien noch etwas zu tun, um wenigstens ihren Lebensunterhalt zu verdienen«, sagte Gandhi zu seinem Gast, Jawaharlal Nehru, der ein wichtiges Mitglied des Indian National Congress war. Nehru beobachtete während des Gesprächs die geschickten Hände seines Gegenübers. Unermüdlich waren Gandhis Finger mit einem Baumwollknäuel beschäftigt, den er zu einem feinen Faden spann.
»Du meinst, alle Bauern sollten während der heißen Monate ihre Baumwolle selbst spinnen?«
»Nein, nicht nur die Bauern, auch die Kaufleute, die Beamten, Handwerker ... Und nicht nur während der heißen Monate. Wenn die Leute wieder regelmäßig spinnen, dann können sie sich auch mit einheimischen Stoffen kleiden.«
»Das stimmt«, gab Nehru zu. »Früher stand in jedem Haushalt ein Spinnrad. Als die Engländer unser Land besetzten, brachen große Teile der Wirtschaft und des Handwerks zusammen. Bevor die weißen Machthaber kamen, galten die in-

dischen Textilien, die in Millionen bäuerlichen Haushalten und in zehntausend kleinstädtischen Betrieben gesponnen und gewebt wurden, im Ausland als begehrte Ware. Jetzt haben die Engländer den Textilmarkt fest in der Hand. Sie überschwemmen unser Land mit billigen maschinengefertigten Produkten, bringen sogar ihre Maschinen zu uns und stellen ihre Stoffe in riesigen Fabriken her. Dadurch werden die Handarbeiter arbeitslos, denn sie können mit einem Industrieunternehmen nicht konkurrieren.«

»Auch was die Bauern auf den Feldern produzieren, reicht nicht mehr zum Leben«, sagte Gandhi, während seine Hände unermüdlich das Garn drehten. »Auch die Handwerker sind nicht besser dran. Wenn sie einmal stellenlos sind, weil Maschinen wesentlich schneller und billiger produzieren können, finden sie nirgends mehr Arbeit.«

»Schuld an allem sind die Engländer. Früher konnte sich jeder Haushalt ausreichend ernähren. Heute exportieren die Engländer jeden noch so kleinen Überschuß an Getreide und Nahrungsmitteln. Hinzu kommen die vielen Steuern und Zusatzabgaben. Egal, wie arm die Leute auch sind, sie müssen zahlen, zahlen — und wenn sie dabei verhungern.«

Gandhi sah den Jüngeren ernst an.

»Für Indien gibt es nur einen Weg aus der Abhängigkeit und Unterdrückung: Alle müssen sich weigern, mit dem korrupten und verderblichen Staat zusammenzuarbeiten!«

Auch Kasturbai setzte sich mit ihrem Spinnrad zu den Männern, hörte ihnen eine Weile zu und drehte dabei unermüdlich die Spindel. Jeder im Ashram hatte sein eigenes Spinnrad, auf dem er täglich spann. Später wurde die weiße Baumwolle auf einem Webstuhl gewoben. Mit dem selbsthergestellten Tuch kleideten sich die Mitglieder des Ashrams. Sie produzierten selbst, was sie brauchten, und waren somit unabhängig von der englischen Ware.

»Nicht zusammenarbeiten heißt aber auch, daß man seine öffentlichen Ämter niederlegen muß und verliehene Auszeichnungen zurückgeben sollte«, mischte sich Kasturbai in das Gespräch.

»Richtig«, bestätigte Gandhi, »aber das allein genügt noch nicht. Staatsgebote, die unmoralisch sind, müssen wir mißachten, und Staatsverbote, die unrecht sind, müssen wir bewußt übertreten. Doch alles ohne Gewalt, denn wer den Frieden will, darf nur mit friedlichen Mitteln kämpfen.«

Längst schon hatte er begonnen, seine für Indien neue Taktik der »Satyágraha« auch hier auszuprobieren. Ein Zeuge jener Zeit, Wilhelm von Pochhammer, der als Diplomat in Indien war und Gandhi persönlich kannte, schilderte eine von Gandhis Aktionen.

Einige schlimme Ausnahmegesetze, die von den Engländern während des Krieges erlassen worden waren, sollten bestehen bleiben — auch über die Kriegszeit hinaus. Es waren Notstandsvollmachten für die Justiz, die freilich nie angewendet wurden. Dennoch sah Gandhi darin eine Möglichkeit, Hindus und Moslems, Liberale und Heißsporne in einer Einheitsfront zusammenzuführen.

Wilhelm von Pochhammer schreibt dazu in seinem Buch: »Indiens Weg zur Nation«:

»So erprobte Gandhi an dieser Frage seine neue Taktik der ›Satyágraha‹, des ge-

waltlosen Widerstandes, die er in Südafrika entwickelt hatte: Er ließ zunächst einen kleinen Kreis von Mitarbeitern ein feierliches, ganz persönliches Gelübde ablegen, das diese ›Eidgenossen‹ bevollmächtigte, in Gandhis Namen an breitere Schichten heranzutreten (24. Februar 1919), und bestimmte als Beginn der Aktion einen *hartal* (zu deutsch: Streik), der aber kein Generalstreik im bisherigen Sinne sein sollte, sondern ein Tag innerer Einkehr, der Trauer um Indien, der sittlichen Reinigung und des stillen Gebets. Dieser Ruf erging an das ganze Volk, an jeden, der gewillt war, Widerstand unter Verzicht auf Gewalt zu leisten; und gerade diese religiöse Verbrämung wurde überall verstanden und erzielte ein stärkeres Echo als die bisherigen Losungen. Das Volk empfand schlagartig, hier einen Führer zu haben, der seine Art verstand. Der Termin, ursprünglich auf den 30. März 1919 angesetzt, mußte aus technischen Gründen auf den 6. April verschoben werden, was in Delhi und Lahore nicht rechtzeitig bekannt wurde, so daß dort die Durchführung verfrüht begann. Aber noch einige Tage früher, also während der Vorbereitungen, fand in Amritsar ein furchtbarer Zwischenfall statt, bei dem ein übernervös gewordener General in einer Menge unbewaffneter Menschen, einschließlich Frauen und Kindern, ein wahres Blutbad anrichtete.
Die Erbitterung, die das ganze indische Volk über diese Wahnsinnstat ergriff, gab dieser ersten, zunächst noch so verhaltenen Gandhi-Kampagne erst ihre durchschlagende Wucht. Und nun übertraf ihr Ausmaß jede Erwartung.«
Gandhi war fast über Nacht nun auch in Indien zur strahlenden Führerfigur geworden. Das war nicht allen Kongreßmitgliedern recht, denn Gandhi dachte nicht daran, sich der Parteidisziplin zu unterwerfen. Er wollte die Freiheit haben, seine Einmannkampagne durchzuführen, dem Kongreß sollte es unbenommen bleiben, diese Kampagnen entweder zu nützen oder sich von ihnen zu distanzieren. Gandhis Einfluß auf die Kongreßpartei tat das keinen Abbruch.
Gandhi führte seine Anhänger zu einer machtvollen »Nichtzusammenarbeits-Kampagne« als friedliche Vergeltung für Amritsar und als kraftvolle Demonstration für die Sehnsucht nach Freiheit von der Fremdherrschaft. Sie begann am 1. August 1920 mit einem allindischen »hartal«, einer Arbeitsniederlegung, und wurde fortgesetzt mit einem Boykott aller britischen Einrichtungen, der am Ende zu einer echten »non-cooperation« gesteigert werden sollte, also einer »Nichtzusammenarbeit« mit den Engländern auf allen Gebieten.
»Die Beteiligung des Volkes übertraf alles, was Indien bisher erlebt hatte«, schreibt von Pochhammer. »Der rechte Mann hatte im rechten Moment das rechte Wort gesprochen. Mit diesem neuen Führer fühlte sich die Masse sofort eins.«
Gandhi hatte die Stellung, die er wohl auch selbst hatte haben wollen. Doch noch einmal geriet er fast in Vergessenheit. Die Kampagne verlief sich. Die Kongreßmitglieder glaubten, Gandhi habe seine Schuldigkeit getan, er könne sich zurückziehen. Das tat er auch, aber nur um eines Tages plötzlich wieder als Führer der Armen aus dem Schatten zu treten. Das war gut zehn Jahre nach der Nichtzusammenarbeits-Kampagne.
Ende der zwanziger Jahre, Gandhi war nun schon 60 Jahre alt, stöhnten die einfachen Inder unter der ungerechten Salzsteuer, die in jenen Tagen so drastisch erhöht wurde, daß sich kaum ein Bauer oder Handwerker das Salz in die Suppe

mehr leisten konnte. Wer aber auf den brütend heißen Feldern arbeitete, hatte einen weit höheren Salzbedarf als jemand, der in kühlen Räumen am Schreibtisch saß.
Überall im Land wurde protestiert. Auch Ghandi empörte sich über die Ungerechtigkeit:
»Das britische System scheint es sich zur Aufgabe gemacht zu haben, auch den letzten Blutstropfen aus Indien herauszupressen«, schrieb er an den Vizekönig Lord Irwin. Er kündigte an, die Vorschriften des Salzgesetzes zu übertreten.
»Es steht bei Ihnen, meinen Plan zu vereiteln, indem Sie mich verhaften lassen. Ich hoffe, daß dann Zehntausende bereit sein werden, in aller Diszipliniertheit meinem Beispiel zu folgen.«
Das Salzgesetz enthielt auch ein Verbot für die Inder, selbst Salz zu gewinnen. Gleichzeitig mit Gandhis Brief hatte der Kongreß, dem inzwischen Nehru vorstand, die völlige Unabhängigkeit von den Engländern gefordert. Die Kolonialmacht sah sich einer nie dagewesenen doppelten Herausforderung gegenüber. Trotzdem wurde Gandhi vorläufig nicht verhaftet.
Am 12. März 1930 machte er sich mit 78 Mitgliedern seines Ashrams auf zum »Salzmarsch« ans Meer.
Nur mit einem Ledenschurz bekleidet, in der Hand einen Wanderstab, marschierte der 61jährige zügig voraus. Unterwegs schlossen sich immer mehr Leute dem Zug an. Ganze Dörfer reihten sich ein. Überall wurden Wanderer von fröhlichen Menschen begrüßt. Alle Orte, durch die sie zogen, waren festlich mit Blumen geschmückt, und aus dem ganzen Land kamen die Leute, um Gandhi und seine Begleiter zu ermutigen. Wie ein Lauffeuer verbreitete sich die Kunde von den Salz-Marschierern. Immer mehr Menschen verließen ihre Häuser und schlossen sich dem Zug an, um gegen die ungerechte Steuer zu protestieren. Tausende waren bereits auf dem Weg zum Meer, und der Zug wuchs täglich weiter. Aufmerksam verfolgten die indischen Zeitungen das ungewöhnliche Ereignis. Und auch die Weltpresse berichtete über den Marsch zum Meer. In Ahmedabad blockierten Journalisten aus allen Kontinenten Post und Telegraph, um ihre Leser aktuell unterrichten zu können. Im ganzen Land wuchs die Spannung. Nur Gandhi schien gelassen. Rüstig schritt er dem Zug voran, lächelte über die fußkranken, empfindlichen Jüngeren und machte nur zwei- oder dreimal täglich Rast. Während seine Begleiter erschöpft unter einen schattigen Baum flüchteten, stand Gandhi in der sengenden Sonne und sprach zu den Menschen, die sich in dichten Trauben um ihn versammelten. Müdigkeit schien er nicht zu kennen.
»Wie weit ist es denn noch?« erkundigte sich dagegen erschöpft ein junges Mädchen. Vorsichtig betastete sie die wunden Füße.
»Noch hundertzwanzig Meilen.«
»Und wie viele sind wir schon marschiert?«
»Einhundertvier Meilen.«
»Also zweihunderteinundvierzig insgesamt. Wenn wir ankommen, dann sind wir vierundzwanzig Tage unterwegs gewesen. Ob meine Füße so lange durchhalten?«
Alle Augen Indiens waren auf die Wanderer gerichtet, die täglich 12 bis 15 Meilen zurücklegten.

Mahatma Gandhi bereitet sich und seine Gefolgsleute auf den großen Salzmarsch vor. Immer wieder mahnt er zur Gewaltlosigkeit.

Am 5. April erreichen sie endlich die Küste. Die ganze Nacht betet Gandhi mit seinen Anhängern. Dann, in aller Morgenfrühe schreitet er auf das Wasser zu. Gebannt folgen ihm die Augen von Tausenden. Keiner spricht. Überall gespannte Aufmerksamkeit. Immer tiefer watet der Mahatma ins Wasser. Nun reicht es ihm schon bis zur Brust. Und noch immer bleibt er nicht stehen. Da — jetzt taucht er unter. Gespannt hält die Menschenmasse den Atem an. Wie hypnotisiert starren alle auf die gekräuselten Wellen. Ein befreites Stöhnen geht durch die Menge, als der Kopf Gandhis wieder sichtbar wird.

»Was hält er denn in der Hand?« fragt jemand in der vordersten Reihe. Nun sehen es auch die anderen. Es ist ein Klumpen, weiß und fest. Gandhi schwenkt ihn über dem Kopf.

»Salz!« rufen diejenigen, die vorne stehen.

»Salz!« Nun erkennen es auch die weiter hinten Wartenden.

»Salz, Salz!« Das Wort pflanzt sich fort, die Menschen lachen, umarmen sich, tanzen, springen in die Luft und rufen immer wieder: »Salz, Salz!«

Daß Gandhi Salz vom Meeresboden heraufgeholt und für sich behalten hatte, war nach dem Recht der englischen Kolonialherren ein Straftatbestand; denn Salz durfte man nur aus den monopolisierten Regierungsläden beziehen. Gandhi hatte sich bewußt strafbar gemacht. Und nun fürchtete sich keiner mehr vor

Strafe; überall begann man Salz herzustellen. Es wurde aus dem Meer gewonnen, ins Binnenland gebracht und überall offen verkauft. Die Kongreßpartei unterstützte die Aktion. Nehru selbst stellte auf dem Dach des Kongreßhauses eine Salzpfanne auf. Das so gewonnene Salz wurde an die Bewohner vom Bombay steuerfrei verkauft.
Natürlich wurde Nehru deswegen verhaftet — und einige Zeit später kam die Polizei auch zu Gandhi. Es war ein Montag, der Tag, an dem sich Gandhi der Schweigepflicht unterzog. Lächelnd beobachtete er die Beamten, die mit ihren polternden Stiefeln in sein spärlich eingerichtetes Zimmer stürmten. Wortlos packte er seine wenigen Habseligkeiten, schrieb auf einem Zettel für die Mitglieder des Ashrams einige Anweisungen und ließ sich widerstandslos abführen.
Die Verhaftung Gandhis konnte den Mut der Salz-Marschierer nicht brechen — die Satyágrahi-Aktion ging weiter. Nun führte Madeline Slade die gewaltfreien Massen an. Sie war die Tochter eines britischen Admirals und lebte schon seit Jahren unter dem Namen Mirabehn in Gandhis Ashram. Sie zählte zu seinen treuesten Anhängerinnen und stellte sich, nach Gandhis Verhaftung, an die Spitze der Bewegung. Unter ihrer Führung erreichte der Protest der Satyágrahi seinen Höhepunkt. Trotz der Massenverhaftungen kämpften sie unermüdlich weiter. Niemand konnte sie mehr aufhalten, denn diese Männer und Frauen hatten ein Ziel, für das sie bereit waren, notfalls sogar zu sterben. Gegenüber dem zivilen Ungehorsam erwiesen sich alle staatlichen Mittel als wirkungslos.
2 500 Männer marschierten wenige Tage nach Gandhis Festnahme zu den Salzwerken bei Surat. Es wurde wieder ein langer Weg, denn das Werk lag 150 Meilen nördlich von Bombay. Wieder verfolgte die Weltpresse gespannt den Zug der Marschierer. Als die Satyágrahi müde und erschöpft ankamen, fanden sie das Gelände mit Gräben und Stacheldraht befestigt. Was dann geschah, rüttelte die ganze westliche Welt auf. Webb Miller, ein Korrespondent von United Press schrieb darüber:
»Im vollständigen Schweigen marschierten die Gandhi-Leute auf und hielten etwa 100 Yards von der Einfriedung entfernt. Eine ausgewählte Schar löste sich aus der Menge, watete durch den Graben und näherte sich dem Stacheldrahtzaun ... Plötzlich ein Kommando, und Haufen von indischen Polizisten stürzten sich auf die herandrängenden Demonstranten und ließen Schläge mit ihren stahlbeschlagenen Lathis auf ihre Köpfe regnen. Nicht einer der Demonstranten hob den Arm, um die Schläge abzuwehren. Sie fielen um wie Kegel. Dort, wo ich stand, hörte ich die krankmachenden Schläge der Keulen auf ungeschützte Schädel. Die wartende Menge stöhnte und zog bei jedem Schlag den Atem ein im leidenden Mitgefühl. Die Niedergeschlagenen fielen mit ausgebreiteten Armen hin, bewußtlos oder sich krümmend mit gebrochenen Schädel oder Schultern ... Da gab es keinen Kampf, kein Handgemenge, die Demonstranten marschierten einfach vorwärts, bis sie niedergeschlagen wurden.«
Durch dieses Massaker, das tagelang andauerte, verlor England sein Gesicht. Überall in der Welt entsetzte man sich über die sinnlose Brutalität der weißen Kolonialherren. Den britischen Machthabern blieb nichts anderes übrig, als unter dem Druck der Öffentlichkeit nachzugeben. Gandhi entließ man aus der Haft, und der Vizekönig selbst empfing ihn zu einer Unterredung. Doch Gandhi

»Unser passiver Widerstand ist Seelenstärke, nicht Waffe der Schwachen«, lehrte Gandhi, »unsere Macht kommt aus der Wahrheit und der Liebe.« Wer aus dieser Überzeugung kämpft, kann dabei auch fröhlich sein.

kam nicht als Besiegter. Bekleidet mit den selbstgewebten Baumwollstoff und mit Bastsandalen an den Füßen, schritt er stolz die Stufen des prächtigen Palastes hinauf — nicht als Bittsteller, sondern als Vertreter des indischen Volkes. Winston Churchill, der spätere englische Premierminister, schäumte vor Wut, unternehmen konnte er dagegen freilich nichts. Ihm blieb nur der Hohn über den »aufsässigen Fakir, der halbnackt die Stufen zum Palast des Vizekönigs hinaufstolzierte, um mit dem Vertreter des Königs zu verhandeln«.

Mit seinem gewaltfreien Widerstand hatte Gandhi die Kolonialherren in die Knie gezwungen. Doch besiegt waren sie noch lange nicht. Zwar erlaubten jetzt die Engländer, daß jeder Haushalt das Salz, das er für den Eigenbedarf benötigte, selbst herstellen durfte, doch das eigentliche Ziel, die Befreiung von der Fremdherrschaft, war noch weit entfernt. Immer wieder rief Gandhi darum die indischen Massen zum passiven Widerstand auf. Oft ging er dafür ins Gefängnis. Jede Strafe nahm er ohne Protest an, nichts konnte ihn in seinem Kampf für die Unabhängigkeit Indiens abbringen.

Die einst so mächtigen und selbstherrlichen Kolonialherren standen ratlos vor waffenlosen, disziplinierten Menschen, die sie vor wenigen Jahren noch wie Sklaven behandelt hatten. Nun wehrten sich diese Kulis plötzlich, und zwar auf eine Art, für die es kein Gegenmittel gab. Zu Tausenden blockierten sie oft Straßen und Eisenbahnlinien, setzten sich vor Fabrikstoren auf die Erde oder belagerten in dichten Trauben Polizeistationen und öffentliche Ämter. Man konnte sie durch nichts vertreiben. Mit Knüppeln prügelten die Engländer auf die Wehrlosen ein. Scharfschützen schossen in die Menge, und Panzerwagen wälzten Hunderte nieder. Eine nie dagewesene Verhaftungswelle rollte, viele Inder verschwanden auf unbestimmbare Zeit in den Kerkern der Kolonialherren — nichts konnte den Widerstand der Satyágrahi brechen. Unerschrocken setzten sie ihre Aktionen fort, und die Zahl ihrer Anhänger wuchs ständig, ganz gleich, wie grausam auch die Engländer auf den passiven Widerstand reagierten.

Und immer wieder sandte der Kongreß seine Forderung nach Unabhängigkeit an die britische Regierung. Die Weltöffentlichkeit verfolgte gespannt den Kampf des dunkelhäutigen Millionenvolkes. England geriet wegen seiner Brutalität immer mehr ins Kreuzfeuer der Kritik. Schließlich sahen sich die Briten gezwungen, mit dem unbequemen Kolonialstaat zu verhandeln.

In London empfing die britische Regierung Gandhi. Als er in England landete, goß es in Strömen. Klein und schmächtig, wegen der Kälte in weite Baumwolltücher gehüllt, schritt er durch die Straßen der modernen Großstadt. Trotz des regnerischen Wetters war ganz London auf den Beinen. Die Menschen warteten gespannt auf den indischen Freiheitskämpfer, der durch bürgerlichen Ungehorsam und bewußte Gesetzesübertretung seine Gegner zur Einsicht in ihr Fehlverhalten bringen wollte.

Unter der Masse der Schaulustigen standen auch viele Anhänger, die ihm begeistert zujubelten. Sie alle hofften, daß der Mahatma Erfolg haben würde. Doch die konservative Regierung blieb bei den Verhandlungen unnachgiebig. Freiwillig wollte England seinen Kolonialstaat im fernen Asien nie aufgeben. Zwar machten die Regierungsbevollmächtigten eine Reihe von Zugeständnissen — die Unabhängigkeit Indiens schien jedoch genausoweit entfernt wie jemals zuvor. Mit leeren Händen kehrte Gandhi im Dezember 1931 wieder nach Hause zurück. Der Kampf der Satyágrahi mußte weitergehen.

1934 gab es neuen Zündstoff. Im hinduistischen Kastensystem stehen die Unberührbaren an unterster Stelle der gesellschaftlichen Hierarchie. Sie leben als Außenseiter in eigenen Vierteln, üben oft Berufe aus, die als unrein gelten, und werden von allen gemieden. Sogar die Brunnen der anderen Kastenangehörigen waren ihnen verboten, denn das Wasser hätte durch die Unberührbaren verunreinigt werden können. Diese Vorurteile hielten sich schon jahrhundertelang, und nie hatte jemand daran gedacht, etwas dagegen zu tun.

Viele Inder protestierten darum, als Gandhi eine Familie der Unberührbaren als gleichwertige Mitglieder in die Gemeinschaft des Ashrams aufnahm und mit ihnen zusammenlebte. Noch stärker wurde die Empörung, als sich Gandhi gegen getrennte Wahlen zwischen den höheren Kasten und den Unberührbaren aussprach. Damit verletzte er ein jahrhundertealtes Gebot.

Doch Gandhi blieb hart. Als der Widerstand gegen ihn immer stärker wurde, kämpfte er mit seinen eigenen Mitteln.

»Ich werde fasten«, kündigte er an, »und zwar so lange, bis alle Unberührbaren dasselbe Wahlrecht erhalten wie alle anderen Hindus auch. Alle Menschen sind gleich, und darum bin ich entschlossen zu hungern, wenn es sein muß, bis zu meinem Tod.«

Gandhi in London bei der »Round-table-Konferenz« 1931. Die konservative britische Regierung machte den Indern nur wenige Zugeständnisse.

Widerstrebend lenkten Gandhis Gegner ein. Keiner wollte für den Tod des großen Freiheitshelden verantwortlich sein. Nach sechs Tagen konnte Gandhi sein Fasten beenden.
Mit englischer Zustimmung wurde der Yeravada-Pakt geschlossen, der das getrennte Wahlrecht aufhob.
Dann brach der Zweite Weltkrieg aus. Gandhi trat entschieden dagegen ein, daß sich Indien in irgendeiner Form an dem Krieg beteiligte. Gleichzeitig erarbeitete er mit dem Kongreß eine Resolution:
»... zur Erlangung von Indiens unveräußerlichem Recht auf Freiheit und Unabhängigkeit beschließen wir einen Massenkampf mit gewaltlosen Mitteln, bis die Befreiung Indiens erreicht ist.«
Prompt wanderte er wieder einmal ins Gefängnis. Mit einer Massendemonstration protestierten die Satyágrahi gegen die neue Verhaftung. Immer wieder forderte die Polizei die versammelte Menge auf, Straßen und Plätze zu räumen. Hilflos mußte sie zusehen, wie die Massen statt dessen immer dichter wurden. Auch vor dem Gefängnis, in dem Gandhi saß, zog ein Zug Demonstranten. In der vordersten Reihe marschierte ein zwölfjähriger Junge. Vor dem Gefängnistor kam der Zug zum Stocken. Der Junge klatschte in die Hände und rief laut:
»Mahatma, Mahatma!«
Ein Sprechchor bildete sich, der immer stürmischer rief und die Aufforderung der Polizei, den Demonstrationszug aufzulösen, übertönte. Dann fiel ein Schuß. Der Zwölfjährige griff sich an die Brust, taumelte einige Schritte nach links und brach mit vor Entsetzen weit aufgerissenen Augen zusammen.
Fassungslos starrten die Demonstranten auf das tote Kind. Ein zweiter Schuß fiel, und dann noch einer, dann immer mehr. Lautlos brachen Männer, Frauen und Kinder zusammen. Blindwütig schossen die Engländer in die Menge. Sie

richteten ein entsetzliches Blutbad an. Hunderte starben auf der Stelle oder verbluteten, weil keine ärztliche Hilfe kam. Auf Lastwagen wurden später die Leichen weggeschafft. Ohne auf die unglaubliche Gewalt mit Gegenwehr zu reagiern, verharrten die Satyágrahi mit gesenkten Häuptern auf ihren Plätzen. Am nächsten Tag setzten die Anhänger Gandhis die Blockade auf den Straßen und Plätzen fort.

1945 ging der Krieg zu Ende. In England übernahm die Labour Party die Regierung. Sie zeigte sich bereit, mit Indien über die Unabhängigkeit zu verhandeln. Wenn Gandhi geglaubt haben sollte, alle Probleme seines Landes würden nun mit einem Schlag gelöst, so irrte er sich. Jetzt, wo die Fremdherrschaft abgewirtschaftet hatte, brachen die Konflikte zwischen den Religionsgemeinschaften der Inder aus. Die Moslems forderten einen eigenen Staat für sich; die Hindus versuchten die Trennung mit allen Mitteln zu verhindern.

Am 3. Juni 1947 verkündete der britische Premierminister Clement Attlee, daß die britische Regierung einer geteilten Unabhängigkeit, wie sie der Kongreß und die Moslemliga forderten, zustimmen würde. Gandhi war empört. Er wollte die Einheit Indiens unter allen Umständen erhalten. Gegen seinen Willen hatte der Kongreß der Teilung Indiens in einen Moslem- und einen Hindustaat zugestimmt. Überall in den Städten brachen blutige Auseinandersetzungen los. Blinder Haß und Fanatismus wütete unter den Menschen. Gandhis Lebenswerk schien in den Wogen der Gewalt unterzugehen. Barfuß pilgerte er von Dorf zu Dorf und predigte bei den Hindus und bei den Moslems die Gewaltlosigkeit. Doch in den Städten war die Stimmung so angeheizt, daß Gandhis Stimme nicht mehr durchdrang.

Der 15. August 1947, der Tag der Befreiung, wurde für Gandhi gleichzeitig zum schwärzesten Tag in der Geschichte Indiens. Am Unabhängigkeitstag, an dem Nehru als Premierminister die Führung des Landes übernahm, begann eine regelrechte Völkerwanderung zwischen den beiden neugegründeten Staaten. Die Moslems zogen nach Pakistan, die Hindus nach Indien. Überall, wo die beiden religiösen Gruppen aufeinanderstießen, begann ein blutiges Gemetzel. Sinnloses Morden, Verwüstung von Dörfern und Feldern — in jedem noch so kleinen Ort tobte der Bürgerkrieg.

Verzweifelt mischte sich Gandhi unter die prügelnde Menge. Geschwächt durch Krankheit und die vielen Gefängnisaufenthalte stand er zwischen den rasenden Menschen, die wie in Trance aufeinander einschlugen. Das waren nun die Früchte seines lebenslangen Kampfes! Seine Mahnungen und Rufe gingen im Schlachtenlärm unter — ein alter Mann, auf den niemand mehr hörte.

»Ich bin entschlossen zu fasten — zu fasten bis zu meinem Tod. Ich werde es erst beenden, wenn das gegenseitige Gemetzel aufhört«, rief er in die Menge.

Er zog sich völlig verzweifelt in seinen Ashram zurück und nahm keinerlei Nahrung mehr zu sich. Und da zeigte es sich, daß sein Einfluß doch noch nicht ganz gebrochen war.

Am sechsten Tag erhielt er die Nachricht, daß ein Friedenskomitee gebildet worden sei, das sich aus allen Bekenntnissen zusammensetzte. Vorübergehend beruhigten sich die Fanatiker. Die sinnlosen Straßenschlachten hörten auf. Minderheiten wurde Schutz gewährt, und die Religionsgemeinschaften versicherten sich

Gandhi bei seinem bescheidenen Mahl, einer Schale Reis, und der Lektüre einer englischen Zeitung.

gegenseitig ihre Freundschaft. Doch es gab auch andere, die sich auf keinerlei Verhandlungen einließen. Für sie stand fest, daß Gandhi ein Verräter war, weil er den Moslems die gleichen Rechte zubilligte wie den Hindus. So etwas wollten sie nicht akzeptieren, schon gar nicht von einem Glaubensbruder.
Nathuram Godse war ein junger Mann, der sich einer solchen radikalen Gruppe angeschlossen hatte. Er sah in dem Mahatma seinen persönlichen Todfeind.
Der schicksalhafte Tag, an dem Nathuram Godse auf Gandhi traf, war der 30. Januar 1948. Gandhi saß vor seiner Hütte auf einem Holzschemel und aß sein Abendbrot. Es war kärglich und einfach wie immer. Ihm blieb nicht mehr viel Zeit, denn um fünf sollte die große Gebetsversammlung in Delhi beginnen.

»Kommt, wir müssen aufbrechen«, sagte er zu seinen Begleiterinnen. Auf ihre Schultern gestützt, machte er sich auf den Weg zum Gebetsplatz. Über fünfhundert Menschen erwarteten ihn dort, um mit ihm gemeinsam das Abendgebet zu sprechen. Unter ihnen stand auch Nathuram Godse.
Langsam, denn seine Füße trugen ihn nicht mehr so recht, wollte Gandhi die Stufen zu dem hölzernen Podest hinaufsteigen, auf dem er beim Gebet immer saß. Plötzlich stellte sich ihm ein Mann in den Weg: Godse. Aus den weiten Falten seines Hemdes zog er eine Pistole. Stumm blickte der Mahatma in die schwarze Mündung. Dreimal schoß Godse aus nächster Nähe auf die Brust des alten Mannes. Gandhi stürzte blutüberströmt zur Erde. Er war sofort tot.
Die ganz Welt reagierte erschüttert auf diesen Mord. Über ganz Indien brach eine plötzliche Ernüchterung herein. Der Schock schuf die Möglichkeit, über die Trennung Pakistans und Indiens friedlich zu verhandeln. Was das angebotene Selbstopfer — das Fasten bis zum Tod — nicht erreicht hatte, bewirkte nun das vollzogene Opfer.
Als Mahatma Gandhis Leiche nach indischer Sitte dem Feuer übergeben wurde, schlossen sich Hunderttausende dem Trauerzug an. Sie klagten um einen Menschen, der die Wahrheit zum Leitmotiv seines Lebens gemacht hatte, eine Wahrheit, die sowohl als Idee als auch in der praktischen Verwirklichung sein Handeln bestimmte.

Janusz Korczak

Der kleine Doktor und die Kinder

»In Polen sind im letzten Weltkrieg Millionen Juden umgebracht worden; allein aus dem Warschauer Ghetto hat man Hunderttausende in die Gaskammern geschickt. Darunter befanden sich Insassen von Waisenhäusern und Spitälern, Kinder und ihre Erzieher. In der unübersehbaren Menge der Toten gingen ganze Städte, ganze Bevölkerungsgruppen, Millionen von Namen — ohne jede Spur — unter. Der Name Janusz Korczak wurde für uns zum Sinnbild jener Namenlosen, zum Symbol eines heldischen Opfergangs.«

Hanna Mortkowicz-Olczakowa

Am Mittwoch, dem 5. August 1942, stürmen deutsche SS-Einheiten in das Warschauer Ghetto. Wie an den Tagen davor räumen sie ein Haus um das andere in diesem eingemauerten Bezirk. Hunderttausende von Juden haben hier in den letzten Monaten zusammengelebt, geplagt von Mangelkrankheiten, hungernd und ohne Hoffnung. Das Waisenhaus des »alten Doktors« ist bislang verschont geblieben, aber nun dringen die Truppen auch hier ein.

»Raus, anziehen, sammeln!« kommandieren herrische Stimmen.

Der Leiter des Waisenhauses, ein berühmter Schriftsteller, ein Pädagoge von hohem internationalem Ansehen und ein vielgepriesener Arzt, kommt aus einem schmalen Bretterverschlag, der seinen Schreibtisch und sein Feldbett vom Schlafsaal der Kinder trennt.

»Zieht eure guten Sachen an!« sagt er ruhig zu den Kindern, die voller Vertrauen zu ihm aufsehen, »das kann ein längerer Ausflug werden!«

Er versucht zu lächeln, aber das will ihm nicht gelingen. Der alte Doktor, wie sie ihn alle liebevoll nennen, leidet an einer schweren Herzkrankheit, zudem machen ihm seine dick geschwollenen Beine zu schaffen. Er leidet, aber er ist bemüht zu lächeln: Janusz Korczak.

Die Kinder gehorchen so diszipliniert, daß die Deutschen nur verwundert zuschauen können. Überhaupt ist hier alles anders, als sie es erwartet haben. Die Waisen sind gepflegt und im Unterschied zu den meisten Juden im Ghetto nicht unterernährt. Janusz Korczak, der alte Doktor, hat in den vergangenen Monaten ruhe- und rastlos für seine Kinder gekämpft, gebettelt, gearbeitet. Wie durch ein

Wunder ist es ihm fast täglich gelungen, Essen herbeizuschaffen, obwohl schon lange keine Waren mehr von außen in das Ghetto gebracht werden konnten.
»Ein bißchen Beeilung!« brüllt ein SS-Mann, den die ruhige Art des Doktors und das disziplinierte Verhalten der Kinder nervös machen.
Die Kinder müssen bis zur Verladerampe der Eisenbahn beim Danziger Bahnhof marschieren. Korczak läßt sie in Viererreihen antreten. Er selbst geht in der ersten Reihe. Links und rechts ein Kind an der Hand. Zeitweise trägt er das Jüngste — die fünfjährige Romcia Sztokman — auf dem Arm, aber er ist so geschwächt, daß er das Mädchen schon bald wieder bitten muß, allein zu gehen.
Es gibt viele Berichte über den letzten Gang des Janusz Korczak und seiner Kinder. Manches ist zur Legende geworden. Da gibt es zum Beispiel die Geschichte, die Kinder seien fröhlich singend losgezogen, festlich gekleidet und guter Dinge, denn der alte Doktor habe ihnen erzählt, man gehe zu einem Picknick. Aber auch Korczaks Waisenkindern war in den Monaten und Tagen vor dem Abmarsch das Elend des Ghettos nicht verborgen geblieben. Sie waren nur ein Teil des großen Zuges, der sich vom Ghetto bis zu den wartenden Viehwagen hinzog und in dem sich längst lähmende Angst breitgemacht hatte.
Es gibt einen Augenzeugenbericht: Nachum Remba, der einstige Sekretär der jüdischen Gemeinde in Warschau, hat Korczak und die Kinder auf ihrem letzten Weg beobachtet und später aufgeschrieben, was er gesehen hatte:
»Es war ein furchtbar heißer Tag. Ich ließ die Kinder aus dem Internat sich an einer Mauer hinsetzen. Ich glaubte, daß man sie an diesem Nachmittag noch retten und bis zum anderen Tag im Ghetto behalten konnte.
Ich schlug Korczak vor, mit mir zusammen zur Gemeinde zu gehen, damit sie entsprechende Schritte unternehmen. Er lehnte es ab und wollte die Kinder auch nicht für eine Minute verlassen. Die Verladung begann. Ich stand hinter der Postenkette des Ordnungsdienstes und verfolgte bangen Herzens, ob mein Plan gelingen würde. Ich fragte ständig nach der Anzahl der Waggons (ob sie schon voll seien). Es wurde weiter verladen, und die Waggons wollten und wollten nicht voll werden. Die dichtgedrängte Menge schritt unter Peitschenhieben an mir vorbei. Plötzlich befahl Herr Sz. [Szmerling, der jüdische Kommandant des Umschlagplatzes, der von den Juden als ›jüdischer Henker‹ bezeichnet wurde — Anmerkung des Verfassers], die Kinder des Internats hinauszuführen. An der Spitze schritt Korczak. Nein. Dieses Bild werde ich nie vergessen. Das war kein Marsch in die Waggons, sondern ein organisierter stummer Protest gegen den Banditismus. Im Gegensatz zu der dichtgedrängten Masse, die wie das Vieh in den Schlachthof marschierte, begann hier ein Marsch, wie es ihn hier bisher noch nicht gegeben hatte. Alle Kinder gingen in Viererreihen. An der Spitze ging Korczak. Er hatte den Blick zum Himmel gewandt und hielt zwei Kinder an der Hand. So führte er den Zug. Die zweite Abteilung führte Stefania Wilczynska, die dritte Broniatowska, die vierte Abteilung Szternfeld vom Internat in der Twarda-Straße. ... Sogar der Ordnungsdienst stand stramm und salutierte.
Als die Deutschen Korczak erblickten, fragten sie: ›Wer ist dieser Mann?‹ «*)

*) Janusz Korczak: Die Verantwortung des Pädagogen — Erinnerungen der Mitarbeiter — Tagebuch im Ghetto. Deutsch-polnische Schriftenreihe / Rochus-Verlag, Düsseldorf.

Dies ist vermutlich das letzte Bild von Janusz Korczak, dem kleinen Doktor — aufgenommen im Warschauer Ghetto. Die Kinder, die ihn hier fröhlich umringen, wurden mit ihrem Heimvater von den Nazis in den Tod geschickt.

Wer war dieser Mann? Sein bürgerlicher Name lautete Henryk Goldszmit. Wann er geboren wurde, steht nicht so genau fest. Sein Vater hat es mit der Anmeldung auf dem Standesamt und der Eintragung ins Geburtsregister nicht so genau genommen, obwohl er Rechtsanwalt war. »Irgendwann 1878 oder 1879 in Warschau«, pflegte Henryk zu antworten, wenn er gefragt wurde, wann er und wo er geboren worden sei. Und so war er ungefähr zwanzig Jahre alt, als er sich an einem literarischen Wettbewerb beteiligte. Er wollte sein Werk nicht unter seinem wirklichen Namen einschicken, also wählte er als Pseudonym eine Figur aus dem Roman »Die Geschichte von Janasc Korczak und der schönen Schwertfegerin« von dem polnischen Schriftsteller Kraszewski. Henryk Goldszmit gewann einen Preis, und als die Geschichte veröffentlicht wurde, machte ein Setzer aus Versehen aus dem Vornamen Janasc einen Janusz. Und dabei blieb es dann auch.
Und Korczak blieb bei der Schriftstellerei. Er schrieb Gedichte, Erzählungen, Theaterstücke und Romane. Vor allem aber schrieb er für Kinder. Sein wohl be-

rühmtestes Buch wurde »König Hänschen«. Er bestand darauf, daß jedem Band ein Foto beigefügt wurde, das ihn als achtjährigen Jungen zeigte. Dazu schrieb er: »Als ich noch so aussah wie auf dieser Fotografie, da wollte ich selbst all das tun, was hier geschrieben steht... Ich halte es überhaupt für besser, Bilder von Königen, Reisenden und Schriftstellern zu bringen, auf denen man sie sieht, als sie noch nicht erwachsen und alt waren, denn sonst könnte man ja auf den Gedanken kommen, sie wären schon immer so klug und niemals klein gewesen. Die Kinder denken dann, sie selbst könnten niemals Minister, Reisende oder Schriftsteller werden, und dabei stimmt das gar nicht.«
Auf dem Bild wirkt Janusz Korczak, der damals noch Henryk Goldszmit hieß, ernst und gesammelt, er trägt teure Kleider, in denen man ganz bestimmt weder Fußball noch Verstecken spielen konnte. Dem Foto ist anzusehen, daß der Junge aus einem gutbürgerlichen Haus stammt, in dem auf Wohlverhalten viel Wert gelegt wurde. Henryk nannte sich später selbst ein Salonkind.
Er war ein schlechter Schüler. Er litt unter dem Kasernenhofton im humanistischen Gymnasium mehr als die meisten seiner Kameraden. Damals gehörte die Prügelstrafe ebenso zur Tagesordnung wie das sinnlose Einpauken von lexikalischem Wissen. Phantasie war nicht gefragt. Die Schulräume wirkten kahl und trist auf Henryk. Er fühlte sich entsetzlich unwohl. Später, als er selbst Erzieher war, sagte er manchmal mit einem bitteren Lächeln über seine Schulzeit: »Schließlich muß man ja gründlich kennen, was man verändern will.«
Was sich nicht ändern ließ, war die Tragödie seiner Familie. Henryks Vater, Josef Goldszmit, war gemütskrank. Immer häufiger erzählte die Mutter dem kleinen Henryk und seiner Schwester Anna, der Vater habe einen längere Reise antreten müssen. Dann weilte der Rechtsanwalt in der psychiatrischen Klinik von Tworki, um seine zerrütteten Nerven zu kurieren. Bevor er vollends dem Wahnsinn verfiel und in geistiger Umnachtung starb, hatte er das ganze Familienvermögen verspielt und hohe Schulden gemacht. Jetzt gehörten die Goldszmits nicht mehr zur bürgerlichen Oberschicht, sondern zu den Ärmsten der Armen.
In einer billigen engen Wohnung hausten Mutter, Sohn und Tochter zusammen. Henryk, der begonnen hatte, Medizin zu studieren, besserte das schmale Familieneinkommen mit Nachhilfestunden und Aushilfsarbeiten auf. Der zart gebaute, gesundheitlich anfällige junge Mann setzte sich bis an die Grenze seiner Leistungsfähigkeit ein.
Janusz Korczak erlebte die bedrückende und entwürdigende Situation seiner Familie sehr bewußt. Und daran mochte es liegen, daß er ein Leben lang die Armut wütend und mit größtem persönlichem Einsatz bekämpft hat.

Nachdem seine ersten literarischen Versuche Erfolg gehabt haben, schreibt Janusz Korczak weiter. Er findet schnell eine immer größer werdende Lesergemeinde, er wird berühmt. Das hindert ihn aber nicht daran, seinem Beruf als Arzt weiter nachzugehen. Er arbeitet jetzt an einer Kinderklinik und setzt sich dort weit über das normale Maß hinaus ein.
Die Not der Familie allerdings hat ein Ende, denn der junge Arzt und Schriftsteller verdient viel Geld. Janusz selbst kann damit freilich wenig anfangen. Er kleidet sich nach wie vor bescheiden, behält die einfache Wohnung, leistet sich nie-

mals etwas Besonderes, außer ab und zu eine Droschkenfahrt. »Davon hatte ich stets geträumt, wenn ich als Kind so endlos lange Wege zu Fuß zurücklegen mußte«, schreibt er.

Nach einem Frontaufenthalt während des Russisch-Japanischen Krieges (1904/05) als Feldarzt in der Mandschurei (Polen stand damals unter russischer Herrschaft), beschließt Korczak, sich beruflich im Ausland weiterzubilden. Er studiert in Berlin, Paris und London, schreibt nebenher eifrig weiter, und als er nach Warschau zurückkehrt, ist er ein richtig prominenter Mann. Kinderarzt bleibt er dennoch!

In den Häusern der ersten Warschauer Gesellschaft ist Korczak nun ein Gesprächsthema, man reißt sich um ihn — nicht nur weil er ein besonders guter Arzt ist, sondern weil man den berühmten Schriftsteller gerne in seinem Hause haben will. Da Korczak aber nie zu Einladungen in die Salons geht, verfallen manche neugierigen Bürger darauf, ihn wegen irgendwelcher tatsächlicher oder erfundener Krankheiten ihrer Kinder ins Haus zu holen.

Korczak reagiert auf solche Tricks mehr als ungehalten. Fuchsteufelswild kann er werden. Und wenn er wegen irgendeiner Lappalie abends in das Haus reicher Leute gerufen wird, verlangt er unverschämt hohe Honorare. Dafür behandelt er die Kinder armer Leute fast umsonst. Er verlangt in der Regel 20 Kopeken, und auch das nur, weil im Talmud, der jüdischen Bibel, steht, ein Arzt, der sich nicht bezahlen lasse, können auch nichts taugen.

Schon der junge Arzt wendet seine ganze Aufmerksamkeit den armen Kindern zu. Jahr für Jahr lädt er jüdische und christliche Arbeiterkinder zu mehrwöchigen Landaufenthalten ein. Viele dieser Mädchen und Buben leiden an Mangelerscheinungen, sind unterernährt und haben sich in feuchten Zinshäusern chronische Krankheiten zugezogen. Die meisten dieser Kinder sind noch nie aus ihren düsteren Häuserblocks herausgekommen und kennen das Landleben nur vom Hörensagen.

Mit seiner ersten Sommerkolonie erlebt Korczak freilich ein schreckliches Fiasko. Er hatte sich gedacht, man brauche den Kindern nur wunderschöne Ferien anzubieten, und schon müsse alles problemlos laufen. Vor lauter Dankbarkeit, so dachte er wohl, würden seine Schützlinge gar nicht auf die Idee kommen, Schwierigkeiten zu machen. Die Kinder sind aber wild, aufsässig, undiszipliniert, gehässig gegeneinander und undankbar gegen den Mann, der ihnen die Sommerferien verschafft hat. Korczak und die anderen Erzieher reagieren mit Strenge; die Kinder sollen sich an Befehl und Gehorsam gewöhnen. Zugleich wird dem jungen Arzt aber auch klar, daß man so die Gutmeinenden und Freundlichen genauso unterwirft wie die Böswilligen. Er notiert: »Erkenn dich selbst, bevor du Kinder zu erkennen trachtest. Es gibt keine ›Kinder an sich‹. Es sind Menschen; aber mit einer anderen Begriffsskala, einem anderen Erfahrungsschatz, anderen Trieben und anderen Gefühlsreaktionen . . .«

Korczak ist zwar nach dem ersten Versuch mit seiner Sommerkolonie entmutigt, aber er gibt nicht auf. Vielmehr nimmt er sich vor, an sich selbst zu arbeiten, um das nächste Mal erfolgreicher zu sein. Immerhin ist er ja Kinderarzt und kein Pädagoge, sagt er sich. Und indem er das sagt, ist er bereits im Begriff, den nächsten Schritt zu tun, um doch Erzieher zu werden.

Eines Tages wird er eingeladen, das jüdische Waisenhaus in der Fanciszkanska-Straße zu besuchen. Die Kinder haben eine Feier vorbereitet, um sich bei ihren Wohltätern zu bedanken. Viele Damen der besten Gesellschaft folgen entzückt den Liedern und Aufführungen der Kleinen. Janusz Korczak verläßt seinen Platz in der ersten Reihe. Er ist unruhig. Hinter den Stuhlreihen geht er nachdenklich auf und ab. Er beobachtet auch die Spenderinnen und Spender, die so glückselig über ihre eigenen Wohltaten strahlen. Und plötzlich entschließt er sich: Hier ist sein Platz! Hier bei diesen Kindern, die keine Eltern mehr haben und nichts besitzen.

Wenige Monate später wird ein neues Waisenhaus mit dem Namen »Dom Sierot« in der Krochmalna-Straße eingeweiht. Als Waisenhausvater präsentiert sich der staunenden Öffentlichkeit der berühmte Schriftsteller und Arzt Janusz Korczak. Noch nie hat dieser Mann aus seinem öffentlichen Ansehen Kapital geschlagen. Immer hat er sich zurückgehalten. Jetzt ist er wie umgewandelt. Er wirft sein ganzes Prestige in die Waagschale, fordernd, ja nahezu unverschämt verlangt er den wohlhabenden Bürgern ihre Spenden ab, und wenn jemand dafür womöglich Wohlverhalten verlangt, dann weist er die Spende geradezu stolz zurück.

Janusz Korczak hat seine Bestimmung gefunden. Und die junge Hausmutter, Stefania Wilczynska, zieht mit Korczak am gleichen Strang. Sie bleiben von nun an beisammen bis zum bitteren Ende. Gemeinsam sind sie viel stärker als jeder für sich allein. Und die Kinder können sich keine besseren Hauseltern denken.

Mit den Zöglingen kommt Korczak immer besser zurecht, er kann sich gut in sie hineindenken und hineinfühlen. Er ist manchmal selbst noch ein Kind, dann tobt er wild und vergnügt mit den Buben und Mädchen herum, hat alle paar Minuten neue Ideen, und würde die Hausmutter nicht rigoros einschreiten, hätte das ausgelassene Spiel wohl nie ein Ende.

Ganz anders ist Korczak am Mittwochnachmittag. Da ist Besuchszeit. Als Gäste kommen Spender und Wohltäter, die sehen wollen, wie ihre guten Taten wirken. Korczak ist während dieser »Besichtigungsstunden« wortkarg und übel gelaunt. Er ärgert sich über die Erwachsenen, die seine Zöglinge beobachten wie Tiere im Zoo.

Wenn er glaubt, die Würde der Waisenkinder werde verletzt, greift er ein. Den Kindern sollen Herabwürdigungen erspart bleiben. Edith Biewend erzählt eine Episode, die das deutlich zeigt:

»Das Haus, in dem die Kinder ihre Sommerferien verbrachten, war durch Spenden entstanden, die der Waisenhausvater in zahlreichen Bittgängen zusammengebracht hatte. Er nahm Demütigungen in Kauf, bezog sie gar nicht auf die eigene Person. Als aber bei einer Besichtigung die Spender anfingen, in einem Anfall froher Laune die Waisen aus ihrem Auto heraus mit Bonbons und Keksen zu überschütten, kam Korczak zornentbrannt gelaufen und befahl den Kindern, die zum Teil schon angeknabberten Süßigkeiten wieder zurückzuwerfen. Es wurde ein lustiges Bombardement, die Gäste flüchteten hinter die Scheiben ihrer Limousine und nahmen es mit Humor.«

Janusz Korczak, der ja kein studierter Pädagoge ist, entwickelt eigene Erziehungsideen. Vor allem sorgt er dafür, daß jedes der Kinder einen eigenen ungestörten Bereich und einen kleinen Besitz hat. Er überträgt seinen Schutzbefohlenen zunehmend mehr Aufgaben, ja, er führt sogar eine Art Selbstverwaltung ein und ein Gericht, dem Kinder vorsitzen und das jeden strittigen Fall behandeln muß. Auch Korczak selbst wird von den Kindern gelegentlich vor Gericht gestellt und sogar abgeurteilt — zum Abwaschen des Mittagsgeschirrs zum Beispiel.

»Wenn wir von dem ungewöhnlichen Fluidum dieses Hauses sprechen«, schreibt Korczaks Biographin Hanna Mortkowicz, »in dem dreißig Jahre lang Hunderte von Kindern aus dem jüdischen Proletariat heranreiften und in einer Atmosphäre der Liebe und des Vertrauens, der Sicherheit und des Glücks aufwuchsen, müssen wir auch an Frau Stefania Wilczynska denken.«

Die Hausmutter kam — ähnlich wie Korczak — ursprünglich aus einer wohlhabenden Familie, wie Korczak war sie bereit, alles zu opfern und nur einer Aufgabe zu dienen.

Über die gemeinsame Arbeit des alten Doktors und der Frau Stefa, wie sie gerufen wurde, ist von den Zöglingen später viel Gutes berichtet worden. Das treffendste Zitat stammt aber wohl von Korczak selbst: »Wäre nicht dieses Haus gewesen, manches Kind hätte nie erfahren, daß es auf der Welt ehrliche Menschen gibt, die nicht stehlen. Es wüßte nicht, daß man die Wahrheit sagen kann. Es hätte nie erfahren, daß es Gerechtigkeit gibt, Zärtlichkeit und Liebe.«

Drei Jahre hat der alte Doktor unermüdlich für sein Waisenhaus gearbeitet, und jeden Tag ist es ein klein wenig weiter aufwärtsgegangen. Dann aber bricht der Erste Weltkrieg aus. Korczak ist Militärarzt der Reserve im Rang eines Hauptmanns und wird an die Front geschickt. — Er setzt sich auch dort bis zur totalen körperlichen Erschöpfung ein, aber es bleibt ihm dennoch Zeit, seine Gedanken zur Kindererziehung weiter zu verfolgen und niederzuschreiben. So entsteht das Buch »Wie man ein Kind lieben soll«, das die Fachwelt zu seinen besten zählt.

Es ist eigentlich kein Lehrbuch, keine Schrift über neue Erziehungsideen, nicht einmal ein Sachbuch, sondern eine große Liebeserklärung *an* die Kinder und zugleich eine flammende Verteidigungsrede *für* die Kinder. Korczak erzählt Geschichten, berichtet von Schicksalen und macht am Beispiel klar, wie man richtig mit den Kindern umgehen müßte. Nach seiner Meinung gibt es kein »System der Erziehung«, er vertritt das »Proletariat der kleinen Füße«, versteht sich als Anwalt der Wünsche und Hoffnungen seiner Kinder. Er fordert eine Erziehung der Erzieher zur Barmherzigkeit. Den Erziehern schreibt Korczak ins Stammbuch:

»Verlange nicht von dir selbst, bereits ein gesetzter und vollkommener Erzieher zu sein — mit einer psychologischen Buchhaltung im Herzen und einem pädagogischen Gesetzbuch im Kopf.«

Der Erzieher, meint Korczak, solle immer bereit sein, hinzuzulernen und Fehler zu machen, die er freilich auch selbstkritisch korrigieren müsse.

Während der Kriegsjahre trifft Korczak in Kiew eine Frau, die — obgleich selbst keine Jüdin — ganz nach seinen erzieherischen Idealen lebt. Sie leitet ein Internat mit 60 polnischen Jungen, heißt Maryna Falska und spannt Korczak sofort in die Jugendarbeit mit ein. Gemeinsam gelingt es den beiden, den Kindern und

Jugendlichen, die unter dem Krieg schrecklich leiden, wieder Hoffnung und eine Zukunftsperspektive zu geben. Nach dem Krieg, so beschließen Frau Falska und Korczak, wollen sie die Arbeit gemeinsam weiter fortsetzen.
Wie Korczak in jenen Kriegstagen auf seine Umgebung wirkte, beschreibt Edith Biewend:
»Krieg, Wunden, Verlausung, Hunger, die Wirren der Revolution zuletzt — der kleine Militärarzt in der zerschlissenen Uniform erträgt klaglos alle Widerwärtigkeiten, ist immer tätig und immer in Gedanken versunken. Um sein eigenes Wohl kümmert er sich überhaupt nicht, er wäre verhungert, hätten ihm nicht andere etwas zu essen gebracht. Oft ist es nur ein fader Brei, den er hinunterschlingt, um zu überleben. Seine Traurigkeit ist grenzenlos, und nur die nächsten Freunde wissen, was ihn quält — das große Kind hat Heimweh, hat wieder einmal unstillbares Heimweh nach Warschau.«

Ende 1918 kann er sich — inzwischen zum Major befördert — in die Heimatstadt durchschlagen, wo ihn seine Mutter, vor allem aber Frau Stefa und die Kinder sehnsüchtig erwarten und mit unvorstellbarem Jubel begrüßen. Fast ist es dem unscheinbaren Mann ein bißchen peinlich, aber er genießt die Welle der Freude und Zuneigung natürlich auch. Die Republik Polen wird nach dem Ersten Weltkrieg endlich ein freier und selbständiger Staat. Männer wie Korczak, die voller Ideen stecken und bereit sind, für eine neue, menschliche Gesellschaft zu arbeiten, werden gebraucht. Neu ist für Korczak und seine Freunde auch, daß die Juden nicht mehr so abgelehnt werden wie vor dem Krieg. Der Antisemitismus scheint kräftig an Boden verloren zu haben.
Am Stadtrand von Warschau wird ein Waisenhaus für polnische Arbeiterkinder gebaut. Es erhält den Namen »Nasz Dom« (Unser Haus) und wird Maryna Falska anvertraut, die Korczak nach Warschau gefolgt ist. Korczak soll die Oberaufsicht übernehmen. Er ist nun für zwei Waisenhäuser verantwortlich und pendelt ständig zwischen Krochmalna und »Nasz Dom« hin und her. Er hält außerdem pädagogische Vorlesungen, ist Sachverständiger am Landgericht für Jugendstrafverfahren, hat eine eigene Rundfunksendung, und als ob dies alles noch nicht genug Arbeit wäre, gründet er auch noch die Zeitung »Die Kleine Rundschau«. Korczak leitet zwar die Redaktion, aber alle anderen »Journalisten« sind Kinder aus den beiden Waisenhäusern.
Es ist typisch für Korczak, daß er die Kinder von Anfang an teilnehmen läßt an allem, was die Erwachsenen für sie ausdenken und tun. »Die Jungen und Mädchen waren vom ersten Augenblick an Mitwisser aller Sorgen der Erwachsenen«, berichtet ein früherer Mitarbeiter Korczaks. Korczak selbst schreibt in der »Kleinen Rundschau« über die Anfangszeit von »Nasz Dom«:
»Als in ›Unser Haus‹ noch niemand wohnte, als es noch keine Betten, keine Tische, keine Kleiderhaken, keine Bürsten und Schüsseln gab, halfen uns verschiedene Leute, diese Dinge zusammenzubekommen.
Der eine sagte: ›Ich weiß, wo es Betten gibt, geht dorthin, sicher werden sie euch Betten leihen.‹
Der andere schlug vor: ›Ich werde ein Schreiben aufsetzen, damit sie auch das Holz billiger abgeben.‹

Der dritte riet: ›Geht schnell in das Haus drüben, dort könnt ihr Mehl für eure Kinder bekommen.‹
Der vierte bemerkte: ›Ich habe einen Bekannten bei der Verteilung, ich rufe ihn an und werde fragen, ob ihr Holz bekommen könnt.‹
Jeder wußte einen Rat, jeder half gern.
Manchmal stand einer in der Schlange, um für sich Brot und Kartoffeln zu holen, doch nachdem er es bekommen hatte, ging er nicht etwa nach Hause, um sich aufzuwärmen, nein, er stellte sich schon wieder an, um etwas für ›Unser Haus‹ zu ergattern ...
So lernten die Kinder, guten Freunden des Hauses gegenüber dankbar zu sein, so erkannten sie die Pflicht der Mitarbeit, die Pflicht zu helfen, ohne Grillen und Gegenforderungen.
›Als die Kinder in ‚Unser Haus' gekommen waren‹, schreibt Frau Falska in der Internatszeitung, ›fehlte es bei uns an Bänken und Tischen. Es gab kein elektrisches Licht, Brennholz war knapp wie auch Lebensmittel und Brot. Es gab keine Garderobe, es gab nichts, wohin man die Mäntel hätte hängen können, nichts, um die Sachen unterzubringen. Die Erwachsenen hatten viel Arbeit.‹
Der Raummangel machte ein unablässiges Aufräumen, Einrichten und Helfen zur Notwendigkeit. Daraus entstanden die Einteilung der Pflichten und die übrigen Regeln der Hausordnung. Die Kinder mußten versuchen, mit anzupacken, mußten den Älteren zur Hand gehen, mußten auf Annehmlichkeiten, ja sogar manchmal auf Brot zugunsten der Gesamtheit der Existenz des Hauses verzichten.
›Wir haben noch zwei Sorgen. Die erste ist, daß wir keine Kohle kaufen können, die zweite, daß es uns mit den Kartoffeln genauso geht. Wir müssen die Kartoffeln teuer bezahlen. Einen Vorrat haben wir nicht. Das ist sehr betrüblich. Und für die Kohle braucht man Waggons. Im Augenblick können wir noch heizen, aber ich weiß nicht, woher Holz und Kohle nehmen, wenn die kargen Vorräte aufgebraucht sind.
Wir müssen sehr sparsam sein, um eines Tages nicht vor leeren Kartoffelsäcken und vor kalten Öfen zu stehen.‹
Und man sparte. Gründlich und systematisch. Jahrelang fand sich im Budget ›Unser Haus‹ kein Pfennig für Unterhaltung, für Handarbeitsmaterial, für Seidenpapier, Bastelmaterial oder Spiele. Selten gab es Brot. Als man den Kindern einmal ausnahmsweise zum Frühstück Brot vorsetzte, verbeugte sich der kleine Janek K. ganz tief vor seiner Brotscheibe und küßte sie voll Demut (17. April 1921).«
Korczaks Arbeit trägt Früchte. Die Kinder lieben und verehren ihn. Seine pädagogischen Gedanken setzen sich in der Öffentlichkeit durch. Man achtet den Erzieher nun ebenso wie den Dichter und Schriftsteller Janusz Korczak.
Korczak kann seine Waisenhäuser aus der Armut herausführen. Und bei alledem bleibt ihm immer noch Zeit, abends die Kinder um sich zu versammeln, meist in einem engen Winkel unter der Treppe zum Untergeschoß, ihnen spannende Geschichten zu erzählen, ihre Sorgen anzuhören, Vorschläge für neue Aktionen zu machen und Streiche auszuhecken, wie sie sonst niemandem eingefallen wären. Und es kommt eine Zeit, da braucht er seine lustigen, spannenden und skurrilen

Geschichten, um die Kinder einigermaßen abzulenken von dem, was um sie herum geschieht.
In Deutschland ist eine Partei an die Macht gekommen, welche die Juden zu ihren schlimmsten Feinden auserkoren hat. Ein neuer, fanatischer Judenhaß greift in ganz Europa um sich. Auch in Warschau ist die unheilvolle Entwicklung zu spüren.
Das ist die Zeit, wir schreiben die Jahre 1933, 1934 und 1935, da reist Korczak zweimal nach Palästina, in das Land seiner Vorväter. Er hat viel über das zionistische Programm gelesen. Juden wollen Palästina neu aufbauen, einen neuen Staat schaffen. Aus allen Teilen der Erde strömen die Menschen in jenen schmalen, öden Landstreifen zwischen dem Mittelmeer und dem Jordan.
Korczak ist beeindruckt. Der Fleiß und die Zähigkeit, mit der die Juden darangehen, das Land ihres Ursprungs zu besiedeln und fruchtbar zu machen, nötigen ihm höchste Bewunderung ab. Aber der kleine Doktor stammt aus Warschau, dort ist seine Heimat.
Er schreibt nach dem Besuch eines Kibbuz in sein Tagebuch: »Das ist hier ein anderes Verhältnis zu Gott und eine andere Moral ... Das Gras ist anders, sogar die Kiefer. Ihre Borke ist fremd, fremdartig sind ihre Nadeln. Eine andere Nahrung gibt es hier, alles ist bis zur Verzweiflung anders. Ich sprach auf meinem morgendlichen Spaziergang mit dem palästinensischen Wald, wir konnten uns nicht verständigen.«
Janusz Korczak überlegt immer wieder, ob er Polen verlassen soll, um im Land seiner Väter noch einmal von vorne zu beginnen. Sicher, man hätte den inzwischen weltweit anerkannten Pädagogen und Schriftsteller im jungen Palästina gut gebrauchen können. Aber in Warschau — das weiß er — brauchen sie ihn auch. Er besteigt das Schiff, um heimzukehren.
Aber auch in Warschau ist plötzlich alles anders. Man nimmt ihm die Verantwortung für das »Nasz Dom«. Der jüdische Doktor soll sich auf das jüdische Waisenhaus beschränken, wird ihm bedeutet. Maryna Falska wendet sich von ihm ab. Seine ständige, außerordentlich beliebte Rundfunksendung wird ohne Angabe von Gründen eingestellt. Überall spürt nun selbst der prominente Korczak den neuen Judenhaß.
Sosehr er sich in Palästina auch nach Warschau zurückgesehnt hat, jetzt denkt er doch daran, für immer nach Israel zu gehen. Korczak fällt in schwermütige Zustände, er wird krank, zweifelt an sich selbst, ist tief deprimiert. Schließlich aber scheint er neue Kraft zu schöpfen. Er verkündet, nach Palästina auswandern zu wollen. Fragt man ihn, wie er seinen Entschluß begründe, sagt er lakonisch: »Dort wird der Schlechteste nicht dem Besten ins Gesicht spucken, nur weil dieser ein Jude ist.«
Doch der Entschluß ist nur halbherzig gefaßt. Janusz Korczak ist hin- und hergerissen. Er will den Gefahren, die er in Warschau auf sich zukommen sieht, entfliehen. Aber er will die Kinder, für die er sein ganzes bisheriges Leben eingesetzt hat, nicht im Stich lassen. Er sucht nach Gründen für das Bleiben ebenso wie für das Reisen. Nur halbherzig fängt er an, die Mittel für die Übersiedlung zusammenzutragen. Und ohne besonderen Nachdruck stellt er die notwendigen Ausreiseanträge. Zu Freunden, die ihn drängen, sagt er: »Ich kann nicht aus Protest

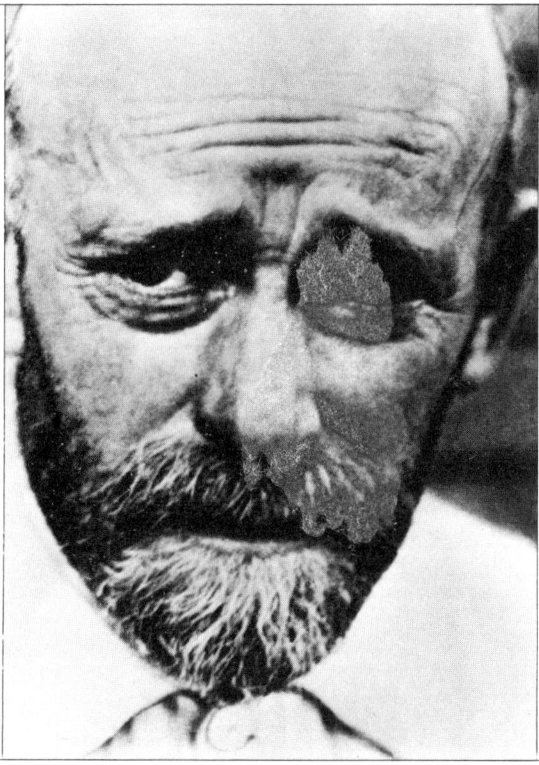

Ein großer Schriftsteller, Arzt und Pädagoge und ein Freund aller Kinder: Janusz Korczak.

reisen, oder um zu fliehen. Ich will doch in den paar Jahren, die mir noch bleiben, Nutzen bringen.«
Wenn er sich jetzt davonstehle, sagt Korczak, würde er sich schuldig fühlen, »weil ich die Welt in Verwirrung zurücklasse, weil ich zu schwach war, das Kind zu beschützen.«
»Hätte er die zweihundert Kinder aus Krochmalna mitnehmen können«, schreibt Edith Biewend, »es wäre alles anders gelaufen. Aber daran war unter den damaligen Umständen nicht zu denken.«
Gruppenreisen nach Palästina gab es nicht, schon die Reise eines einzelnen war ja illegal, solange der Staat Israel völkerrechtlich noch nicht existierte. »Warschau war mein Boden«, schreibt Korczak, »die Werkstätte meiner Arbeit, hier bin ich daheim, hier sind meine Toten begraben.«
Nach langem Ringen beschließt er zu bleiben.
Kurz darauf bricht der Krieg aus. Hitler greift unter einem fadenscheinigen Vorwand Polen an und marschiert auf Warschau zu. Korczak ist plötzlich wieder ein gefragter Mann. Der Warschauer Rundfunk bittet ihn, seine beliebte Sendung wieder aufzunehmen. Korczak sagt sofort zu. Jeden Tag kommt seine beliebte

Stimme über den Äther. Er spricht den Menschen Mut zu, rät zur Besonnenheit. Selbst in diesen schweren Tagen strahlt der alte Doktor Ruhe und Zuversicht aus. Dann ist Warschau eingeschlossen. Bomben fallen auf die Stadt, Artilleriegeschosse zertrümmern Häuser, Kirchen, Brücken und Straßen. Korczak hat seine Uniform angezogen, darüber trägt er den Arztkittel. Rastlos hastet er durch die Straßen, betreut verwundete Soldaten, verbindet verletzte Passanten, sammelt verwaiste Kinder um sich und bringt sie in sein Heim. Tag und Nacht ist er unterwegs — und immer in Lebensgefahr. Er ist heiter dabei. Jetzt weiß er wieder, wozu er auf dieser Welt ist. Die Frage, ob sein Platz hier ist oder im fernen Palästina, stellt sich nicht mehr.

Deutsche Panzer rollen in die Stadt. Polen kapituliert. Die Herrschaft der Nazis beginnt. Korczak kehrt in die Krochmalna zurück. Auf dem Weg zum Waisenhaus beschließt er bei sich, bis zum letzten Augenblick für seine Kinder einzustehen, ihnen will er sein Leben vollends widmen. Er ist krank, fühlt sich alt und ausgebrannt, aber er weiß, daß er gebraucht wird.

Janusz Korczak erläßt einen Aufruf an die Bevölkerung Warschaus, den er mit seinem Namen unterzeichnet. Er hat beobachtet, wie einige wenige, die nur an sich selbst dachten, schnell aus der Kriegssituation ihren Nutzen zogen. Sie haben sich an dem bereichert, was die Opfer der Angriffe zurückgelassen haben. Im heiligen Zorn schreibt Korczak:

»Unsere Regierung existiert nicht mehr. Die einen wurden getötet und ruiniert, die anderen denken voller Egoismus nur an sich selbst. Alle diejenigen sind niederträchtig und töricht, die da inmitten eines Gewitters glauben, nur sie allein würden davonkommen. Die Kinder sind unsere Zukunft. Ich verlange hundert Zloty für das Waisenhaus. Ich fordere sie, ich bitte nicht darum! Ich werde in den nächsten Tagen das Geld abholen, und ich werde keine Absage dulden.«

Korczak hatte für zweihundert Kinder zu sorgen, und das ist in Anbetracht der chaotischen Zustände eine nahezu unlösbare Aufgabe. Nach wie vor trägt er auf seinen Bittgängen die Uniform eines polnischen Majors. Tatsächlich bringt er genügend Geldspenden zusammen, so daß er zunächst ausreichende Vorräte für seine Kinder kaufen kann. Dazu gehört auch eine Lastwagenladung Kartoffeln. Als Korczak hört, deutsche Polizisten hätten den Wagen samt der Ladung beschlagnahmt, macht er sich sofort auf den Weg zum Palais Blank, wo die deutsche Militärregierung sitzt. Er trägt seine Uniform; die gelbe Armbinde, die jeder Jude seit neuestem anlegen muß, trägt er nicht. Er läßt sich vom Posten am Eingangstor nicht aufhalten, laut fordert er sein Recht vor einem Polizeioffizier.

»Wem sollen die Kartoffeln gehören?« fragt der Deutsche.

»Dem jüdischen Waisenhaus!«

»Sagten Sie jüdisch?«

Der kleine, kahlköpfige und bärtige Korczak richtet sich auf und wiederholt mit Nachdruck:

»Die Ladung des Lastwagens gehört dem jüdischen Waisenhaus.«

»Und da wagen Sie, hierherzukommen?« Der Offizier hat einen hochroten Kopf bekommen und brüllt, daß man es durchs ganze Palais hören kann. »Womöglich sind Sie selber ein Jude?«

»Ich bin Jude, ja!«

Korczak wird von zwei Polizisten geschlagen, bis er ohnmächtig zusammensinkt. Er kommt erst im berüchtigten Pawiak-Gefängnis wieder zu sich.
»Ein Jud' ist ein Dreck!« belehrt ihn ein deutscher SS-Mann, »ein Dreck, weiter nichts!«
Korczak nickt. Er weiß, was Antisemitismus bedeuten kann. Aber damals, im Oktober 1940, ist ein Mensch noch nicht zum Tode verurteilt, nur weil er Jude ist — diese Zeiten stehen noch bevor. Die Deutschen bieten der Jüdischen Gemeinde einen Handel an: Wenn die Glaubensgenossen bereit seien, 3 000 Zloty zu bezahlen, werde man Korczak freilassen.
Erst nach einem halben Jahr ist das Geld beisammen. Und es kommt nicht von der Jüdischen Gemeinde in Warschau, sondern von drei ehemaligen Zöglingen Korczaks, die unermüdlich gesammelt, gespart und gearbeitet haben, um das Lösegeld zusammenzukratzen.
Korczak ist ein kranker Mann, als er aus dem Gefängnis kommt. Eine Rippenfellentzündung, die er sich in dem naßkalten Kerker zugezogen hatte, ist nicht behandelt worden. Jetzt leidet Korczak unter den Folgeerscheinungen, vor allem unter einer schweren Herzmuskelschwäche.
Er schleppt sich zu seinen Kindern in die Krochmalna. Glücklich versammeln sie sich um ihn, aber die Nachrichten, die Frau Stefa und ihre Schutzbefohlenen für ihn haben, sind schlecht. Das Waisenhaus liegt im »arischen« Teil der Stadt, alle Juden aber müssen sich in das Ghetto zurückziehen, um das die Nazis eine unüberwindliche Mauer gezogen haben. Nach einem Zwischenaufenthalt weist man Korczak und den Kindern in der Sliska-Straße ein großes Haus zu, das praktisch nur aus zwei hohen Festsälen besteht. Für ein Kinderheim eignet es sich nicht, schon gar nicht, wenn man Korczaks Erziehungskonzept in Rechnung stellt.
Der erfahrene Waisenhausvater organisiert das neue Leben, so gut es geht. Mit den älteren Kindern zieht er Bretterwände, um seinen Zöglingen das ständige Massenleben zu ersparen. Jeden Morgen läßt er die Säle umräumen, um aus den Schlafdielen Spielräume zu machen. Frau Stefa schläft bei den kleineren Kindern, Korczak hat sein Bett im Krankenzimmer aufgestellt, um immer bei den Patienten zu sein, von denen es jetzt mehr zu betreuen gibt als in früheren Zeiten. Um seine eigenen Krankheiten kümmert sich der Hausvater nicht mehr.
Unbeirrt hält Korczak am eingeübten Tagesplan fest. Nichts soll sich ändern. Selbst die Heimzeitung bringt er wieder heraus. Aber all diese Mühe kann nichts daran ändern, daß die Kinder spüren, unter welchem ungeheuren Druck die Heimeltern stehen.
Korczak ist es unheimlich, wie unkindlich seine Schützlinge geworden sind. Ihre Ruhe und Disziplin erschrecken ihn, denn er weiß nur zu genau, daß sie seine Sorgen kennen und mitzutragen versuchen.
»Unser Haus ist jetzt ein Altersheim«, notiert er in jenen Tagen. »Die Kinder schleichen umher. Nur die äußere Haut ist noch normal... Wenn ich auf ihre vertraulichen Mitteilungen eingehe, rede ich als Gleicher zu Gleichen. Wir haben gemeinsame Erlebnisse — sie und ich. Die meinen sind etwas verdünnter, verwässerter, aber sonst die gleichen.«
Und bei alledem weiß Korczak oft nicht, wie er die zweihundert Kinder einiger-

maßen ernähren soll. Die Deutschen haben an den Toren zum Ghetto schwerbewaffnete Posten aufgestellt. Die Einfuhr von Lebensmitteln ist verboten. Wer etwas einzuschmuggeln versucht und dabei ertappt wird, kann auf der Stelle erschossen werden.

Janusz Korczak findet immer wieder einen Weg. Er weiß auch Rat und Trost, wenn sich die Kinder um ihn scharen, weil draußen Schüsse zu hören sind. Nachts liegt er oft lange wach, hängt seinen Gedanken nach, ist tief deprimiert. Tags aber setzt er seine ganze Phantasie und alle seine Fähigkeiten ein, um die Kinder abzulenken. Jeder Tag beginnt damit, daß jedes Kind gewogen wird. Mit jedem spricht der Hausvater ein paar Worte. Das Frühstück ist selbst dann, wenn nur wenig aufgetrieben werden konnte, schön und appetitlich dekoriert. Dann machen sie sich daran, zu spielen, zu schreiben, zu rechnen. Korczak sorgt für ein volles Programm.

Eines Tages beschließen sie, eine Fahne zu schneidern. Es soll eine wunderschöne Fahne der Hoffnung werden. Auf der einen Seite verwenden sie grünes Tuch und nähen weiße Kastanienblüten darauf. Die andere Seite besteht aus weißem Tuch. Darauf bringen sie einen strahlenden, hellblauen Zionstern an. Und Korczak erzählt seinen Kindern, daß dies der Stern Davids sei — das Zeichen jenes Königs also, der als Kind den riesigen Goliath besiegt hatte. »Die Deutschen«, so sagt er, »zwingen uns zwar, den Davidstern zu tragen, und wollen uns damit demütigen, sie wissen aber gar nicht, daß dieser Stern ein Zeichen des Sieges ist.«

So macht er den Kindern immer aufs neue Hoffnung und Mut. Dort, wo ihr neues Heim steht, verläuft auch die Ghetto-Begrenzungsmauer. Jenseits der Mauer schließt sich der Garten und das Haus der katholischen Allerheiligen-Gemeinde an. Die Kinder träumen immer davon, auf diesem paradiesischen Plätzchen spielen oder sich dort ein wenig sonnen zu können. Im Ghetto ist es eng, kalt und grau — Steine und Beton, weiter nichts.

Korczak liest immer alles, was ihm die Kinder bringen, so auch jenen Brief, den ein paar Kinder gemeinsam an den Priester geschrieben haben. In Korczaks Tagebuch finden wir dazu die folgende Stelle:

»In diesem Augenblick brachte mir Semi seinen Brief ans Bett, ob es so recht sei? — An den Hochwürdigen Herrn Pfarrer von der Gemeinde Allerheiligen. Wir bitten den sehr verehrten Herrn Pfarrer höflichst, uns in seiner Güte zu erlauben, ein paarmal samstags in den Morgenstunden (sechs Uhr dreißig bis zehn Uhr) in den Kirchgarten zu gehen. Wir sehnen uns nach ein bißchen Luft und Grün. Bei uns ist es eng und dumpf. Wir möchten die Natur kennen- und lieben lernen. Die Anpflanzungen werden wir nicht beschädigen. Wir bitten inständig darum, unsere Bitte nicht abzuschlagen. Zygmus, Semi, Abrasza, Hanka, Aronek.«

Der Brief wird nicht beantwortet. Ob er den Priester erreicht hat, wissen wir nicht.

Die Gestapo hat inzwischen damit begonnen, Juden aus dem Ghetto herauszuholen. Es spricht sich schnell herum, daß die Verhafteten in Lager gebracht werden. Ein Gestapomann versichert Korczak, ihm und den Kindern werde nichts geschehen. Man werde das Waisenhaus nicht anrühren.

Korczak glaubt dem Deutschen nicht. Er verläßt das Heim nur noch, um Nahrung und Arznei zu erbetteln oder auch — wenn es sein muß — zu erstreiten. Unerbittlich und mit einer unvergleichlichen Hartnäckigkeit verlangt er von denen, die mehr haben, daß sie für die Kinder einen Anteil herausrücken. Und meistens setzt er sich durch.

Eine neue Krankheit zermürbt den Doktor. Er hat ein Geschwür im Hals, das unbedingt operiert werden muß. Korczak weigert sich, eine Klinik aufzusuchen. Er will seine Kinder nicht allein lassen. Also kommen zwei Ärzte ins Waisenhaus, um die Operation hier vorzunehmen. An diesem Nachmittag gehen die Kinder nur auf Zehenspitzen umher. Es ist gespenstisch still in den hohen Räumen.

Die Operation ist schwierig, und die technische Ausrüstung der Mediziner ist schlecht. Es kommt zu einem Blutsturz. Korczak muß nun doch ins Krankenhaus. Er bleibt nur zwei Tage und schleppt sich dann gegen den Willen seiner Ärzte zurück in die Sliska-Straße.

»Ich will bei euch sein, wenn es zum Schlimmsten kommt«, sagt er düster zu Frau Stefa.

»Es wird nicht dazu kommen!«

»O doch, diese Verwalter des gewaltsamen Todes gehen mit System vor. Die hassen uns nicht, die haben einen Auftrag, den sie gewissenhaft ausführen: die Vernichtung unseres Volkes.«

Frau Stefa sagt nichts mehr. Sie weint.

»Ich möchte gerne bei Bewußtsein und bei voller Besinnung sterben«, sagt Korczak. »Was ich den Kindern zum Abschied sagen würde, weiß ich nicht. Ich möchte ihnen so viel sagen und es ihnen so sagen, daß sie ganz frei sind ...«

Und dann faltet Janusz Korczak unvermittelt die Hände und spricht leise:

»Danke dir, Gott, für die Wiese und die Farben der Sonnenuntergänge, für den erquickenden Abendhauch nach einem heißen Tag voller Mühe und Arbeit. Guter Gott, der du alles so klug und gut ersonnen hast, daß die Blumen ihren Geruch haben, die Glühwürmchen auf der Erde leuchten, die Sterne am Himmel funkeln.«

In sein Tagebuch schreibt Korczak wenige Tage, bevor er und die Kinder abgeholt werden:

»Ich wünsche keinem Menschen etwas Böses. Ich kann das nicht. Ich weiß nicht einmal, wie man das macht.«

Als kurz vor dem Abtransport sein Freund Igor Newerly mit einem gefälschten Passierschein bei Korczak auftaucht und ihn inständig bittet, mit ihm zu kommen, lehnt der alte Doktor ab.

»Mehr noch«, berichtet Newerly, »er war überrascht. Er hatte ganz einfach nicht von mir erwartet, daß ich ihm einen so nichtswürdigen Vorschlag machen werde — die Kinder angesichts des Todes im Stich zu lassen.«

Carl von Ossietzky

Der Stolz des Zivilisten gegen die Uniform

»Ich gehöre keiner Partei an. Ich habe nach allen Seiten gekämpft; mehr nach rechts, aber auch nach links. Heute jedoch sollen wir wissen, daß links von uns nur noch Verbündete stehen. Die Flagge, zu der ich mich bekenne, ist nicht mehr die schwarz-rot-goldene Flagge dieser entarteten Republik, sondern das Banner der geeinten antifaschistischen Bewegung. Und ich, der Pazifist, reihe mich nun ein in das große Heer, das für die Freiheit kämpft.«
Carl von Ossietzky war nie ein mitreißender Redner gewesen. Doch sein erregtes Bekenntnis beeindruckte die übrigen Anwesenden im Saal. Er hatte das ausgesprochen, was sie alle tief bewegte. Am 30. Januar 1933 war Hitler zum Reichskanzler ernannt worden. Die Mitglieder des Schutzverbandes der Schriftsteller hatten die Versammlung einberufen, um zu erörtern, welche Möglichkeiten es noch gab, gegen den Faschismus und die Kriegsgefahr anzukämpfen.
Im überfüllten Saal herrschte völlige Ruhe. Man hätte eine Stecknadel fallen hören können. Niemand klatschte Beifall, dafür war die Lage zu ernst. Aber es war zu spüren, daß alle Versammelten dem Redner zustimmten. Wenn es noch eine Chance gab, das drohende Unheil abzuwenden, dann durch eine Einheitsfront aller demokratischen Bewegungen. Die versammelten Schriftsteller unterzeichneten einen Aufruf, der in den nächsten Tagen als Plakat an die Berliner Litfaßsäulen geklebt werden sollte und in dem die Einheitsfront gegen den Nationalsozialismus gefordert wurde. Sie waren sich darüber im klaren, daß dies vielleicht ihre letzte öffentliche Aktion war. Die schweren Drohungen der Nazis waren keine leeren Worte. Jeder, der sich gegen die neuen Herren wandte, gefährdete sich. In besonders großer Gefahr schwebte Carl von Ossietzky.
Ossietzky war seit 1912 Mitglied der Deutschen Friedensgesellschaft. Schon als Bürogehilfe am Hamburger Katasteramt hatte er journalistische Neigungen entwickelt. Für pazifistische Zeitungen und Zeitschriften schrieb er Artikel, in denen er den militaristischen Geist in Deutschland angriff. Einer dieser Artikel brachte ihn bereits 1914 vor die Schranken des Gerichts. Eine Amnestie zum Ausbruch des Ersten Weltkriegs bewahrte ihn vor einer Strafe. Bis 1916 konnte der kränkelnde junge Mann weiterhin im Hamburger Katasteramt arbeiten, dann wurden im Deutschen Reich die letzten Reserven mobilisiert. Für die mörderische Schlacht um Verdun wurde frisches Blut gebraucht. Ossietzky wurde als Armie-

rungssoldat an die Westfront einberufen. Vor Verdun mußte er mit seiner Einheit Stellungen anlegen und Schützengräben ausbauen.
Die Kriegserfahrungen gruben sich tief in sein Bewußtsein ein. Er war niemals verwundet worden, aber er hatte den Krieg kennen- und hassen gelernt. Krieg, das war für Ossietzky organisierter Mord. Und deshalb wollte er seine ganze Kraft und alle seine Talente dafür einsetzen, künftig Kriege zu vermeiden.
Seine Stellung in Hamburg trat er nicht mehr an. Er übernahm den Posten des Sekretärs der Deutschen Friedensgesellschaft in Berlin, gab die Zeitschrift »Mitteilungen der Deutschen Friedensgesellschaft« heraus und schrieb Artikel für die »Berliner Volkszeitung«. Ein knappes Jahr später gab er die Stellung bei der Friedensgesellschaft auf, um als freier und unabhängiger Journalist für verschiedene Zeitungen zu schreiben.
Im Freundeskreis erklärt Carl von Ossietzky: »In der Friedensgesellschaft gibt es viel zu viele Träumer und Karrieristen. Während sich im Land umwälzende Prozesse vollziehen, können die organisierten Pazifisten nicht über ihren Schatten springen. Sie sind durch und durch unpolitisch, wie eine religiöse Sekte.«
»Ossi«, wie ihn seine Freunde nannten, wollte zu aktuellen Fragen Stellung beziehen und seine Kraft nicht an die »trockene Vereinsarbeit verschwenden«. Obwohl er weiterhin der Friedensgesellschaft verbunden blieb, rechnete er in einem Zeitungsartikel mit den deutschen Pazifisten erbarmungslos ab:
»Sie zeichnen sich«, so schrieb er, »vor allem durch Verunglimpfungen, Verdächtigung und Ketzerrichterei aus. Der Funktionär Hiller sagt Menschheit und meint Stuhlbein. Das Entscheidende liegt darin: Der Pazifismus muß politisch werden und nur politisch. Die Kräfte, die diese wirklich erhabene Sache zu ihrem Sieg braucht, sind heute noch gehemmt durch schädliches und lächerliches Beiwerk und durch die Überbleibsel einer Vergangenheit, gestorben an dem Tag, an dem der große Krieg begann.«
Damit spielte er auf Bertha von Suttner an, deren Einfluß in der Friedensgesellschaft noch immer stark zu spüren war (siehe auch das Kapitel »Bertha von Suttner«). Ossietzky beklagte immer wieder, daß »die Deutsche Friedensgesellschaft von dem larmoyanten [weinerlich, rührselig] Roman einer begabten Frau ausging«. Etwas von diesem unpolitischen Ursprung hafte der Friedensbewegung in Deutschland noch immer an.
Mit solchen klaren Worten schuf sich Ossietzky natürlich Feinde — auch im Lager der Pazifisten, aber er machte auch auf sich aufmerksam.
Seine spitze Feder war schon früh Siegfried Jacobsen, dem Herausgeber der kritischen Berliner Zeitschrift »Weltbühne« aufgefallen. 1926 holte er den freien Journalisten in seine Redaktion — für Ossietzky einer der wichtigsten Schritte in seinem Leben.
Die »Weltbühne« wurde zu Ossietzkys Lebensaufgabe. Als Jacobsen kein Dreivierteljahr später starb, übernahm Ossietzky die Leitung der Zeitung. Seine Tochter, Rosalinda von Ossietzky, hat später gesagt:
»Das Blatt nahm mir meinen Vater und machte meine Mutter krank. Von 1927 an begann er sich vornehmlich der ›Weltbühne‹ zu widmen. Meine Mutter schien einen Teil der Position im Leben meines Vaters verloren zu haben. An ihre Stelle rückte die ›große Aufgabe‹.«

Carl von Ossietzky mit seiner Tochter Rosalinda.

Obwohl ihr Vater nur wenig Zeit für sie hatte, bewunderte Rosalinda ihn fast wie einen Unsterblichen. »Ich hätte für ihn in den Tod gehen können«, erzählt sie. »Unvergeßlich sind die Abende, die ich allein mit meinem Vater zu Hause saß. Er mit einer Teekanne, einer Schildkröte, auf dem Tisch, Papierbogen und Bleistift. Ich mußte ruhig sitzen, durfte nichts sagen und hatte ein Buch vor mir. Ich studierte jede seiner Bewegungen. Er begann zu schreiben, rauchte Zigaretten, schrieb wieder, um dann das Geschriebene zu korrigieren. Hin und wieder sprach er mit sich selbst und hatte scheinbar heftige Diskussionen mit unsichtbaren Gegnern. Er schrieb seinen Leitartikel für die nächste Nummer.«
Durch Ossietzkys Artikel wurde die »Weltbühne« zum wichtigsten Gegenspieler des Reichswehrministers. Unerbittlich deckte die Zeitschrift Verstöße der Reichswehr auf. Im Versailler Vertrag, in dem das Deutsche Reich mit seinen Kriegsgegnern Frieden geschlossen hatte, war die Stärke der deutschen Armee auf 100 000 Mann begrenzt worden. Diese Bestimmungen unterlief die Regierung,

indem sie eine »geheime Reichswehr« aufbaute. In Ausbildungslagern wurden Hunderttausende sogenannte Zeitfreiwillige für den Kriegsdienst geschult, heimlich und gerade deshalb besonders intensiv.
Carl von Ossietzky und die »Weltbühne« entlarvten unermüdlich und mutig viele Aktivitäten der »schwarzen Reichswehr«. Die Journalisten kannten keine Scheu vor großen Namen, auch nicht vor dem Chef der Heeresleitung, General von Seeckt.
Im Büro der Liga für Menschenrechte, der Ossietzky auch angehörte und die gute Beziehungen zur »Weltbühne« hatte, erschien eines Tages ein junger Mann und erzählte, er habe erfahren, daß Prinz Wilhelm von Preußen, der älteste Sohn des Kronprinzen, als Zeitfreiwilliger bei der Reichswehr Dienst tue.
Ungläubig staunend sah ihn Kurt Großmann, ein Mitarbeiter Ossietzkys, an.
»Woher haben Sie diese Information?«
»Ich bin in Moabit als Richter tätig. Dort habe ich mit einem Anwalt gesprochen, Hans Preuß, der mir die Geschichte anvertraut hat. Über die genauen Hintergründe möchte ich schweigen, da ich vorhabe, die Richterlaufbahn einzuschlagen. Ich bin aber bereit, Ihnen Beweise zu liefern.«
Der junge Mann schien tatsächlich Informationen zu besitzen und nicht nur irgendwelche Gerüchte zu verbreiten. Großmann hakte nach.
»Haben Sie das Beweismaterial bei sich, Herr ...« Er machte eine bedeutungsvolle Pause, um den Besucher darauf aufmerksam zu machen, daß er sich noch nicht namentlich vorgestellt hatte.
»Ich heiße Robert Kempner, aber der Name tut eigentlich nichts zur Sache. Ich möchte nicht im Zusammenhang mit dieser Geschichte genannt werden.«
Der Besucher entnahm seiner Aktentasche, die er neben dem Stuhl abgestellt hatte, einen Briefumschlag, der lediglich eine Postkarte enthielt. Die übergab er Großmann und erklärte dabei:
»Die Schwester von Rechtsanwalt Preuß ist Sekretärin bei einem Professor, der wiederum mit dem Kronprinzen befreundet ist. Der Sohn des Kronprinzen schickte ihm diese Postkarte aus Münsingen mit Grüßen von der interessanten Zeitfreiwilligenübung. Wie die Postkarte schließlich in meine Hände gelangte, tut für die Geschichte nichts zur Sache.«
Die »Weltbühne« griff den Vorfall auf. Der Artikel schlug in der Öffentlichkeit wie eine Bombe ein. Das abgedankte Kaiserhaus war also mit von der Partie bei der vertragswidrigen Ausbildung einer verbotenen geheimen Armee. Das Reichswehrministerium leugnete zuerst, doch als eine zweite Postkarte auftauchte, konnte die monarchistische Demonstration nicht mehr länger abgestritten werden. Seeckt mußte gehen. Das Problem aber war damit keineswegs aus der Welt geschafft. Die »schwarze Reichswehr« existierte weiter, und die führenden Köpfe waren nach wie vor gegen eine demokratische Republik.
Gedeckt wurden die Bestrebungen der Militärs von vielen Richtern. 1927 setzte eine Flut von Hochverratsprozessen ein. Zum Schutz der geheimen Rüstung entwickelte die Rechtsprechung den Begriff »Landesverrat begangen durch die Presse«. Die »Weltbühne« griff das Gesetz empört an und kommentierte die Hochverratsprozesse:
»Die Anklagen sollen ehrenhafte Journalisten in eine Reihe mit bezahlten oder

erpreßten Verrätern bringen. Sie sind ein terroristisches Einschüchterungsmittel gegen Republikaner und Pazifisten. Zugleich stellen sie einen aktiven Schutz der zahlreichen rechtsradikalen, illegalen und halblegalen Bewegungen dar.«
Noch im selben Jahr mußte auch Ossietzky zweimal vor Gericht erscheinen. Ein Gedicht Erich Weinerts, der sich darin über das Landungsmanöver eines Kreuzers lustig machte, wurde als Beleidigung der Marine hingestellt. Im sogenannten »Bierkreuzerprozeß« erhielten Weinert und Ossietzky eine Geldstrafe von je 500 Mark. Dies sollte aber nur ein Vorgeplänkel sein.
Die »schwarze Reichswehr« ging gegen Abtrünnige mit unerbittlicher Härte vor. Wer die geheimen Verbände verließ und »plauderte«, mußte um sein Leben fürchten. Femegerichte verurteilten »Verräter« zum Tode. Wer etwas gegen seine ehemaligen Kameraden unternahm, mußte mit solchen illegalen Prozessen rechnen, die in der Regel mit dem Tod durch Erschießen endeten, viele der vermeintlichen Verräter wurden von ihren einstigen Kampfgenossen brutal erschlagen.
Die »Weltbühne« deckte eine Reihe solcher Fememorde auf. Die Reichswehr-Mörder wurden vor ein ordentliches Gericht gestellt und verurteilt. Und natürlich berichtete die »Weltbühne« auch darüber. Der Reporter Berthold Jacob gab in einer Wertung des Urteils dem Reichswehrminister und den höheren Offizieren eine Mitschuld: »Der verurteilte Oberleutnant Schulz hat nur erteilte Befehle ausgeführt. Man hätte neben ihn auf die Anklagebank mindestens den Hauptmann Keiner und den Obersten Bock, aber wahrscheinlich auch den Obersten von Schleicher und den General von Seeckt setzen müssen.«
Dieser Kommentar brachte dem Berichterstatter Jacob und dem für das Blatt verantwortlichen Chefredakteur Ossietzky eine Anklage wegen Beleidigung der Reichswehr ein.
Am 16. Dezember 1927 fand die Verhandlung vor dem Schöffengericht in Berlin-Charlottenburg statt. Als Ossietzkys Verteidiger ein inhaftiertes Mitglied der »schwarzen Reichswehr«, Major Buchrucker, ins Kreuzverhör nahm, ging ein Raunen durch den Gerichtssaal. Ungewollt bestätigte Buchrucker die Anschuldigungen Jacobs, nachdem ihn der Rechtsanwalt zielstrebig auf die entscheidende Frage zugeführt hatte: »Was machten Sie mit Leuten, die etwas verrieten? Haben Sie irgendwelche Maßnahmen gegen sie ergriffen?« Der Anwalt blickte dem Zeugen mit festem Blick ins Gesicht. Major Buchrucker hielt dem Blick stand!
»Ich habe mich gehütet, dies zu tun. Daß Leute erschlagen worden sind, halte ich für einen sachlichen Fehler. Diese Leute wußten übrigens nicht viel, und was sie verrieten, konnte als harmlos gewertet werden.«
In diesem Augenblick stand Ossietzky von der Anklagebank auf und übergab dem Rechtsanwalt einen Brief, der ihm tags zuvor zugespielt worden war. Es war ein Schreiben Buchruckers an Oberleutnant Schulz. Der Rechtsanwalt las vor:
»Wenn Angehörige der ›schwarzen Reichswehr‹ totgeschlagen worden sind, dann tragen die Reichswehrkommandos die Verantwortung. Sie haben diese Dinge entweder angeordnet, geduldet oder die Abteilung der ›schwarzen Reichswehr‹ ungenügend beaufsichtigt.«
Der Verteidiger legte eine bedeutungsvolle Pause ein, ehe er den Zeugen weiter befragte:
»Wollten Sie in Ihrem Brief sagen, daß man wegen der Fememorde die gesamte

Reichswehr beziehungsweise deren Führung und nicht Schulz hätte anklagen müssen?«
Buchrucker schwieg lange. Mit fester Stimme bestätigte er schließlich: »Jawohl.«
Selbst der Staatsanwalt war beeindruckt und ging weit hinter seine anfängliche Strafforderungen zurück. Er beantragte eine Geldstrafe von 1000 Mark gegen Ossietzky. Doch Landgerichtsdirektor Crohne war das entschieden zuwenig. Er wollte Zeichen setzen und verurteilte Ossietzky zu einem Monat und Jacob zu zwei Monaten Gefängnis. Kaum hatte er die Strafen ausgesprochen, ertönte aus dem Zuschauerraum ein lautes »Pfui!«.
Erregt fuhr der Richter hoch:
»Wer war das?«
Ein Mann stand auf und bekannte:
»Ich war es!«
Der Gerichtsdiener sagte schnell: »Es ist ein Kriegsblinder, Herr Direktor.«
»Raus damit«, schrie Richter Crohne, der völlig die Fassung verloren hatte. Die Empörung im Saal legte sich nur langsam. Es dauerte mehrere Minuten, ehe der Richter in seiner Urteilsbegründung fortfahren konnte. Als er geendet hatte, stand Ossietzky auf und erklärte:
»Das Urteil fiel deshalb so hart aus, weil eine Geldstrafe keine Garantie dafür bietet, daß ich und meine Freunde nicht wieder die ›Ehre anderer‹ angreifen werden. Hier hört das Humoristikum auf. Zwei Journalisten werden zu Ehrabschneidern degradiert, die Herr Crohne mit drohendem Zeigefinger warnt, sich in Zukunft dementsprechend zu benehmen. Jeder anständige Journalist wird diese Drohung mit Empörung ablehnen. Man mag uns verurteilen, heute, morgen, übermorgen, wir werden es hinnehmen, aber unser Stolz wird sein, nicht ›gebessert‹, sondern nur energischer, schärfer, zäher zu werden.«
Vier Monate später, in der Berufungsverhandlung, wurde das Urteil auf 600 Mark Geldstrafe herabgesetzt.
Im März 1929 veröffentlichte Carl von Ossietzky den Artikel »Windiges aus der deutschen Luftfahrt« von Walter Kreiser in der »Weltbühne«.
Der Artikel beschäftigte sich mit der Haushaltsdebatte im Reichstag. Spöttisch fragte Kreiser: »Ob es wirklich nötig ist, für unseren geringen Bedarf an Verkehrs- und Sportflugzeugen ein halbes Dutzend Flugzeugfabriken künstlich am Leben zu halten?« Dann deckte er auf, daß ein Großteil des Geldes in die frühere Abteilung M, die jetzt »Deutsche Lufthansa-Abteilung Kunstflug« hieß, floß. Diese Abteilung sei nichts anderes »als eine getarnte Abteilung der Marineleitung«.
Unter dem Pseudonym »Fritz Jäger« schrieb Walter Kreiser: »Als beim vorjährigen Luftfahrtetat der sozialistische Abgeordnete Krüger um Auskunft bat, zu welchem Zweck die Abteilung M da sei, bekam er keine Antwort, denn sonst hätten die Behörden darauf aufmerksam machen müssen, daß M auch der Anfangsbuchstabe des Wortes ›Militär‹ ist.«
Im Reichswehrministerium in der Bendlerstraße waren die Militärs nicht gewillt, sich weiter von der »Weltbühne« bloßstellen zu lassen. Man traf sich zu mehreren Krisensitzungen und beschloß, Ossietzky endlich zum Verstummen zu brin-

Carl von Ossietzky im November 1931 vor Gericht. Der Angeklagte wehrt sich: »Deutschland ist ohne freiheitliche Tradition, ihm fehlt das wirkliche Bürgerbewußtsein, ihm fehlt der Stolz des Zivilisten gegenüber der Uniform.«

gen. Gegen ihn und Kreiser wurde wieder einmal Anklage wegen Landesverrats erhoben. Doch die Ermittlungen zogen sich hin. In der Redaktion der »Weltbühne« glaubte man schon, die Sache sei im Sande verlaufen, als ein Anruf von Ossietzkys Anwalt, Kurt Rosenfeld, in eine Konferenz platzte. Zweieinhalb Jahre nach dem Erscheinen des Artikels war die Verhandlung auf den 23. November 1931 anberaumt worden.

Ossietzky fragte nur ganz knapp:

»Welcher Senat?«

»Der Vierte mit Reichsgerichtsrat Baumgarten als Vorsitzenden — in Leipzig.«

»Das ist doch der Richter, der im Ulmer Reichswehrprozeß Hitler erlaubt hat, in provozierender Art und Weise aufzutreten, Sie erinnern sich, Hitler konnte sogar ankündigen — und zwar ohne vom vorsitzenden Richter gerügt zu werden —, daß nach seiner Machtübernahme die Köpfe rollen werden!«

Bei diesem Gerichtsvorsitzenden, das war Ossietzky klar, mußte er mit einem harten Urteil rechnen. Trotzdem war er guten Mutes, als er die Fahrt nach Leipzig antrat. Mit spöttischen Bemerkungen machte er sich über den Assistenten seines Rechtsanwaltes lustig, der schon vorab sicher mit einem Freispruch rechnete. Der Verlauf der Gerichtsverhandlung zeigte dann auch schnell, daß das Gericht

die Angeklagten verurteilen würde. Mit erbarmungsloser Routine verfolgte der Richter dieses Ziel.
Je offener Baumgarten seine Absicht zu erkennen gab, desto energischer wurde Ossietzky und desto kompromißloser trat er auf. Er entschuldigte kein Wort des Artikels. Er verteidigte sich, indem er angriff:
»Ich wußte, daß wir mit der Veröffentlichung eines Artikels über die Aufrüstung die Regierung und das Reichswehrministerium treffen. In der gesamten Republik ist sie die Stelle, die anzugehen am gefährlichsten war. Aber ich erachte es als meine Pflicht, dies zu tun. Im Interesse des deutschen Volkes ist es notwendig, die geheime Rüstung aufzudecken und zu bekämpfen.«
Obwohl er wußte, daß er den Richter damit reizte, wich Ossietzky nicht einen Millimeter von seinem Standpunkt ab. Sein Schlußwort gestaltete er zur großen Abrechnung mit dem deutschen Militarismus. Die Beobachter des Reichswehrministeriums, die dem nichtöffentlichen Prozeß beiwohnten, setzten bei der Rede Ossietzkys anfangs ein überhebliches Lächeln auf. Bald aber erstarrten ihre Mienen. Empört schüttelten sie den Kopf. »Unglaublich«, »Frechheit«, »das ist der Gipfel«, hörte man sie murmeln. Ossietzky ließ sich dadurch nicht aus dem Konzept bringen. Energisch, aber ruhig beendete er seine Rede: »Aber Deutschland ist ohne freiheitliche Tradition, ihm fehlt das wirkliche Bürgerbewußtsein, ihm fehlt der Stolz des Zivilisten gegenüber der Uniform.«
Unbeeindruckt verkündete Richter Baumgarten das Urteil: eineinhalb Jahre Gefängnis für die Angeklagten.
Die Zeitungen im In- und Ausland reagierten empört auf das Urteil. Sie sahen in dem Spruch ein Zeichen für eine drastische Einschränkung der Meinungsfreiheit in Deutschland. Eine Zeitung schrieb: »Wenn jemand die Staatssicherheit gefährdet, dann ist es das Leipziger Gericht.«
Im Frühjahr 1932 erhielt Ossietzky den Befehl zum Strafantritt. In den Redaktionsräumen der »Weltbühne« löste dies heftige Diskussionen aus. Wer soll während Ossietzkys Abwesenheit die Zeitung leiten? Wäre es nicht besser, »Ossi« ginge ins Ausland? Die Luft in dem kleinen Raum war zum Schneiden dick. Rauchschwaden lasteten über dem langen Konferenztisch, an dessen Stirnseite Ossietzky wie jeden Tag die Konferenz leitete. Neben ihm stapelten sich Zeitungen und Manuskripte. Er zündete sich eine Zigarette nach der anderen an. Ein leichtes Zittern der Hand verriet seine Erregung, die er mit ruhigen Gesten zu überspielen versuchte.
Ludwig Marcuse, ein freier Mitarbeiter der »Weltbühne«, versuchte noch einmal, Ossietzky umzustimmen:
»Rennen Sie nicht in die Höhle von denen. Sie werden nie wieder herauskommen. Sparen Sie Ihr Leben für den Kampf. Draußen ist Ihre Feder eine Macht. Geben Sie diese Macht nicht aus der Hand.«
Ossietzky hob den Kopf. Mit einem flüchtigen Blick streiften seine blauen Augen den Redner. Mit dünner, schneidender Stimme widersprach er:
»Der Oppositionelle, der über die Grenze gegangen ist, spricht bald hohl ins Land herein. Wenn man den verseuchten Geist eines Landes wirkungsvoll bekämpfen will, muß man dessen allgemeines Schicksal teilen.«
Ossietzkys Entschluß stand fest. Ins Ausland zu gehen hätte für ihn bedeutet,

mundtot zu sein. Er wollte seinen Kampf in Deutschland weiterführen. Im Gefängnis war er eine lebende Demonstration gegen die Justiz. Ernste Sorgen machte er sich aber um seine zehnjährige Tochter Rosalinda. Was würde sie auszustehen haben, wenn ihr Vater als »Landesverräter« im Gefängnis saß?
Am Tag bevor er seine Haftstrafe antrat, brachte er sie weg von Berlin, in die Odenwaldschule bei Heppenheim an der Bergstraße. Auf der Fahrt erzählte er ihr noch, daß er eine längere Reise antreten müsse. Doch als sie in der Schule ankamen, erfuhr sie doch den wahren Grund für ihren plötzlichen Schulwechsel. Die älteren Schüler stürzten sich auf Ossietzky, um mit ihm zu diskutieren. Rosalinda notierte in ihr Tagebuch:
»Ich erfuhr, weshalb er ins Gefängnis kommt. Ich bin ungeheuer stolz auf ihn.«
Der Haftantritt am nächsten Tag wurde zur politischen Demonstration. Zahlreiche Freunde, Redakteure und Schriftsteller, begleiteten Ossietzky.
In einer Autokarawane fuhren sie von der Innenstadt zum Gefängnis, das am Rande der Jungfernheide lag, ganz in der Nähe des späteren Flugplatzes Tegel. Als die Autokolonne vor dem Gefängnis ankam, hatte sich auch dort schon eine Menschenmenge versammelt. Tief bewegt dankte Ossietzky allen, die sich seiner Sache angenommen hatten. Kämpferisch beendete er seine Abschiedsrede:
»Ich gehe bewußt ins Gefängnis, um auch für die achttausend unbekannten politischen Gefangenen einzutreten. Ich hoffe, daß der Kampf um die Befreiung, die sicherlich um meine Person entbrennen wird, zu einem Kampf um die Befreiung auch der proletarischen kommunistischen Gefangenen wird.«
Dann ging er auf das schwere eiserne Tor zu, hinter dem er die nächsten achtzehn Monate verbringen sollte. Bei den zurückgebliebenen Freunden herrschte eine Stimmung wie auf einer Beerdigung. Alfred Polgar erinnerte sich später:
»Beim Abschied haben weniger die Freunde ihm, als er ihnen die Sache leicht gemacht.«
Achtzehn Monate mußte Ossietzky dann doch nicht hinter Gittern verbringen. Eine Weihnachtsamnestie gab ihm bereits nach einem halben Jahr die Freiheit zurück. Die Verlagsleiterin Hünicke, der Redakteur Walther Karsch und Kurt Grossmann von der Liga für Menschenrechte holten ihn vom Gefängnis ab. Das Taxi brachte sie direkt zur »Weltbühne«. Freudestrahlend begrüßte er die Mitarbeiter mit einem »na, endlich«. Er schüttelte Hände, nahm Blumen entgegen und mußte zahllose Fragen beantworten.
»Wie haben Sie sich im Gefängnis gefühlt?« — »Was macht Ihre Gesundheit?«
»Meine Nerven sind von der Aufregung ziemlich angespannt. Ich habe fast zwanzig Pfund abgenommen, die Gefängniskost konnte ich nur schwer ertragen. Wenn ich den Koch kennengelernt hätte, hätte ich ihn nur angeschaut und gesagt: ›Ach, das sind Sie.‹ Am schlimmsten war die enge Zelle; es ist furchtbar, nur vier Schritte hin- und hergehen zu können, das schnürt einem die Brust ein.«
»Haben Sie mit Ihrer Entlassung gerechnet, machten sich die Amnestieverhandlungen bemerkbar?«
»Eigentlich war ich bis zum Schluß skeptisch. Aber meine Koffer waren gepackt. Als die Amnestie durchkam, war der strenge Dienstbetrieb gelockert. Aber die Beamten waren sehr wachsam. Zu Weihnachten ist die Selbstmordgefahr bei den Gefangenen besonders hoch.«

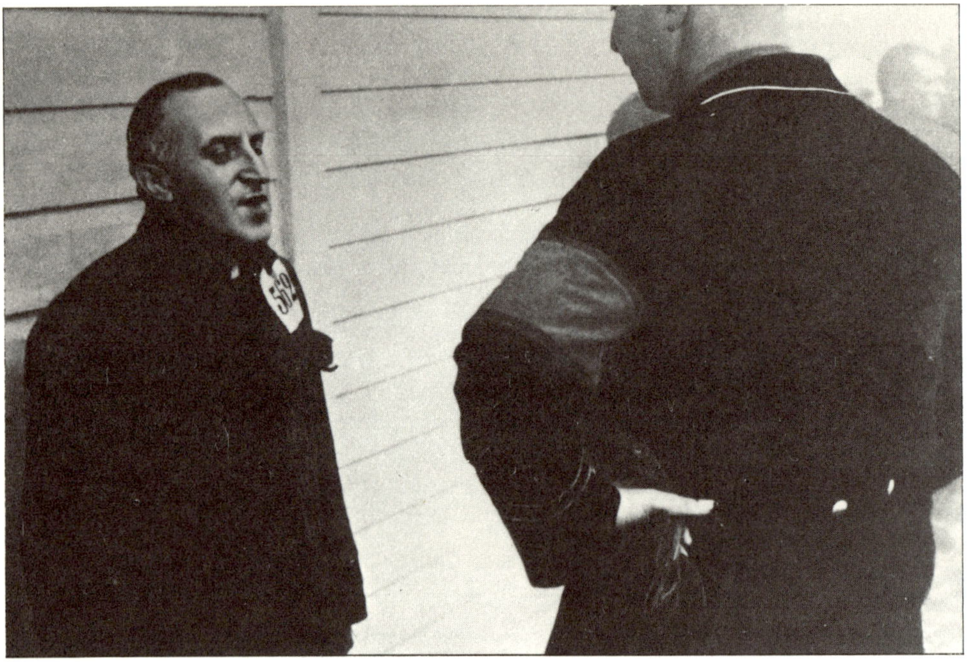

KZ-Häftling 562, Carl von Ossietzky. Die Tortur ging bis zur physischen Vernichtung.

»Was werden Sie jetzt tun?«
Ossietzky schob die Menschentraube, die sich um ihn gebildet hatte, ein wenig auseinander, zeigte auf seinen Schreibtisch und erklärte, als ob es nichts Selbstverständlicheres gäbe:
»Da werde ich am ersten Januar wieder sitzen. Bis dahin will ich mich etwas umtun, um wieder Boden unter den Füßen zu spüren.« Bis zum Jahresanfang waren es gerade noch acht Tage, die er sich Ruhe gönnen wollte. Doch selbst diese kurze Pause war ihm noch zu lang. Schon zwischen den Feiertagen erschien er wieder in der Redaktion. Für die Ausgabe zur Jahreswende schrieb er einen Leitartikel. Er begann mit dem Satz:
»Im Gefängnis gewesen zu sein, das ist ein großes Erlebnis, das kein politischer Mensch aus seinem Dasein streichen kann. Ich habe diese abgesonderte Welt mit einem Würgen im Hals verlassen . . .«
Er rechnete nicht nur mit dem Gefängnis ab, sondern warf auch einen Blick in die Zukunft. Drohend stand der Faschismus am Horizont. Den demokratischen Kräften blieb nicht mehr viel Zeit, wenn sie das Unheil noch abwenden wollten. Ossietzky rief sie auf, sich an den »runden Tisch« zu setzen: »Es geht nicht mehr um Programme oder Endziele, sondern um den technischen Fundus der Arbeiterschaft, ihre Presse, ihre Gewerkschaftshäuser und schließlich um ihr Leben.« Unermüdlich forderte er in seinen Artikeln die Einheitsfront von Sozialdemokraten und Kommunisten. Nur die Einheitsfront — so glaubte er — war in der

Lage, Hitler zu verhindern. Doch zu groß waren Berührungsängste und Zerstrittenheit. Die Parteien warfen sich gegenseitig Fehler der Vergangenheit vor, anstatt sich gemeinsam um die Zukunft zu bemühen.
Am 30. Januar 1933 ernannte der Reichspräsident Hindenburg den Vorsitzenden der NSDAP, Adolf Hitler, zum Reichskanzler. Damit hatten die Nationalsozialisten die Macht in Deutschland in den Händen. Den Gegnern des Faschismus blieb nur noch wenig Zeit, gemeinsam die Demokratie zu erkämpfen. Aber die Einheitsfront kam auch jetzt, trotz aller Aufrufe, nicht zustande und auch nicht der Generalstreik, mit dem Hitler die Macht vielleicht hätte wieder entrissen werden können. Die Anzeichen, daß der neue Reichskanzler zum großen Schlag gegen seine Gegner ausholte, häuften sich von Tag zu Tag.
Am Morgen des 27. Februar 1933 saßen Ossietzky und sein Mitarbeiter Hellmut von Gerlach in der Wohnung von Edith Jacobsen, der Witwe des Gründers der »Weltbühne«. Ossietzky berichtete von dem Schriftstellerkongreß, der in ungewohnter Einigkeit die Parteien zur Einheitsfront aufgerufen hatte. In diese Runde platzte ein weiterer Redakteur der »Weltbühne«, Walter Mehring, hinein.
»Die Nazis haben etwas vor. Ich habe es gerade erfahren. Gestern abend haben sich einige SA-Leute darüber unterhalten. Wir müssen alle untertauchen.«
»Erst mal langsam.« Mit einem erstaunten Blick sah Ossietzky, der in einem Ledersessel saß, Mehring an. »Erzähl mal der Reihe nach, von Anfang an, was du gehört hast.«
Mehring fiel es schwer, die Ruhe zu bewahren. Seine Gedanken überschlugen sich. Ein Bekannter hatte am Vorabend in einem Restaurant zufällig ein Gespräch mitgehört. Etwas Überraschendes werde passieren, irgend etwas, was den Nazis als Vorwand dienen sollte, ihre Gegner mit einem Schlag mundtot zu machen.
»Du mußt sofort deine Sachen packen«, wandte sich Mehring direkt an Ossietzky, »du bist von uns allen am meisten gefährdet.«
Doch Ossietzky wehrte ironisch ab. »Mich werden sie nicht so leicht finden, ich habe kein Namensschild an der Tür.«
Edith Jacobsen war stark erkältet, trotzdem entschloß sie sich, am nächsten Tag mit ihrem Sohn Peter nach Wien zu fahren.
»Sie sollten es sich auch noch einmal überlegen«, appellierte sie an Ossietzky, »Mehring hat recht. Wir müssen alle weg.«
»Jetzt wird hier keine Panik gemacht.« Hellmut von Gerlach brauste auf. »Ich jedenfalls, ich bleibe.«
»Dann bleibe ich auch«, setzte Ossietzky trocken hinzu. Gerlach nahm seinen Regenschirm und verabschiedete sich wortlos durch ein Kopfnicken von Ossietzky. Den beiden anderen wünschte er knurrig »eine gute Reise«.
Stunden später passierte das »Überraschende«, von dem Walter Mehring gesprochen hatte: der Reichstag brannte. Hitler beschuldigte die Kommunisten, das Feuer gelegt zu haben. Noch in der Nacht begann eine Polizeiaktion, die groß angelegte Abrechnung der Nazis mit ihren Gegnern. In den frühen Morgenstunden des 28. Februar wurden im ganzen Land Oppositionelle verhaftet. Tausende wurden ein Opfer der großen Menschentreibjagd. Carl von Ossietzky war einer der ersten, den Hitlers Schergen in aller Frühe aus dem Bett holten.

Wie viele seiner Leidensgefährten wurde Ossietzky an diesem Morgen zuerst auf das überfüllte Polizeipräsidium am Alexanderplatz gebracht. Später kam er in das berüchtigte SA-Haus in der General-Pape-Straße. Dort wurden die Gefangenen ganz besonders brutal behandelt. Am 31. März kam Ossietzky für kurze Zeit zurück ins Polizeipräsidium, ehe er am 6. April in das SA-Konzentrationslager Sonnenburg verlegt wurde.
Gleich nach der Ankunft im KZ wurden Ossietzky und der Dichter Erich Mühsam von den übrigen Gefangenen abgesondert. Auf die beiden Intellektuellen konzentrierte sich der Haß der Wachmannschaften. Nachts wurden sie aus ihren »Zellen« geholt und gezwungen, ihr eigenes Grab zu schaufeln. Dann sollten sie das Horst-Wessel-Lied singen. Auf ihre Weigerung wurde ihnen mit Erschießen gedroht, doch die beiden blieben auch angesichts des Grabes standhaft. Ihre Bewacher stießen die beiden in ihre Zellen zurück. Kurze Zeit später fand man Erich Mühsam ermordet auf.
Ossietzkys Name erschien immer häufiger in der internationalen Presse. Fast täglich wollten ihn ausländische Journalisten sprechen. Ihn konnten die Nazis nicht so einfach verschwinden lassen, ohne sich vor der Weltöffentlichkeit zu entlarven.
Am 23. Mai wurde eine Gruppe ausländischer Journalisten in das KZ gelassen. Unter strenger Aufsicht konnte der amerikanische Reporter Knickerbocker einige Sätze mit Ossietzky wechseln:
Knickerbocker fragte Ossietzky, dessen Gesicht dick angeschwollen war: »Wie geht es Ihnen?«
Leise kam es zwischen den aufgeplatzten Lippen hervor: »Gut.«
»Wie ist die Behandlung?«
Wieder flüsterte Ossietzky: »Gut.«
Auf die Frage: »Darf man Ihnen Bücher schicken?« blickte der Gefangene fragend zum Lagerkommandanten hinüber, der aufmerksam das Gespräch kontrollierte. Vorsichtig antwortete Ossietzky: »Ich hoffe ja.«
»Haben Sie spezielle Wünsche?«
Zum erstenmal zeigte sich auf Ossietzkys Gesicht der Anflug eines Lächelns — das ironische Lächeln, für das er so berühmt war: »Ich wünsche mir nichts weiter: nur senden Sie mir Werke über den Strafvollzug des Mittelalters.«
Ohne ein schlechtes Wort über das KZ zu sagen, was für ihn die schlimmsten Folgen gehabt hätte, war es Ossietzky doch gelungen, dem Besucher die Wahrheit mitzuteilen. Der Vergleich mit dem »Strafvollzug des Mittelalters« hatte dem amerikanischen Journalisten die Lage im KZ deutlich gemacht. Freilich, niemand außerhalb des Lagers konnte sich damals ausmalen, wie es hinter dem Stacheldraht wirklich zuging.
Die Aufseher durften Ossietzky zwar nicht umbringen, doch sie schikanierten ihn, wo immer sie konnten. Ein Mitgefangener, dem die Flucht ins Ausland geglückt war, berichtete: »Die SA-Leute stürzten sich besonders gern auf Ossietzky. Er galt als Landesverräter. Wenn die Gefangenen auf dem Hof waren, wurde er im Laufschritt herumgejagt. Er mußte sich hinwerfen, aufstehen, wieder hinwerfen, wieder aufstehen. Wenn er dann erschöpft am Boden liegen blieb, brüllte ihn der Sturmführer Bahr an: ›Verrecke doch endlich, du polnische Sau.‹ Auch in

»Verrecke doch endlich, du Sau!« brüllten die KZ-Wächter Ossietzky (dritter von links) täglich an und ließen sich dann auch noch stolz mit den Männern photographieren, die sie so schrecklich quälten.

seiner Zelle wurde er nicht in Ruhe gelassen. Aus nichtigstem Anlaß stürmten einige SA-Leute in die Zelle und prügelten ihn.«

In dieser »Hölle« blieb Ossietzky ein knappes Jahr. Dann wurde er in das Gestapo-KZ Esterwege verlegt. Besser ging es ihm dort allerdings nicht, im Gegenteil. Der Lagerleiter war der Auffassung: »Ich habe keine Gerechtigkeit zu üben, sondern nur zu vernichten und auszurotten.«

Diesen Satz Hermann Görings hatte er zu seinem obersten Gebot gemacht. Esterwege war eines von fünf Konzentrationslagern in der Nähe der holländischen Grenze. Sie lagen in einem Sumpf- und Moorgebiet. Nebel und Feuchtigkeit herrschten das ganze Jahr über. Selbst im Hochsommer kam kaum einmal die Sonne durch. Die Häftlinge wurden dazu eingesetzt, das Gebiet trockenzulegen. Tag für Tag mußten sie mit ihren Spaten zum Torfstechen hinausziehen. Das berühmte Lied der Häftlinge berichtet es:

Wohin auch das Auge blicket,
Moor und Heide nur ringsum,
Vogelsang uns nicht erquicket,
Eichen stehen kahl und krumm.
Wir sind die Moorsoldaten
und ziehen mit dem Spaten
ins Moor.

Das Lager war von Stacheldraht und einem hohen elektrisch geladenen Drahtverhau umgeben. Dazwischen war ein zwei Meter breiter Gang, auf dem bewaffnete SS-Wachen patrouillierten. Rund um das Lager standen Wachtürme mit fest montierten Maschinengewehren.

Die Verpflegung im Lager bestand aus sieben Pfund Brot, einem kleinen Stück Margarine, etwas Marmelade und hin und wieder einem winzigen Stückchen

Wurst oder Käse. Wer im Moor arbeitete, bekam morgens noch einen Teller Wassersuppe. Diese Ration mußte eine Woche reichen.

Ein entlassener Häftling berichtete der Liga für Menschenrechte über das Schicksal Ossietzkys:

»Wenn er nicht bald aus dem Lager herauskommt, stirbt er. Als ich das Lager verließ, sah ich Ossietzky schwere Steine karren. Auf dem weichen Moorboden ist das eine Schinderei. Der Wächter brüllte ihn an: ›Ich möchte dir eins in die Fresse schlagen; aber von dir wird ja gesprochen.‹ Obwohl die Kameraden alles tun, ihm sein Los zu erleichtern, hält er die Behandlung nicht mehr lange durch.«

Die Liga für Menschenrechte war zum Sammelpunkt für viele geworden, die ins Ausland geflohen waren. Von Prag und Paris aus versuchten führende Mitglieder die Arbeit fortzusetzen. In Paris tat Hellmut von Gerlach, der nach der Verhaftung Ossietzkys ins Ausland geflohen war, alles, um Ossietzky freizubekommen. Er hielt sich für mitschuldig an Ossietzkys Haft. Schließlich hatte er ihm geraten, in Deutschland zu bleiben.

In Prag gaben ehemalige Mitglieder der »Weltbühne« die »Neue Weltbühne« heraus. Ihnen gelang es, das Rote Kreuz für das Schicksal Ossietzkys zu interessieren. 1935 schaffte es Carl Burckhardt, Mitglied des internationalen Präsidiums des Roten Kreuzes, eine Besuchsgenehmigung für das KZ Esterwegen zu erhalten. Als er dort unangemeldet ankam, weigerte sich der Lagerkommandant, Standartenführer Loritz, ihn mit Ossietzky sprechen zu lassen. Erst nach einer langen Auseinandersetzung gab Loritz den Befehl, den Häftling vorzuführen.

»Nach zehn Minuten kamen zwei SS-Leute, die einen Mann mehr schleppten als heranführten«, erzählte Burckhardt später Mitgliedern der Liga für Menschenrechte. »Ein zitterndes, totenblasses Etwas, ein Auge verschwollen, die Zähne anscheinend eingeschlagen, er schleppte ein gebrochenes Bein hinter sich her.

›Melden!‹ befahl Loritz. Ich wies Loritz darauf hin, daß er sich zurückziehen solle, denn schließlich habe ich die Erlaubnis, mit ihm unter vier Augen zu sprechen. Nur widerwillig verließ uns der Lagerkommandant. ›Herr Ossietzky‹, sprach ich ihn an, ›ich bin Vertreter des Internationalen Komitees vom Roten Kreuz, ich bringe Ihnen Grüße von Ihren Freunden. Ich bin hier, um Ihnen zu helfen, soweit das möglich ist.‹ Das noch sehende Auge füllte sich mit Tränen. Lispelnd unter Schluchzen sagte er: ›Danke, sagen Sie den Freunden, ich sei am Ende. Es ist bald vorüber.‹ Dann befiel ihn ein Zittern, er deutete eine Verbeugung an und hinkte, mühsam das Bein nachschleppend, Schritt vor Schritt, zu seiner Baracke zurück.«

Von Paris und Prag aus startete die Liga für Menschenrechte eine Kampagne mit dem Ziel, Ossietzky für den Friedensnobelpreis vorzuschlagen. Es ging um Leben und Tod. Wenn Ossietzky gerettet werden konnte, dann nur durch internationalen Druck.

Die Nazis waren sich darüber im klaren, daß der Tod Ossietzkys in dieser Situation ihr Ansehen schwer schädigen würde. Im Sommer 1936 wollten sie in Berlin die Olympischen Spiele veranstalten. Durch dieses Weltereignis sollte das Ansehen der faschistischen Regierung international aufpoliert werden. Einen »Fall Ossietzky« konnte man da nicht brauchen. In einem Brief schrieb die Führung der Geheimen Staatspolizei (Gestapo) an die Lagerleitung:

»Nach den bisherigen Erfahrungen würde beim Ableben des von Ossietzky eine wüste Hetze gegen Deutschland einsetzen. Aus diesem Grund wird vorgeschlagen, daß von Ossietzky entweder aus dem Konzentrationslager in Esterwegen in das Lazarett nach Dachau überbracht wird, oder ein Einzelkrankenzimmer zugewiesen bekommt. Eine Entlassung des von Ossietzky aus der Schutzhaft kann ich keinesfalls befürworten.«

Im Mai 1936 wurde Ossietzky in das Staatskrankenhaus der Polizei nach Berlin gebracht. Sein Zimmer wurde Tag und Nacht bewacht. Der behandelnde Arzt stellte eine offene Tuberkulose bei ihm fest. Maud von Ossietzky, die Frau des Schriftstellers, glaubte, daß er nicht normal erkrankt war, daß ihm vielmehr im KZ Tuberkulosebakterien gespritzt worden waren.

Während Ossietzky im Krankenhaus lag, ging der Kampf um die Verleihung des Nobelpreises weiter. Die deutsche Regierung machte Druck auf die norwegische Regierung. Sie sollte verhindern, daß das Nobelkomitee Ossietzky den Preis zusprach.

Für die Kandidatur Ossietzkys sprachen sich zahlreiche prominente Persönlichkeiten aus vielen Ländern aus; unter ihnen auch Albert Einstein und der tschechische Regierungspräsident Masaryk, der selbst für den Preis vorgeschlagen worden war und zugunsten Ossietzkys verzichtet hatte.

Im November 1936 verkündete das Nobelkomitee seine Entscheidung: »Unter den Vorgeschlagenen haben wir im Sinne Alfred Nobels Carl von Ossietzky als den Würdigsten erkannt und verleihen ihm den Friedensnobelpreis des Jahres 1935.«

Umgehend suchte der Reichstagspräsident Herman Göring Carl von Ossietzky auf. Mehr als zwei Stunden lang redete er auf ihn ein.

»Wenn Sie erklären, daß Sie mit den Pazifisten im Ausland nichts zu tun haben wollen und den Friedensnobelpreis ablehnen, sind Sie frei. Sie können sofort, heute abend noch, nach Hause gehen. Niemand wird Sie weiterhin behelligen.«

Ossietzky war körperlich am Ende. Sein Gesundheitszustand war nach wie vor kritisch. Trotzdem erklärte er seinem Besucher:

»Ich war Pazifist, und ich werde Pazifist bleiben.«

Wut und Enttäuschung standen Göring ins Gesicht geschrieben. Es war ihm anzumerken, daß er sich nur mühsam beherrschte. Noch einmal unternahm er einen Versuch. Er drückte Ossietzky eine vorbereitete Erklärung in die Hand, mit der er seinen Verzicht auf den Nobelpreis bekanntgeben sollte.

Ossietzky hätte nur unterschreiben müssen. »Dann sind Sie frei«, wiederholte Göring nachdrücklich.

Ossietzky sah sich das Papier nur kurz an, faßte es mit beiden Händen am oberen Rand, zerriß es und gab es Göring zurück. Noch einmal wiederholte er:

»Ich war und bin Pazifist.«

Immerhin konnte er es dann sogar noch durchsetzen, daß seine Annahmeerklärung mit der Post befördert wurde. So erhielt das Nobelkomitee in Oslo am 28. November das kürzeste Dankschreiben aller Zeiten. Auf dem Telegramm stand:

»Dankbar für die unerwartete Ehrung. Carl von Ossietzky.«

Die Erlaubnis, den Preis persönlich in Empfang zu nehmen, erhielt Ossietzky nicht. Er mußte weiter unter Bewachung im Krankenhaus bleiben. Die Regierung verzieh ihm die Niederlage, die er ihr durch die Annahme des Nobelpreises zugefügt hatte, nie. Zwei Monate später erließ sie ein Gesetz, das solche »Pannen« in Zukunft verhindern sollte:

»Die Annahme des Nobelpreises wird damit für alle Zukunft Deutschen untersagt«, hieß es darin.

Am 4. Mai 1938 starb Carl von Ossietzky im Krankenhaus. An der Beisetzung durften nur die Frau Ossietzkys und der Arzt teilnehmen. Beamte der Gestapo überwachten die Beerdigung und notierten die Namen von Personen, die trotz des Verbots auf den Friedhof gekommen waren. Eine Gedenktafel durfte nicht angebracht werden. Während Ossietzky in Deutschland unter Ausschluß der Öffentlichkeit zu Grabe getragen wurde, fanden im Ausland riesige Trauerfeiern statt. In Prag, Paris, London, New York und anderen Städten nahmen Tausende Abschied von Ossietzky. In einem Nachruf würdigte ihn der prominente Schriftsteller Thomas Mann:

»Seine Person ist in den Augen der Welt zu einem Symbol für das Leiden des freien und freiwilligen Geistes geworden.«

Pablo Picasso

»Man muß unangenehme Bilder malen, um die Leute aus dem Schlaf zu reißen«

»Habt ihr's schon gelesen?« Jaime Sabartés schwenkte die Abendzeitung. Er steuerte auf den runden Tisch ganz hinten in der Ecke eines Pariser Künstlerlokals zu, an dem das Ehepaar Éluard mit einigen spanischen Malern, Musikern und Dichtern in eine Diskussion vertieft war.
»Pablo hat eine öffentliche Erklärung abgegeben.«
»Und?« Verwirrt blickte Paul Éluard zu dem Neuankömmling auf.
»Hier steht's in der Zeitung.«
»Was steht in der Zeitung?«
»Hier. Lies selbst.« Sabartés legte die aufgeschlagene Zeitung vor Éluard auf den Tisch und deutete mit dem Finger auf einen Artikel.
»Das spanische Ringen ist der Kampf der Reaktion gegen das Volk, gegen die Freiheit. Mein ganzes Leben als Künstler war ein unaufhörliches Streiten gegen die Reaktion und den Tod der Kunst«, las Paul Éluard den anderen laut vor. »Unterschrift: Pablo Picasso!«
Der spanische Bürgerkrieg war das vorrangige Gesprächsthema im Sommer 1936. Faschistische Truppen unter dem Befehl von General Franco versuchten die Regierung zu stürzen.*)
Die meisten der Pariser Künstler waren gegen den rechten General. Doch immer wieder kamen Gerüchte auf, daß Picasso mit Franco sympathisiere. Diesen Gerüchten wurde durch die Zeitungserklärung der Boden ein für allemal entzogen.
Picassos Beistand war von hohem Wert für die Regierung. Er hatte als Künstler einen großen Namen. Wenn er sich für eine Sache einsetzte, war die Wirkung nicht zu unterschätzen. Picasso galt vielen als Vorbild. Bisher hatte er seine Meinung nur im Freundeskreis geäußert. Daß er nun eine öffentliche Erklärung abgab, verblüffte nicht nur Jaime Sabartés. Die Zeitung ging reihum. Jeder wollte die Meldung mit eigenen Augen sehen. Sie alle hatten Picasso bisher für einen eher unpolitischen Menschen gehalten. Während sie sich noch gegenseitig ihr Erstaunen bestätigten, trat Picasso selber an den Tisch.

*) Siehe auch das Kapitel »Pablo Neruda«.

»Wir reden gerade über dich.« Paul Éluard deutete auf die Zeitung. »Seit wann mischst du dich in die große Politik ein?«
»Ich bin Spanier. Der Bürgerkrieg betrifft mich und meine Heimat. Die Faschisten bedrohen sämtliche geistigen Werte, für die ich bisher gelebt und gearbeitet habe. Deshalb kann ich nicht mehr gleichgültig bleiben«, antwortete Picasso kühl. Er haßte nichts mehr, als über sich selber Erklärungen abzugeben. Er versuchte auch gleich das Thema zu wechseln.
»Eigentlich bin ich gekommen, um mit euch über unseren Urlaub zu reden.« Doch an diesem Abend blieb der Bürgerkrieg in Spanien das Gesprächsthema. Picasso machte noch ein paar Anläufe, aber die Fremden ließen sich nicht von ihrer Debatte abbringen. Verärgert verließ er sein Stammlokal. Er war gewohnt, sich durchzusetzen, gelang ihm das einmal nicht, hielt er das bereits für eine Niederlage.
Schon immer war Picasso etwas Besonderes gewesen. Bereits mit elf Jahren wurde er 1892 als »Wunderkind« an die Kunsthochschule in La Coruna aufgenommen, wo sein Vater als Zeichenlehrer arbeitete. Damals legte sein Vater Farbe und Pinsel aus der Hand, gab sie seinem Sohn und malte nie wieder, denn er glaubte erkannt zu haben, daß sein Sohn schon damals besser malte, als er es je gekonnt hatte.
Bald schon weigerte sich der Knabe Pablo, weiter auf die Kunsthochschule zu gehen, denn er konnte dort nichts mehr lernen.
Als 20jähriger ging er nach Paris, um dort zu arbeiten. Nach einigen Monaten war das wenige Geld, das er mitgebracht hatte, verbraucht. Bilder verkaufen konnte er in jener Zeit kaum. Fast niemand in Paris nahm von dem jungen, unbekannten spanischen Maler Notiz. Zusammen mit dem Dichter Max Jakob, der tagsüber in einem Modegeschäft arbeitete, bewohnte er ein Zimmer. Während Jakob arbeitete, schlief Picasso. Während Jakob schlief, malte Picasso seine Bilder, mit denen er seine Miete bezahlte. Oft hatten sie kein Heizmaterial. Dann verbrannte Pablo manchmal sogar seine Skizzen, um sich etwas zu wärmen. Einmal blieb er wegen der Kälte vier Tage im Bett, ein anderes Mal blieb er zwei Monate auf dem Zimmer, weil er keine Schuhe zum Ausgehen hatte. Der Preis seiner Bilder betrug damals 10 Franc.
Doch mit der Zeit schuf er sich einen Namen. Pablo Picasso galt plötzlich auch in Paris als talentierter Künstler. Seine Bilder wurden teurer. Einladungen in die Salons der »besseren Gesellschaft« erreichten ihn. Picasso verkaufte seine Bilder nun schon an Galerien und Sammlungen, verkehrte in den Kreisen angesehener Künstler und wurde zu einem gefeierten Maler. Als 30jähriger galt er bereits als einer der besten bildenden Künstler der damaligen Zeit.
Mit Politik hatte er sich die ganzen Jahre kaum beschäftigt. Zwar vertrat er in Diskussionen mit anderen Künstlern seine Meinung, doch oft hörte er bei solchen Gesprächen auch nur zu und ließ die anderen reden, die — wie er meinte — mehr davon verstanden. Um so überraschender kam deshalb für seine Freunde die öffentliche Stellungnahme zum spanischen Bürgerkrieg. Doch nicht nur in den Lokalen der Pariser Künstlerviertel Saint-Germain-des-Prés und Montmartre erregte die Erklärung Aufsehen. Auch die spanische Regierung registrierte Picassos Parteinahme.

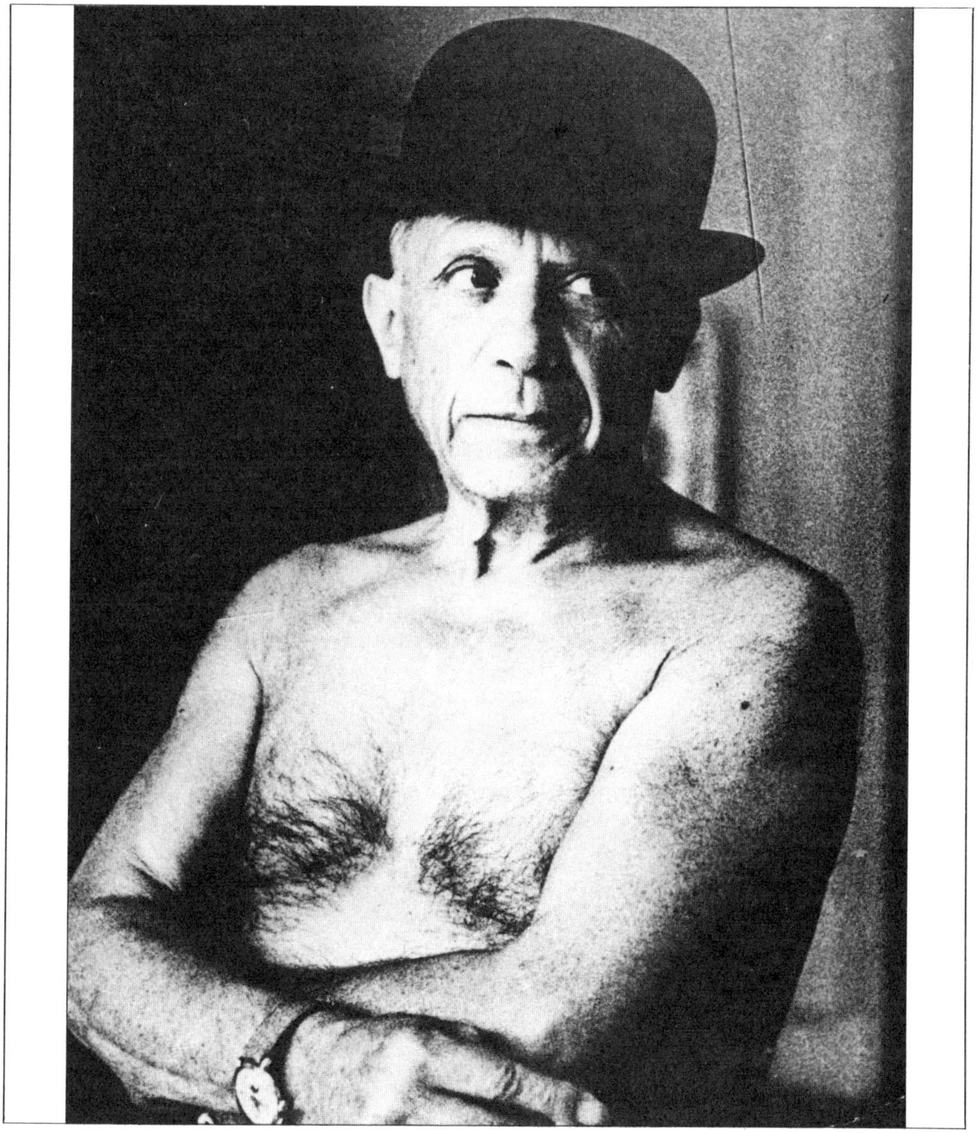

Pablo Picasso — ohne Hemd, aber mit Melone und mit dem Schalk im Nacken.

Einige Tage später bekam Picasso Besuch von einem Angehörigen der spanischen Botschaft.

»Wie Sie sicher wissen, findet 1937 die Weltausstellung in Paris statt. Spanien wird sich mit einem Pavillon an der Ausstellung beteiligen. Die Kultur unseres Landes soll durch moderne Künstler der Weltöffentlichkeit vorgestellt werden. Gleichzeitig sollen die Kunstwerke auf die Lage in unserem Land, den Bürgerkrieg, hinweisen.«

»Eine gute Idee, aber was hat der Pavillon mit mir zu tun?« Picasso war die förmliche Art seines Besuchers zuwider. Hinter den umständlich einleitenden Worten seines Gastes vermutete er ein Anliegen, das ihn persönlich betraf.
»Kommen Sie zur Sache, Sie wollen doch was von mir!«
»Die spanische Regierung hat mich beauftragt, Sie zu ersuchen, für den Pavillon einen Beitrag zu leisten. Als spanischer Künstler von Weltruf und als Republikaner würden Sie unseren Pavillon aufwerten. Spanien kann nicht auf seinen bedeutendsten Künstler der Neuzeit verzichten, wenn es sich der Weltöffentlichkeit präsentiert. Wir haben in der Eingangshalle des Ausstellungsgebäudes eine Wand für Ihr Werk reserviert.«
»Sie haben mich also bereits fest eingeplant?« unterbrach Picasso unwirsch den Redefluß seines Besuchers.
»Wir wollten natürlich nicht über Ihren Kopf hinweg entscheiden. Selbstverständlich werden wir Ihre Arbeit entsprechend honorieren. Finanziell soll es kein Verlustgeschäft für Sie sein.« Der Diplomat versuchte mit allen Mitteln Picassos Unmut zu besänftigen.
»Darum geht es nicht. Wenn ich für die Regierung einen Beitrag zur Ausstellung leiste, dann deshalb, weil die Militärs Spanien in einem Ozean von Tränen und Leid ertränken. Mein Werk soll dann meinen Abscheu vor den Machenschaften Francos ausdrücken.«
»Das heißt, Sie sagen zu? Sie werden für die Ausstellung ein Bild malen?« hakte der Diplomat gleich ein. »Spanien steht tief in Ihrer Schuld.«
»Mir bleibt nun kaum mehr etwas anderes übrig, als ja zu sagen«, knurrte Picasso. Er haßte nichts mehr als Anweisungen oder jegliche Auftragsarbeit.
»Ein Künstler muß seinen Eingebungen folgen und nicht irgendwelchen Befehlen. Wann ich male und was ich male, muß mir überlassen bleiben«, entgegnete er Leuten, die ihm Aufträge mit Arbeitsanweisungen geben wollten. Diesmal jedoch hatte er sich überreden lassen. War es die hartnäckige Art des Diplomaten oder ein vaterländisches Gefühl; Picasso wußte nicht, was ihn zur Zusage bewogen hatte. Und kaum war sie ausgesprochen, bereute er sie auch schon wieder.
»Ich habe ja gesagt. Sie haben meine Zusage. Nun gehen Sie in drei Teufels Namen«, verabschiedete er seinen Besucher unhöflich.
Lange Zeit war er unentschlossen, wußte nicht, welchen Beitrag er für die Weltausstellung leisten sollte. Das Frühjahr 1937 verstrich, ohne daß Picasso Anstalten machte, seine Zusage in die Tat umzusetzen.
Dora Maar, seine damalige Lebensgefährtin, eine Fotografin, erinnerte ihn immer wieder an den Auftrag:
»Die Zeit verrinnt. Du solltest langsam anfangen, an deinem Bild für den Pavillon zu arbeiten. Vergiß nicht, wir haben schon Mitte April.«
Doch Picasso konnte sich nicht dazu aufraffen, mit einer Arbeit zu beginnen. Er flüchtete sich in Ausreden:
»Ich habe zwar ja gesagt, aber das bedeutet nicht viel. Für uns Spanier heißt ja sehr oft nein. Irgendwie mußte ich den Plaggeist ja wieder loswerden. Eigentlich war es nur eine Notlüge.«
Die Ereignisse des spanischen Bürgerkrieges brachten dann eine Veränderung in Picassos Verhalten. Am 27. April griffen deutsche Flugzeuge, die dem Befehl

Francos unterstanden, die Stadt Guernica an. Einen Tag später las Picasso in der Zeitung:
»Tausend Brandbomben legen die Stadt Guernica in Schutt und Asche — die Zahl der Toten und Verletzten ist unermeßlich! Gestern fand die Bombardierung Guernicas durch die deutsche Luftwaffe statt. Es handelt sich um das schrecklichste Bombardement des Krieges. Guernica ist die alte Hauptstadt der Biskaya. Sie ist vollständig zerstört worden. 10 000 Einwohner, Männer und Frauen, leben dort noch. Die Zahl der im Feuer Umgekommenen ist unermeßlich, wie auch die Presseagenturen zugeben. Die deutschen und italienischen Flugzeuge flogen in geringer Höhe: Sie bombardierten die Bevölkerung in der Stadt und der Umgebung mehrere Stunden lang. Es war ausschließlich Zivilbevölkerung. Nicht ein Soldat hielt sich dort auf, aber es gab Hospitäler, die Verwundeten jedoch wurden dort bei lebendigem Leib verbrannt.«
Diese Nachricht verwandelte Picassos melancholische Untätigkeit in Zorn. Die Empörung über die Grausamkeit, wie sie die Welt vor dem Zweiten Weltkrieg noch nicht gekannt hatte, gab ihm das Thema, nach dem er so lange gesucht hatte. Umgehend fertigte er fünf Skizzen an: drei von Einzelfiguren und zwei Gesamtkompositionen. Eine Woche später besorgte er sich eine überdimensionale Leinwand von achteinhalb Meter Länge und vier Meter Höhe und spannte sie in seinem Atelier in der Rue des Grands Augustins auf. Sie reichte von Wand zu Wand und von den Fliesen zur Decke. Um die volle Höhe der Leinwand auszunutzen, mußte sie schräg aufgestellt werden. Ihr oberer Teil war nur mit einem langen Pinsel und von einer hohen Leiter aus erreichbar.
Als Dora Maar ihn besuchte, fand sie ihn erregt bei der Arbeit.
»Kaum war die Leinwand gespannt, skizzierte er schon die Umrisse der ersten Fassung des Gemäldes. Ohne auf die gefährlich wackelnde Leiter zu achten, zog er Linien und Striche auf die Leinwand«, berichtete sie später.
»Wie du siehst«, begrüßte er sie, »beschäftigte ich mich nicht mehr nur mit Trübsinn.« Er war voller Energie bei der Arbeit und vergaß seine Umwelt.
»Es wäre außerordentlich interessant«, meinte er zu Dora, »die allmähliche Verwandlung der Malerei festzuhalten. Auf diese Weise könnte man vielleicht den Prozeß verstehen, in dessen Ablauf sich der Traum des Künstlers verwirklicht.«
Dora Maar war von der Idee begeistert.
»Ich hole sofort die Kamera.«
In der Folgezeit besuchte sie ihn fast täglich und hielt die Entwicklung des Bildes fortlaufend fotografisch fest. Es wurde eines der bedeutendsten Bilder Picassos, vielleicht sogar das beste, das er je schuf. Zugleich aber auch eine der faszinierendsten Fotodokumentationen. Das Bild hatte die stolzen Ausmaße von 7,82 Meter auf 3,51 Meter und verzichtete völlig auf Farbe: Schwarz, Grau und Weiß spiegeln das Leid im Augenblick des Bombenangriffs wider. Hoch in der Bildmitte leuchtet eine Glühbirne aus dem Dunkeln hervor, darunter wiehert ein ausgemergeltes Pferd, dessen Rücken eine Lanze durchbohrt. Unter seinen Hufen liegt ein Mann, der ein zerbrochenes Schwert umklammert. Rechts von dem Pferd streckt eine Frau entsetzt den Kopf aus einem Fenster und hält mit ihrem Arm eine Öllampe, die das Pferd und den nackten Oberkörper einer zweiten

Frau beleuchtet. Aus dem Dunkel links vom Pferd schaut ein Stier hervor, unter dem eine schreiende Frau sitzt, die ein totes Kind zwischen ihren Füßen hält. Im Hintergrund recken sich Arme hilfesuchend in die Höhe. Alle Figuren sind stark verzerrt dargestellt. Über die Bedeutung der Figuren stritten sich die Experten lange Zeit. Picasso selbst schwieg sich darüber aus, was er mit den Symbolen meinte. Lediglich in einem Interview mit einem Amerikaner gab er einige Erklärungen ab:

»Der Stier ist der Faschismus, die Brutalität, die Dunkelheit. Das Pferd stellt das spanische Volk dar.« Doch dies war lange nach der Weltausstellung. Im Sommer 1937 erregte das Bild die Gemüter der Besucher.

Die Zeitungen im In- und Ausland gingen auf das Gemälde ein. Je nach ihrem politischen Standpunkt fiel ihr Urteil überschwenglich lobend oder vernichtend kritisch aus. Geradezu wütend reagierten die faschistischen Länder. In Deutschland stand in den Zeitungen:

»Der Pavillon des roten Spaniens wurde erst kürzlich eröffnet und enthält noch nichts Bedeutendes. Man sieht einige Fresken, und mindestens eines davon scheint den Traum eines Verrückten darzustellen. Es ist ein Durcheinander von unverständlichen Symbolen und menschlichen Körperteilen — und es scheint, als hätte ein vierjähriges Kind all dies gezeichnet.«

Picasso fühlte sich durch diese Kritik nicht angegriffen, sondern bestätigt. Kurz nach der Ausstellungseröffnung war er mit Freunden nach Südfrankreich gefahren, um dem Trubel in Paris zu entgehen. Aus der Ferne verfolgte er aufmerksam das Geschehen.

In einem Strandcafé in der Nähe von Cannes saß er mit den Éluards, Sabartés und Dora Maar zusammen bei einer Flasche Wein, als das Gespräch wieder einmal unvermeidlich um den spanischen Bürgerkrieg kreiste.

»Die Reaktion in den faschistischen Staaten zeigt, daß das Bild seinen Sinn erfüllt hat. Getroffene Hunde bellen«, kommentierte Picasso die wütenden Zeitungsartikel.

»Die Reaktionen im demokratischen Ausland sind phantastisch«, schwärmte Paul Eluard. »Picassos Bild ist nicht nur eine deutliche Absage an die Militärs in Spanien, sie ist die Ablehnung des Krieges schlechthin. Eindrucksvoll mahnt er vor den Greueln eines Krieges, schildert das Leid der Bevölkerung«, zitierte Éluard eine amerikanische Zeitschrift. »Michel Leiris geht sogar noch weiter«, fuhr er fort, »in einem schwarzweißen Rechteck sendet uns Picasso unsere Traueranzeige: Alles, was wir lieben, wird sterben.«

»Das ist ja gut und schön«, unterbrach ihn Picasso, »die Faschisten sind vor der Weltöffentlichkeit bloßgestellt; aber in Spanien sind sie weiterhin auf dem Vormarsch. Bald haben sie das ganze Land in ihrer Hand.«

»Pablo hat recht, wir dürfen uns nicht nur mit Rückblicken aufhalten, wir sollten überlegen, wie der Republik noch zu helfen ist.«

Dora Maar dachte an eine konkrete Hilfe, sie war von den Versammelten jene, die am praktischsten veranlagt war.

»Reden allein hilft jetzt nicht weiter.«

In den nächsten Monaten drehten sich die Arbeiten des Freundeskreises um das Thema Spanien. Picasso malte zahlreiche Bilder, die sich mit Motiven von Guer-

Mit »Guernica« nahm Picasso zum ersten Mal auch politisch Stellung. Das Wandbild stellt den Bombenangriff der Deutschen Luftwaffe auf die spanische Stadt Guernica dar.

nica beschäftigten. Den Verkaufserlös stellte er spanischen Flüchtlingen und der Republik zur Verfügung. Insgesamt belief sich die Summe auf über 300 000 Franc. Im Dezember 1938 spendete er weitere 200 000 Franc für ein Zentrum, in dem Kinder verköstigt wurden, nachdem im republikanischen Gebiet die Nahrungsmittel knapp geworden waren.

Im Frühjahr 1939 brach der republikanische Widerstand zusammen. Tausende flüchteten vor der Verfolgung durch Francos Truppen ins Ausland. Auch jetzt half Picasso, wo er konnte. Patrick O'Brian, ein Biograph Picassos, erzählt ein typisches Beispiel:

»Eine Gruppe katalanischer Schriftsteller gelangte nach Perpignan. Dort fanden sie ein Restaurant, das ihnen auf ein paar Tage Kredit gab, nachts schliefen sie im Wartesaal des Bahnhofs. Als diese paar Tage abgelaufen waren, präsentierte ihnen der Wirt die Rechnung. Republikanisches Geld war nur noch Abfallpapier, und anderes hatten sie sich nicht verschaffen können, so daß sie keinen Rat wußten. Keiner von ihnen kannte Picasso, aber einer hatte einen Artikel über ihn gelesen. Der Wirt streckte das Geld für ein Telegramm vor, in dem man Picasso um Geld anging — mit geringer Hoffnung, da sie ihm alle fremd waren. Am nächsten Tag kam, ebenfalls telegraphisch, die Rettung, eine Summe, von der die

sechs Flüchtlinge die Rechnung des Wirtes begleichen, sich Schuhe und Kleidung kaufen konnten und sogar noch etwas Geld übrig behielten.«
Ein knappes Jahr nach der Niederlage der Republikaner im spanischen Bürgerkrieg erlebte Picasso einen zweiten Triumph jener Macht, die Guernica in Schutt und Asche gelegt hatte. Die deutschen Truppen marschierten in Frankreich ein und besetzten das halbe Land. Von seiner Wohnung aus betrachtete er den Einzug der Soldaten in die Stadt, den Zug der runden Stahlhelme, der Panzer, Maschinengewehre und Lastwagen.
»Genau besehen, sind sie doch im Grunde sehr dumm«, sagte er zu Sabartés, der neben ihm stand. »Alle diese Truppen, Maschinen, diese Kraftanstrengung, dieser Aufruhr, um hierher zu gelangen. Wir kamen mit weniger Lärm an. Welcher Unsinn. Was hinderte sie, dasselbe zu tun wie wir?«
Viele von Picassos engsten Freunden waren ins Exil gegangen, als sich der Angriff Deutschlands auf Frankreich abzeichnete. Auch Picasso hatten sie geraten, das Land zu verlassen:
»Du bist berühmt für alles das, was Hitler haßt. Du bist der Schöpfer der modernen Kunst, des ›Kulturbolschewismus‹, wie es die Nazis nennen, der ›entarteten Kunst‹. Gleichzeitig hast du Franco, den Freund Hitlers, öffentlich angegriffen und bekämpft, du kannst nicht in Frankreich bleiben.«
Er bekam Einladungen aus Mexiko und den USA, doch er zog es vor, in Paris zu bleiben.
»Ich habe Spanien, meine Heimat, verlassen und in Frankreich meine Wahlheimat gefunden. Von hier lasse ich mich nicht vertreiben. Ich war vor den Nazis hier«, erklärte er bestimmt.
Mehrmals wurde sein Haus von der Gestapo durchsucht. Doch außer etwas Bronze, die er sich illegal beschafft hatte, um Skulpturen zu gießen, fanden sie nichts Belastendes. Die Offiziere machten einige abfällige Bemerkungen über die Plastiken und Gemälde in der Wohnung, unternahmen weiter aber nichts gegen Picasso. Als sie auf die Bronze zu sprechen kamen, entgegnete ihnen Picasso gereizt:
»Die würde Ihnen keine große Kanone abgeben.«
»Nein, aber immerhin kleine«, antworteten die Offiziere. Lange grübelte Picasso darüber nach, ob diese Antwort treuherzige Dummheit oder eine versteckte Drohung war. Einige Tage später wurde Picassos Bankschließfach durchsucht, in dem er die meisten seiner Gemälde aufbewahrte.
Picasso verwirrte die Inspektoren mit genauen Größen- und Datumsangaben. Bald wußten die Inspektoren, die nicht viel von Kunst verstanden, nicht mehr, welche Werke sie nun schon gesehen hatten und welche noch nicht. Am Schluß erklärte Picasso den Wert der Gemälde auf ganze 16 000 Franc. Es war ein gefährliches Spiel, aber es gelang. Die Nazis zeigten daraufhin kein Interesse mehr an Picassos Werken. Sie verboten ihm aber, seine Arbeiten öffentlich auszustellen.
Einige Monate später versuchten es die Besetzer mit einer anderen Taktik. Sie wollten berühmte Persönlichkeiten zur Zusammenarbeit bewegen, um ihr Ansehen in der Bevölkerung aufzubessern. Ein Offizier erschien auch bei Picasso. Mit Versprechungen versuchte er ihn zu bestechen.

»Wenn Sie mit uns zusammenarbeiten, könnte ich mir vorstellen, daß Sie eine Ausstellungsreihe in Deutschland organisieren könnten.«
»Ich denke, ich bin ein entarteter Künstler«, konterte Picasso kühl.
»Zumindest eine Extraration Lebensmittel und Heizmaterial kann ich Ihnen garantieren. Der Winter wird kalt und lang. Ein großer Künstler wie Sie braucht aber nicht zu frieren«, fuhr der Offizier mit seiner Schmeichelei fort. Doch Picasso blieb unberührt. Stolz antwortete er:
»Ein Spanier friert niemals.« Als sich der Offizier daraufhin verabschiedete, überreichte ihm Picasso noch provokativ eine Fotografie von »Guernica«:
»Das ist für Sie, als Andenken.«
»Haben Sie das gemacht?« erkundigte sich der Offizier.
»Nein — das haben Sie gemacht«, kam postwendend die Antwort.
Picassos furchtlose Haltung war für viele seiner Kollegen ein Ansporn. Er wurde zur Hoffnung für alle, die unter der Besetzung litten und an die Zukunft dachten. Sein Atelier entwickelte sich zum Treffpunkt für den Widerstand. Alte Feindschaften wurden begraben. Picasso und seine Freunde waren entschlossen, ihr Leben für die Freiheit einzusetzen. Obwohl sich Picasso nicht an Aktionen beteiligte, wurde er zum Symbol des Widerstandes. Zusammen mit Paul Éluard und dem kommunistischen Dichter Louis Aragon galt er als führender Kopf der Gruppe.
Am Morgen des 24. August 1944 wurde ganz Paris durch Schüsse aufgeweckt. Erregung durchlief die Stadt, als die Pariser erkannten, daß der Tag der Befreiung endlich gekommen war. Mitglieder der Widerstandsgruppen holten ihre Waffen aus den Verstecken und halfen den alliierten Truppen, die deutschen Truppen aus der Stadt zu vertreiben. An der Seine kam es zu erbitterten Auseinandersetzungen. Picasso, dessen Haus nur wenige Meter von dem Fluß entfernt war, fand sich mit einemmal mitten im Zentrum der Kämpfe.
Freunde eilten ein und aus und berichteten ihm vom Fortgang der Schlacht um Paris, während Explosionen die Fensterscheiben des Ateliers klirren ließen.
Mitten in diese Spannung hinein begann Picasso zu malen. Das Bild »Pans Triumph« wurde zu einer heiteren Dokumentation der Befreiung, Ausdruck der optimistischen Stimmung, die Picasso und die gesamte Stadt ergriffen hatte.
Wenige Tage nach der Befreiung von Paris teilte Picasso einer verblüfften Öffentlichkeit seinen Eintritt in die Kommunistische Partei mit:
»Mein Eintritt in die Kommunistische Partei ist das logische Ergebnis meines Lebens«, erklärte er. »Die Jahre der schrecklichen Unterdrückung haben mir bewiesen, daß ich nicht nur für meine Kunst kämpfen soll, sondern mit meinem ganzen Sein.«
Nach einer kurzen Pause fügte er hinzu:
»Ich wünschte mir so sehr, eine neue Heimat zu finden. Ich war immer im Exil, nun bin ich es nicht länger. Bis Spanien mich wieder willkommen heißen kann, hat die KP Frankreichs mir ihre Arme aufgetan. Alle, die ich achte, fand ich dort; die größten Dichter und all die schönen Gesichter der bewaffneten Pariser, die ich in diesen Augusttagen sah. Ich bin wieder unter meinen Brüdern.«
Die Ereignisse des spanischen Bürgerkriegs und des Zweiten Weltkriegs hatten Picasso eindringlich vor Augen geführt, wie wichtig es für die Menschen ist, in

Frieden zu leben. In alter Gewohnheit zog es Picasso und seine Freunde abends nach Saint-Germain in das Künstlerlokal »Deux Margots«. Hier waren sie schon vor dem Krieg zusammengesessen, als kleine Gruppe unter sich, nicht von Touristen belästigt, wie im bekannteren Künstlerviertel Montmartre. Hier unterhielten sie sich über die Kunst, aber auch immer häufiger über die politische Lage.
Paul Éluard faßte zu fortgeschrittener Stunde ihre Bedenken zusammen:
»Der Krieg ist zu Ende, doch der Frieden ist weiterhin bedroht. In dem Freudentaumel über die Befreiung haben wir nicht bemerkt, daß eine neue Situation entstanden ist: der Konflikt zwischen Ost und West.«
Zustimmend nickten die Freunde mit den Köpfen. Picasso schaute düster in sein Weinglas.
»Ein neuer Krieg wird noch schrecklicher als alles bisher Dagewesene«, warf er ein. »Die Atombombe kann die Welt mit einem Schlag auslöschen.«
»Wir müssen handeln, die Öffentlichkeit auf die Gefahr aufmerksam machen, solange die Erinnerung an den Krieg noch wach ist«, sagte Éluard.
Zusammen mit Éluard fuhr Picasso im Hochsommer 1948 nach Breslau zum Weltfriedenskongreß, als Delegierter Frankreichs. Die Teilnehmer feierten ihn begeistert. Er wurde 14 Tage lang als Berühmtheit von Empfang zu Empfang herumgereicht. Durch seinen Namen kam die Veranstaltung in fast alle Zeitungen. Doch das Ergebnis war mager.
»Wir haben zwar viel geredet, doch erreicht haben wir nichts«, erklärte er Éluard enttäuscht auf dem Heimflug, »die Politiker lassen sich von uns ja doch nicht beeinflussen.«
»Immerhin wird weiter geredet und nicht geschossen«, tröstete Éluard ihn optimistisch. »Nächstes Jahr findet der Kongreß in Paris statt, dann haben wir eine neue Chance.«
Für dieses Ereignis sollte Picasso ein Plakat zeichnen. Seine altbekannte Abneigung gegen Auftragsarbeiten lähmte auch diesmal wieder seinen Schaffensdrang. Der Kongreß rückte näher und näher, doch von einem Plakat war weit und breit nichts zu sehen. Da kam ihm der Zufall zu Hilfe. Von dem befreundeten Maler Matisse bekam er eine Taube in einem Käfig geschenkt. Picasso tat das freiheitsliebende Tier in dem Käfig leid.
»Was soll ich mit einem Vogel in einem Käfig?« fragte er Matisse. »Willst du mich auf den Arm nehmen?«
Doch dann zeichnete er die weiße Taube. Den Freiheitswillen des Federtiers übertrug er in seine Zeichnung. Picasso war mit dieser Arbeit gerade fertig geworden, als Louis Aragon ihn in seinem Atelier besuchte. Er wollte Picasso an das Plakat erinnern, denn die Zeit drängte. Da entdeckte er die Zeichnung von der Taube.
»Genau das ist es, was wir brauchen. Phantastisch.«
Picasso blickte ihn fragend an.
»Was ist los?«
Aragon nahm die Zeichnung in die Hand.
»Das ist das Motiv für den Friedenskongreß. Die weiße Taube als Zeichen des Friedens.«
Von dem Motiv fertigte Picasso eine Lithographie an. Der Erfolg des Plakats war

Ein Leben für die Malerei, ein Leben für den Frieden. Bis ins hohe Alter setzte sich der große Spanier für mehr Recht, Gleichheit und Brüderlichkeit ein.

überwältigend. Die Taube kündigte nicht nur den Kongreß in dem »Salle Pleyel« an, beinahe über Nacht erschien sie vervielfältigt an den Hauswänden ganz Europas. Picasso hatte der Friedensbewegung der ganzen Welt ein unverkennbares Symbol geschaffen.

Auf dem Kongreß wurden zwar wieder glühende Reden geschwungen, doch auf die weltpolitische Lage konnte er keinen Einfluß nehmen. Dies wurde spätestens deutlich, als die Delegierten zum dritten Friedenskongreß im November 1950 nach London reisen wollten. In Korea hatte wenige Wochen zuvor der Ost-West-

Konflikt einen offenen Krieg ausgelöst. Die britische Regierung sah in dem Kongreß eine gefährliche Form der Propaganda und verweigerte den Delegierten die Einreise. Da gleichzeitig in London aber eine Ausstellung mit Werken Picassos stattfand, durfte der Künstler als einziger der Delegierten nach England einreisen. In Dover holte ihn sein alter Bekannter und späterer Biograph Roland Penrose ab. Schimpfend betrat Picasso die Insel.

»Alle meine Freunde wurden als gefährliche Revolutionäre zurückgewiesen, durften das Land nicht betreten. Das ist der Gipfel der Borniertheit«, überfiel er den überraschten Penrose, um ihn dann gleich besorgt zu fragen:

»Aber ich, was habe ich eigentlich getan, daß sie mich durchgelassen haben?«

Der Kongreß zog von London nach Sheffield um, wo er trotz der Behinderung durch die englische Regierung abgehalten werden konnte, freilich fast nur mit britischen Teilnehmern. Picasso war als einziger bekannter Ausländer anwesend. Von ihm wurde unbedingt eine Rede erwartet, eine Rolle, die ihm überhaupt nicht zusagte. Der Rathaussaal war zum Bersten voll, als Picasso das Podium betrat. Seine Rede war die kürzeste, die auf dem Kongreß gehalten wurde. Trotzdem erhielt er den meisten Beifall. Auf französisch erzählte er, wie er von seinem Vater gelernt habe, Tauben zu zeichnen.

»Damit habe ich meinen Platz in der Familie der Maler eingenommen«, schloß er seine umständliche Einleitung.

»Malerei ist nicht dazu da, die Appartements zu schmücken. Sie ist eine Waffe zu Angriff und Verteidigung gegen den Feind«, fuhr er fort. »Man muß die Leute aus dem Schlaf reißen. Man muß unangenehme Bilder schaffen, damit sie schäumen. Man muß sie zwingen, einzusehen, daß sie in einer verrückten Welt leben. Einer Welt ohne Sicherheit, die nicht so ist, wie sie glauben.« Picasso kam schon zum Schluß seiner Ansprache:

»Ich stehe auf der Seite des Lebens gegen den Tod, auf der Seite des Friedens gegen den Krieg.«

Gleich nach Beendigung des Kongresses reiste er aus England ab. Die Politik der Regierung hatte ihn dermaßen verärgert, daß er unter Protest eine Einladung zur Ausstellungseröffnung ablehnte. Seine Konsequenz war neben seinem Genie die herausragende Eigenschaft seiner Persönlichkeit. Für sein Bild »Guernica«, das Eigentum der spanischen Regierung war, verfügte er beispielsweise, daß es erst dann nach Spanien gebracht werden durfte, wenn dort die Demokratie wiederhergestellt ist.

Bis zu seinem Tod im April 1973 blieb das Gemälde in New York. Erst als nach dem Tod des spanischen Diktators Franco 1975 in Spanien allmählich die freiheitlich-demokratische Gesellschaftsordnung wiederhergestellt wurde, genehmigten 1981 Picassos Erben die Überführung des Gemäldes nach Madrid in den Prado.

Martin Luther King

»Der Schwarze hat seine Würde neu entdeckt«

Wir schreiben den 1. Dezember 1955. Rosa Parks, eine 43jährige einfache Näherin, wartet unweit ihrer Arbeitsstelle in Montgomery, Alabama, auf den Bus, der sie nach Hause bringen soll. Sie hat den ganzen Tag gearbeitet, erst in der Wäscherei, wo sie für einen niedrigen Lohn Hemden, Hosen und Röcke ausbesserte, dann noch bei einer Familie, wo sie putzte. Schließlich war sie noch durch die Läden gehetzt, um das Notwendigste einzukaufen. Daheim warten ihre Kinder, und sie haben bestimmt schon Hunger. Es ist ein Tag wie jeder andere.
Der Bus kommt. Rosa Parks steigt vorne beim Fahrer ein, um ihre Karte zu kaufen, dann klettert sie wieder hinaus und rennt, so schnell sie ihre müden Füße tragen, zum hinteren Einstieg für Schwarze. Jeder Neger weiß, daß sich viele der weißen Fahrer einen Spaß daraus machen, die Automatiktüren zu schließen und davonzufahren, während die Farbigen von vorne nach hinten unterwegs sind.
Rosa Parks schafft es. Sie erreicht die Tür, stemmt sich die Stufen hoch und findet im hinteren Teil unter dem Schild »Nur für Farbige« einen Sitzplatz. Müde streift sie die Schuhe von den wunden Füßen und reibt die Ballen gegeneinander. Sie schließt zufrieden die Augen.
»He, Niggerin, mach Platz!« ruft jemand.
Rosa Parks kümmert sich nicht um die grobe Stimme. Solche Beschimpfungen sind an der Tagesordnung. Man hat sich dran gewöhnt.
»Du schwarze Kuh, habe ich dir nicht gesagt, du sollst aufstehen. Marsch, räum deinen Platz.« Heftig rüttelt sie jemand an der Schulter. Erst jetzt merkt Rosa Parks, daß sie gemeint ist. Sie öffnet die Augen. Vor ihr steht der Busfahrer, neben ihm ein etwa 20jähriger Weißer. Er fordert einen Sitzplatz im Farbigenabteil, weil vorne, wo die Weißen sitzen, kein Platz mehr frei ist.
Doch Rosa Parks schüttelt den Kopf.
»Nein«, sagt sie. Einfach nur: »Nein.«
Und jetzt ist es plötzlich kein Tag mehr wie jeder andere.
Rosa Parks ist keine Revolutionärin, keine politische Kämpferin. Sie ist einfach nur eine müde Frau, der die Füße weh tun. Sie sagt nein und weiß nicht einmal genau warum. Sie weiß nur, die beiden Weißen da können sich auf den Kopf stellen — freiwillig steht sie nicht auf.

Der Fahrer holt einen Polizisten. Rosa Parks wird in Handschellen abgeführt. Der junge Weiße setzt sich ungeniert auf ihren Platz. Er kommt gar nicht auf die Idee, im Unrecht zu sein.
Rassentrennung ist in den Südstaaten in jener Zeit tatsächlich etwas Alltägliches. Zwar sind 90 Jahre seit Beendigung des Bürgerkrieges vergangen, den die Südstaaten verloren haben. Sie hatten sich zuvor vom Staatenbund losgesagt und eine eigene südstaatliche Union gegründet. Dabei war es ihnen vor allem darum gegangen, die Sklaverei zu erhalten und den leibeigenen Schwarzen die Freiheit zu verwehren. Abraham Lincoln hatte aber 1854 die Wahl zum Präsidenten nicht zuletzt mit dem Versprechen gewonnen, die Sklaverei zu beenden. Als sich die Südstaaten lossagten, führte er den Krieg zwar vordergründig für die Befreiung der Sklaven, in der Hauptsache aber für die Einheit der Nation. Und Lincoln gewann den Krieg.
Die Südstaaten wurden unterworfen. Der Haß der Weißen wendete sich verstärkt gegen die Schwarzen. Die Sklaverei war zwar abgeschafft, aber an ihre Stelle trat ein ausgeklügeltes System der Unterdrückung. Die Gesetze ließen genug Spielraum für weiße Willkür.
Wenn ein Restaurantbesitzer sein Lokal »Nur für Weiße« öffnete oder ein Schwimmbad ein riesiges Schild »Für Schwarze verboten« aufhängte, galt das als durchaus rechtens. Die Kinder gingen nicht nur nach schwarz und weiß getrennt zur Schule, sogar ihre Schulbücher mußten unterschiedlich sein und durften nicht einmal in einem Raum gelagert werden.
Bei der Aus- und Fortbildung wurden die dunkelhäutigen Amerikaner drastisch benachteiligt. Und selbst wenn es besonders begabte, zähe und fleißige Schwarze schafften, ein College oder gar die Universitätsausbildung erfolgreich abzuschließen, erhielten sie kaum eine entsprechende Berufschance.
Rosa Parks hatte sich darum nie groß gekümmert. Sie hatte auch nicht das Zeug zur Heldin, sie hatte nur betroffen und erzürnt reagiert. Erst später, als sie längst zur Symbolfigur des Aufstandes geworden war und viel Gelegenheit gehabt hatte, über alles nachzudenken, sagte sie zu ihrem Auftritt im Omnibus:
»Ich war wirklich hundemüde. Ich gehe den ganzen Tag mit Kleidungsstücken der Weißen um. Ich meine, daran schon sieht man doch, wie idiotisch die Trennung nach Rassen ist.
Aber daran habe ich in dem Augenblick gar nicht gedacht. Ich wollte endlich von mir selber eine Antwort haben: Wann und wo sollen wir denn unseren Anspruch vertreten, daß wir auch menschliche Wesen sind?«

»When Mama Parks sat down,
The whole world stood up ...«
»Als Mama Parks sich setzte,
erhob sich die ganze Welt ...«

So begann ein Lied, das schon bald um die Welt ging. Der vermeintlich alltägliche Vorgang im Omnibus hatte gewirkt wie ein kleiner Stein, der eine ganze Lawine auslöst.
In den schwarzen Wohnvierteln gab es plötzlich nur noch ein Geprächsthema: die Verhaftung von Rosa Parks. Niemand kann so recht erklären, wie es dazu

kam, denn ähnliche Vorfälle gab es fast jeden Tag. Plötzlich aber schien die Grenze erreicht, die Verhaftung von Mama Parks war wie der Tropfen, der das Faß zum Überlaufen bringt.
In ganz Montgomery sah man laut diskutierende Schwarze beieinanderstehen. Sie trafen sich in Kneipen und Schulen, vor allem aber in ihren Kirchen. So auch im Gemeindesaal der Dexter-Avenue-Church, der ein 27jähriger Baptistenpfarrer namens Martin Luther King vorstand. Die Gegend zählte zu den besseren in Montgomery. Schwarze, die den Aufstieg in den Mittelstand geschafft hatten, bildeten die Gemeinde — Lehrer, Anwälte, einige Geschäftsleute. Aber jetzt strömten hier Menschen aus allen Bevölkerungsgruppen zusammen.
»Wir haben uns das alles schon viel zu lange bieten lassen. Ich glaube, die Zeit ist reif, daß wir etwas dagegen unternehmen. Nur so können wir den weißen Herren klarmachen, daß wir uns eine solche Behandlung nicht länger gefallen lassen!« rief einer der Wortführer.
Pfarrer King hörte schweigend zu.
»Auch wir haben das Recht, wie Menschen behandelt zu werden, wenn auch unsere Hautfarbe schwarz ist«, ereiferte sich die Sprecherin des politischen Frauenrates.
»Ihr habt recht«, stimmte King endlich zu. »Die Religion hat mit dem Himmel *und* der Erde zu tun. Jede Religion, die sich um die Seelen der Menschen, aber nicht um die Slums sorgt, ist trocken und unfruchtbar wie Staub. Wir müssen etwas tun«, fuhr King fort, »ihr könnt auf mich zählen.«
Er hatte es leise, fast zögernd gesagt. Aber er wußte, daß jetzt die Kirche nicht beiseite stehen konnte.
»In den hundert Jahren seit der Sklavenbefreiung haben die Schwarzen den schwer zu erklimmenden Weg zur Freiheit gesucht. Noch immer sind sie weit davon entfernt, als gleichberechtigte Menschen in diesem Land zu leben. Nun müssen wir ein Mittel finden, um uns unser Recht zu erkämpfen«, sagte Martin Luther King zu seiner Gemeinde, die an diesem Abend zehnmal größer war als sonst.
Und schon an diesem ersten Tag der schwarzen Erhebung zeigte sich, daß der stille, besonnene Martin Luther King ein strategisches und politisches Talent war — ein Mann, der nicht nur überzeugen konnte, sondern auch Ideen hatte.
Mit seinen Freunden dachte er eine erste Aktion aus:
»Wir werden ihre Busse nicht mehr benutzen«, sagte Martin Luther King zu den rund fünfzig Wortführern der Schwarzen, die sich am Tag nach Rosa Parks Verhaftung in seiner Kirche trafen.
»Ab nächsten Montag boykottieren wir die öffentlichen Verkehrsbetriebe.«
Der Gemeindesaal der Dexter-Kirche wurde zur Kommandozentrale für die Aktion Busboykott. Abend für Abend trafen sich die freiwilligen Helfer dort, und jedesmal wurden es mehr.
»Unser Feldzug muß gewaltlos sein«, wiederholte King unermüdlich, »und wir müssen geschlossen handeln. Wenn nur einer unserer Brüder am Montag einen städtischen Bus besteigt, ist das ein Sieg der Weißen.«
Es gab viel zu überlegen, zu planen, zu organisieren. Vor allem mußten die Schwarzen lückenlos unterrichtet werden, dann galt es, jedem einzuhämmern,

daß auf eventuelle Gewalt der Gegenseite nicht mit Gegengewalt reagiert werden sollte. Und schließlich wollte King ein eigenes Transportsystem schaffen; denn nach wie vor mußten Kinder pünktlich zur Schule, Väter zur Arbeit und Frauen zum Einkaufen.

Dann ist es soweit: Am Montag, dem 5. Dezember, steht Martin Luther King schon sehr früh am Fenster und beobachtet die Bushaltestelle auf der gegenüberliegenden Straßenseite.

Es ist sechs Uhr. Jeden Moment müssen die Scheinwerfer des Busses in der Dunkelheit auftauchen. Kings Frau Coretta tritt herzu und legt ihren Arm um ihn.

»Er kommt, das muß er sein«, sagt Martin leise und öffnet trotz der Kälte das Fenster.

Die Lichter des Busses tasten sich durch den Morgennebel. Mit verlangsamter Geschwindigkeit kriecht er auf die Haltestelle zu, bremst ab, beschleunigt aber sofort wieder, weil niemand dasteht, der einsteigen will.

»Hast du's gesehen«, ruft King. »Kein Mensch saß im Bus!« Er faßt Coretta um die Taille und wirbelt sie durch das Zimmer.

»Freu dich nicht zu früh. Um diese Zeit sind noch nicht so viele unterwegs.«

Schweigend stehen sie am Fenster und warten auf den nächsten Bus. Er kommt. Angestrengt blicken beide wieder durch die Scheiben. Dann stoßen sie sich mit den Ellbogen an, fallen sich in die Arme und lachen.

»Leer, leer, leer. Kein Mensch fährt mit dem Bus«, ruft Coretta begeistert.

»Ich muß in die Stadt, muß schauen, wie es an den anderen Haltestellen aussieht.« King fährt mit dem Wagen los. Aber schon bald bleibt er stecken. Die Stadt ist voller Menschen — Menschen, die alle zu Fuß gehen, hupend bahnen sich die leeren Busse einen Weg. Die Marschierer winken den Fahrern fröhlich zu, untergehakt bilden sie lange Ketten, gemeinsam singen sie Lieder. Ganze Kolonnen von fröhlichen Fußgängern laufen singend durch die Straßen, winken sich gegenseitig zu und freuen sich über ihren Erfolg.

Mitten im Gewühl entdeckt King eine alte Frau. Sie macht einen müden Eindruck. Auf dem Kopf trägt sie einen schweren Korb.

»Steigen Sie ein«, ruft King ihr zu und öffnet den Wagenschlag. »Ich fahr Sie ein Stück!«

»O nein, junger Mann«, wehrt sie ab. »Ich laufe für die Freiheit. Für die Freiheit meiner Kinder und Enkel. Da können mir die Füße ruhig ein bißchen weh tun!«

Obwohl die Mitfahrgelegenheiten gut organisiert sind, reichen sie natürlich nicht aus. Fast alle Schwarzen sind arm und besitzen deshalb kein Fahrzeug. Viele von denen, die einen Wagen haben, sind zwar pausenlos als Chauffeure unterwegs oder verleihen ihre Autos — doch das ist alles nicht mehr als ein Tropfen auf den heißen Stein. Dennoch sind 17 500 Schwarze dem Aufruf zum Busboykott gefolgt.

Am Vormittag dieses 5. Dezember soll die Verhandlung gegen Mrs. Parks stattfinden. Die Anklage: Zuwiderhandlung gegen die Segregationsbestimmungen (Rassentrennungsgesetz) der Stadt Montgomery. Der Gerichtssaal ist zum Bersten voll.

»Wer hat Sie denn zu diesem unwürdigen Verhalten angestiftet?« fragte der weiße Richter.

»Niemand.«
»Aber Sie sind doch nicht allein darauf gekommen, gegen das Gesetz zu verstoßen.«
»Ich war müde.«
»Aber Sie waren sich doch bewußt, daß Sie gegen das Segregationsgesetz handeln?«
»Ich war einfach müde und hatte Schmerzen.«
»Dieses Gesetz ist unrechtmäßig, denn es verstößt gegen den Gleichheitsgrundsatz unserer Verfassung«, plädiert der schwarze Verteidiger, »alle Fahrgäste der Omnibusgesellschaft haben Anspruch auf die gleichen Dienstleistungen, wenn sie das gleiche Fahrgeld entrichten.«
Der Richter läßt sich davon nicht beeindrucken. Er verurteilt Rosa Parks zu 10 Dollar Geldstrafe.
Die arme Näherin verläßt den Gerichtssaal. Draußen erwartet sie eine jubelnde Menschenmenge. Ein junger Mann tritt auf sie zu.
»Am Wochenende wurde die ›Organisation zur Verbesserung der rassischen Beziehungen‹ gegründet. Wir treffen uns in einer Stunde. Ich soll Sie bitten, dort ein paar Worte zu sprechen.«
Aber Rosa Parks lehnt ab. »Ich bin nur eine einfache Frau und habe nur drei Jahre die Schule besucht. Vor so vielen Leuten zu sprechen — nein, das kann ich nicht.«
Unter Hoch- und Hurrarufen wird Rosa Parks dennoch zum Versammlungsraum geleitet. Auch ohne daß sie eine Rede hält, wird sie zum Symbol der Protestbewegung.
Martin Luther King steht indessen in einem kleinen Nebenraum des Versammlungssaals. Einstimmig haben ihn alle zum Präsidenten der neuen Organisation gewählt. Zögernd nur fügt sich King in das neue Amt. Dieser Posten ist nicht ungefährlich. Obwohl 40 Prozent der Bevölkerung in Montgomery eine dunkle Haut haben, liegt die uneingeschränkte Macht bei den Weißen. Der Ku-Klux-Clan treibt ungehindert sein Unwesen und bestraft jeden Protest der Farbigen grausam. Überfälle aus dem Hinterhalt, Sprengstoffanschläge, Brandbomben und grausame Prügeleien sind an der Tagesordnung.
»Bist du dir darüber im klaren, welcher Gefahr ich dich und Yoki aussetze?« fragt King seine Frau und streicht seiner kleinen Tocher übers Haar.
»Du weißt, was immer du tust, ich stehe hinter dir«, antwortet Coretta.
»Komm endlich«, ruft Kings Amtsbruder Ralph Abernathy von der Tür her, »der Saal ist gerammelt voll. Alle warten auf dich. Wir mußten Lautsprecher aufstellen, damit auch die Leute auf dem Vorplatz etwas mitbekommen.«
Fünftausend Menschen drängen sich vor der Baptistenkirche. Rundfunk- und Fernsehteams haben Mikrofone und Kameras aufgebaut, um die Veranstaltung zu übertragen.
King tritt ans Rednerpult. Er legt sein Manuskript zurecht und beginnt mit leiser Stimme:
»Wir sind heute abend hier, um jenen, die uns so lange mißhandelt haben, zu sagen, daß wir es satt haben. Wir sind es müde, nach Rassen getrennt und gedemütigt zu werden.«
»Yes, yes«, erschallt die Antwort.

Mittwoch, 17. März 1965, auf den Straßen von Montgomery in Alabama. Martin Luther King (Bildmitte) demonstriert mit seinen Freunden für die Bürgerrechte der schwarzen Amerikaner.

King schiebt seinen vorbereiteten Text zur Seite, er stemmt beide Hände auf das Pult, hebt den Kopf und faßt die große Versammlung ins Auge.
»Wir sind es müde, ständig unterdrückt und brutal mit Füßen getreten zu werden. Wir protestieren, um Gerechtigkeit zu schaffen.«
»Yes, yes, yes«, antwortet die Gemeinde.
»Wir wollen überzeugen, keinen Zwang ausüben. Wir dürfen nicht bitter werden und zuletzt unsere weißen Brüder hassen.«
»Yes, yes. Amen«, bestätigen die Versammelten.
Dann greift King wieder nach dem Papier. Er verliest die Forderungen der neugegründeten Organisation:

1. Die Busunternehmen garantieren den Schwarzen höfliche Behandlung.
2. Die Fahrgäste setzen sich in den Bussen in der Reihenfolge, in der sie einsteigen, die Schwarzen von hinten nach vorne, die Weißen von vorne nach hinten.
3. Auf den Buslinien, die vorwiegend von Schwarzen benutzt werden, sollen auch Schwarze als Fahrer eingesetzt werden.

King wendet sich wieder in freier Rede an seine Zuhörer.
»Lange haben wir gewartet, doch nun ist unsere Geduld zu Ende. Jetzt ist die Zeit gekommen, um die Herrschaft der Ungerechtigkeit zu bezwingen. Doch was sollen wir tun, wenn die Busunternehmen sich weigern, unsere Forderungen zu erfüllen?«
»Weiter boykottieren!« erscholl tausendfach die Antwort.

Zuvor aber wollte Martin Luther King verhandeln. Am Mittwoch, dem 7. Dezember, empfing ihn der Bürgermeister. Auch Vertreter der Busgesellschaften nahmen an dem Gespräch teil.
Martin Luther King trug die Forderungen seiner Organisation vor — höflich, aber selbstbewußt.
Unbillig könne man die Forderungen eigentlich nicht nennen, meinte der Bürgermeister vorsichtig, aber ein Anwalt der Busgesellschaft fuhr dazwischen:
»Wir können und werden den Negern ihre Forderungen nicht gewähren. Das wäre ein erster Sieg der Schwarzen über die Weißen — sie würden sich dieses Sieges rühmen. Und sollen wir das etwa dulden?«
Martin Luther King mußte lächeln.
»Ihre Argumentation ist nicht besonders stichhaltig.«
»Stichhaltig oder nicht. Wir dulden keine Gleichmacherei, und schon gar nicht beugen wir uns irgendwelchen Forderungen von Nigg ...« Er unterbrach sich. Sekundenlang herrschte betretenes Schweigen.
»Ob Sie mich einen Nigger nennen oder nicht, ist ohne Bedeutung«, sagte King ernst, »denn daß ich ein Mensch bin und ein Geschöpf Gottes, brauchen Sie mir nicht zu bestätigen. Guten Tag, meine Herren.«
Er verließ die Versammlung. Die Weißen waren beeindruckt.
»Dieser Schwarze hat Format«, sagte der Bürgermeister, »den sollten wir nicht auf die leichte Schulter nehmen.«
»Ach was!« Der Anwalt war verärgert über seine Niederlage. »Wenn's zum erstenmal richtig regnet, stehen die verdammten Nigger wieder Schlange an den Bushaltestellen.«
»Na, hoffentlich regnet es bald«, meinte der Bürgermeister, »die Verluste der Verkehrsbetriebe gehen jetzt schon in die Tausende.«
Am 9. Dezember, vier Tage nach Beginn des Boykotts, regnete es. Schwere Wolkenbrüche gingen auf Montgomery nieder.
»Jetzt ist alles aus. Nun bricht der Boykott zusammen«, rief Abernathy aufgeregt, als er am frühen Morgen in das Haus der Kings stürmte. Sie fuhren sofort in die Stadt, um Mitfahrgelegenheiten anzubieten. Aber als sie ins Zentrum kamen, trauten sie ihren Augen nicht.
Jeder, der einen Regenschirm hatte, bot zwei anderen Fußgängern darunter Schutz. Unter riesigen Plastikplanen marschierten die Menschen fröhlich singend zur Arbeit, nahmen alte Leute und Kinder in die Mitte und winkten den leeren Bussen hinterher.
In der Zwischenzeit hatten sich private Fahrdienste gebildet. Die Kirchen spendeten Kombiwagen, auf deren Türen die Namen der Gemeinden standen. Bis zum Bersten voll, schaukelten die Fahrzeuge durch die Stadt. Fast niemand kam zu spät zur Schule oder zur Arbeit.
Die Herren der Stadt und der Busgesellschaften wurden zunehmend nervöser, zumal nun sogar schon Weiße ihre Sympathie für den Boykott bekundeten. Presse, Funk und Fernsehen berichteten bundesweit über die Bürgerrechtsbewegung in Montgomery. Und Martin Luther King avancierte zu einem der bekanntesten Männer Amerikas.
Seine Freunde warnten King. Viele Weiße traten ihm feindselig und voller Haß

gegenüber. Seine freundliche Art und sein Eintreten für die Gewaltlosigkeit schienen seine aufgebrachten Gegner in ihrem Haß nur noch mehr aufzustacheln.
Eines Morgens, wenige Tage vor Weihnachten, fuhr Martin Luther King Richtung Innenstadt. Plötzlich stoppte ihn eine Polizeistreife.
»Ihre Papiere!« herrschte ihn ein uniformierter Beamter an.
»Aussteigen!«
Martin Luther King stieg aus dem Wagen.
»Umdrehen, Beine breit, Hände auf das Autodach!«
Die beiden Polizisten durchsuchten den Prediger, und dann klickten Handschellen um seine Armgelenke.
»Warum nehmen Sie mich fest?« fragte King noch immer ruhig.
»Sie sind zu schnell gefahren!«
Ein Beamter setzte sich an das Steuer von Kings Wagen, ein anderer brachte den Verhafteten zum nächsten Revier.
Martin Luther King kannte all die Geschichten, die über Gefängnisse erzählt wurden. Es war noch gar nicht lange her, daß er selber einem Fall nachgegangen war. Weiße Polizisten hatten einen aufbegehrenden Schwarzen aus dem Gefängnis heraus in die Hände des Ku-Klux-Clan gespielt. Vermeintlich hatten sie den Neger laufen lassen, aber er rannte in die Arme der Kapuzenmänner, die ihn vor ein Femegericht stellten, folterten und am Ende heimtückisch erschlugen. King nahm sich vor, sehr auf der Hut zu sein.
Ein Beamter öffnete mit schweren Schlüsseln eine Zelle.
»So, du schwarzer Messias, hier unten kannst du verschimmeln. Hoffentlich müssen wir deine dreckige Visage nie mehr wieder sehen.«
Ein grober Fußtritt beförderte King in die Zelle. Mit dem Gesicht schlug er auf dem rauhen Boden auf. Instinktiv bedeckte er den Kopf schützend mit den Händen. Er hörte, wie die Tür ins Schloß fiel. Dann war es still.
»Guck mal, wen wir da haben!« Die Hände auf die Knie gestützt, beugte sich ein Mann zu ihm herunter.
»Wenn das nicht Pastor King ist, freß ich ’nen Besen . . .«
Vorsichtig hob King den Kopf. Er blickte in das zerknitterte Gesicht eines alten Mannes, der zu ihm herablächelte. Nun wurde es in der Zelle lebendig. Mit erstaunten Augen beobachteten die Gefangenen den Neuankömmling, der noch immer auf dem Boden lag.
Ein Junge von vielleicht 16 Jahren trat an ihn heran.
»Wohl das erste Mal im Knast?«
King nickte.
Der Junge half ihm auf die Beine.
»Mach dir nichts draus, mich schnappen sie jedes halbe Jahr.«
Kurze Zeit später hörte King wieder das Klappern der Schlüssel. Die Zellentür wurde aufgerissen.
»Komm raus, du schwarzer Affe. Deine Niggerhorde hat Sehnsucht nach dir.«
Eine Hand packte ihn und zerrte ihn aus der Zelle.
Vor dem Gefängnis warteten Kings Freunde, die gemeinsam die geforderte Kaution aufgebracht hatten.

Diese Verhaftung war die erste Reaktion der weißen Herren. Dann ging es Schlag auf Schlag: In der neunten Boykottwoche verübten Unbekannte einen Bombenanschlag auf Kings Haus. Wie durch ein Wunder wurde niemand verletzt.
Als der Boykott bereits 80 Tage dauerte, schlug die Stadtverwaltung zu. In einer beispiellosen Verhaftungswelle wurden 90 Neger, darunter auch King, als Anstifter zum Aufruhr festgenommen und angeklagt. Am 22. März verurteilte ein Gericht King wegen Verstoßes gegen die Bestimmungen der Rassentrennung zu 500 Dollar Geldstrafe oder 386 Tagen Zwangsarbeit. Die Verteidigung legte Berufung ein. King und seine Anwälte hofften auf ein anstehendes Grundsatzurteil der höheren Instanz: Das Distrikt-Bundesgericht beriet nämlich zu der Zeit grundsätzlich darüber, ob die Rassentrennung in den öffentlichen Verkehrsmitteln der Verfassung entsprach oder nicht. Am 4. Juni erklärte es die Rassentrennung in den Omnibussen für verfassungswidrig. Die Schwarzen feierten das Grundsatzurteil. Bei den Weißen in Montgomery brach eine Welle der Empörung los. Sofort legten sie Berufung beim Obersten Bundesgericht der Vereinigten Staaten ein.
Und wieder schlug der Ku-Klux-Clan zu. Seit 90 Jahren schon versetzten die Männer in den weißen, langen Gewändern mit den gehörnten Kapuzen die Schwarzen in Angst und Schrecken. Jetzt zogen sie mit flammenden Fackeln durch die Straßen und zündeten ein mit Petroleumlappen umwickeltes riesiges Kreuz an, um ihre Aktion anzukündigen. Niemand war vor ihnen sicher. Schwarze wurden wahllos mißhandelt, aber auch Weiße, die den Farbigen freundlich gesinnt waren, wurden gefangen, ausgepeitscht, in flüssigem Teer gewälzt und mit Federn überschüttet. Die Zahl der Lynchmorde wuchs beständig. Polizei und Justiz sahen tatenlos zu.
Es wurde Herbst, und der Boykott dauerte unverändert an. Noch immer sangen die Marschierer ihre Lieder auf den Straßen.
Da holte die Stadtverwaltung zum entscheidenden Schlag aus. Sie beantragte eine gerichtliche Verfügung, um den Fahrdienst des Transportkomitees als gesetzwidrig verbieten zu lassen. Die Rathausgewaltigen von Montgomery wollten so vollendete Tatsachen schaffen, ehe womöglich das Oberste Bundesgericht das Urteil des Distrikt-Bundesgerichts bestätigte und die Rassentrennung in den Bussen endgültig aufhob.
Martin Luther King saß wieder einmal auf der Anklagebank. Die Stadt wollte ihm nicht nur den Einsatz der eigenen Busse verbieten lassen, sondern forderte darüber hinaus 15 000 Dollar Schadenersatz. Der Richter war in einer verzweifelten Situation. Er wußte, wenn er King und seine Bewegung schuldig sprach, würde das ganze aufgeklärte Amerika, ja die freiheitliche Presse der ganzen Welt über ihn herfallen. Sprach er den Schwarzen frei, schuf er sich unerbittliche und unbarmherzige Gegner in Alabama. Und da in Amerika die Richter gewählt werden, verlor er mit Sicherheit beim nächsten Votum seinen Job; denn Schwarze durften nur wählen, wenn schon ihr Großvater in die Wahllisten eingetragen war.
Zögernd begann er die Verhandlung. Und sicher war er genauso erlöst wie der Angeklagte, als plötzlich ein Schwarzer hereinstürzte, ordnungswidrig auf eine

Bank sprang und rief: »Der oberste Bundesgerichtshof der Vereinigten Staaten hat entschieden, daß alle staatlichen und örtlichen Gesetze in Alabama, die eine Rassentrennung in den Bussen fordern, dem Gleichheitsgrundsatz der Verfassung widersprechen und daher aufzuheben sind. — Bürgermeister Gayle hat es gerade selbst bekanntgegeben.«
Jubel auf allen Straßen und Plätzen. Über 8 000 Menschen versammelten sich am Abend. King stand auf dem Podium und sprach: »Wir haben einen großen Sieg errungen, aber unser Ziel ist die Integration. Wir befinden uns mitten in einer Auseinandersetzung, deren Folgen die Welt erschüttern werden. Aber unser Sieg wird nicht nur der Sieg der Gerechtigkeit und der Sieg der Demokratie werden. Wir bleiben hier nicht stehen, denn der Schwarze hat seine Würde neu entdeckt. Wir gehen weiter!«
»O yes, o yes«, rief begeistert die Gemeinde.
»Wir gehen weiter und lassen uns leiten von demselben Geist der Liebe und Gewaltlosigkeit, von derselben Würde, die wir als Schwarze in der Vergangenheit bewiesen haben.«
»Yes, Bruder, yes«, erscholl es tausendfach.
»Unser Boykott ist beendet. Wenn wir zu den Bussen zurückkehren, laßt uns so viel Liebe aufbringen, um einen Feind in einen Freund zu verwandeln.«
Überall in den Südstaaten machte das Beispiel des gewaltlosen Widerstandes Schule. 1957 gründete King in New Orleans die Southern Christian Leadership Conference, die Konferenz der Christlichen Führerschaft der Südstaaten (SCLC). Ihr Ziel sollte es sein, die Forderungen der schwarzen Bürgerrechtsorganisationen durchzusetzen. 29 Gemeinden in zehn Staaten kämpften jetzt dafür, die Farbigen in das wirtschaftliche und politische Leben zu integrieren. Sie forderten vorrangig, daß die Schwarzen in der Schule, bei der Arbeit und bei der Wohnungssuche nicht mehr benachteiligt würden. Das Mittel zur Durchsetzung dieser Ziele sollten gewaltlose Aktionen sein. Zum Führer der Bewegung wurde — erwartungsgemäß — Dr. Martin Luther King bestimmt. Ohne ihn ging nichts mehr. Innerhalb von drei Jahren hielt King 208 Reden, legte 780 000 Meilen zurück, um auf Versammlungen und Konferenzen zu sprechen. Er gab Interviews für Zeitschriften im In- und Ausland, verhandelte mit Politikern und diskutierte mit Gegnern. Zahlreiche Staatsoberhäupter empfingen den Pastor und bestärkten ihn in seinem Kampf der Gewaltlosigkeit. Martin Luther King überzeugte durch seine schlichte, aufrechte Art. Er blieb unbeugsam, wenn es um die Forderung nach Rassenintegration ging, aber er wurde nie laut, ungerecht oder gar gehässig. Wer ihn provozieren wollte, lief ins Leere.
1959 mußte King seine Pfarrertätigkeit aufgeben. Zu umfangreich waren seine Verpflichtungen geworden. Mit seiner Frau und seinen zwei Kindern siedelte er nach Atlanta über.
Trotz seines kometenhaften Aufstiegs zog er sich nie auf einen Organisationsposten zurück. Immer kämpfte er in vorderster Front. Ohne Gegenwehr ließ er sich immer wieder verhaften und ins Gefängnis stecken. Als man ihn zu sechs Monaten Zwangsarbeit verurteilte, weil er vergessen hatte, nach dem Umzug seinen in Alabama ausgestellten Führerschein gegen einen in Georgia gültigen umzutauschen, bewirkte Senator John F. Kennedy seine Freilassung. Es war die Zeit des

Wahlkampfes, und dieser taktisch kluge Schritt sicherte Kennedy möglicherweise den Wahlerfolg. Mit einer Mehrheit von nur rund 100 000 Stimmen schlug er seinen Gegner Richard Nixon. Den Sieg verdankte er den Farbigen, die in ihrer großen Mehrzahl für ihn gestimmt hatten.
Aber auch Kennedys Wahlsieg änderte wenig im Alltag der unterdrückten Schwarzen Amerikas. Immer neue Provokationen weißer Gegner forderten zu immer neuen Protestaktionen heraus.
Ihren größten Erfolg errang die Bürgerrechtsbewegung 1963 in Birmingham. Diese bedeutende Industriestadt im Süden mit ihrer Eisen- und Stahlproduktion galt als Hochburg des Rassenterrors. Eugene »Bull« Connor, der Beauftragte für öffentliche Sicherheit, ein Rassenfanatiker, wie er im Buche stand, hatte die Stadt fest im Griff. Brutale Polizeieinsätze gehörten hier zum alltäglichen Straßenbild. Mit einer Meute scharfer Hunde und elektrischen Schlagstöcken warfen Connors Männer jeden Widerstand nieder.
Einen der denkwürdigsten Einsätze schilderte ein Augenzeuge so:
»Breitbeinig, den Daumen lässig in dem Munitionsgürtel gesteckt, stand ein Polizist am Straßenrand und beobachtete hämisch den Zug der Demonstranten. Heute würde es für ihn und seine Kollegen wieder Arbeit geben. Plötzlich zupfte ihn etwas am Hosenbein. Er blickte nach unten. Vor ihm stand ein etwa vierjähriges schwarzes Mädchen im weißen Sonntagskleid. Sein gekräuseltes schwarzes Haar war in winzigen Zöpfen geflochten und mit einer Schleife verziert.
›Bitte, Herr Polizist, nehmen Sie mich fest.‹ Auffordernd hielt sie die schmalen Ärmchen hoch, die durch jede Handschelle gerutscht wären.
›Verschwinde!‹ fuhr der Polizist das Mädchen an und wendete sich wieder den Demonstranten zu.
Doch das Mädchen ließ nicht locker, noch einmal zupfte es an dem Hosenbein.
›Hau ab, du dreckige Niggergöre.‹ Drohend kam das weiße Gesicht näher. ›Was willst du überhaupt?‹
›Freiheit!‹ antwortete die Kleine und hielt wieder die schmalen Handgelenke hoch, so wie sie es wieder und wieder bei den Erwachsenen gesehen hatte. In der Zwischenzeit war der Demonstrationszug näher gekommen. In disziplinierten Zweierreihen marschierten die Schwarzen auf die Front der Polizisten zu. Laut sangen sie ihr Freiheitslied:

›We shall overcome,
we shall overcome
some day,
deep in my hard
I do believe
we shall overcome
some day.‹
(Wir werden siegen
tief in meinem Herzen weiß ich,
wir werden eines Tages siegen.)

Immer näher kam der Zug. Die Häuserwände warfen das Echo der Stimmen zurück.

Ein Polizist stieß verblüfft seinen Kollegen an:
›Mensch, das sind ja lauter Kinder!‹
In diesem Moment donnerte Bull Connor:
›Wasserwerfer an!‹
›Das kann er doch nicht‹, rief erschrocken der Polizist. Doch schon brandete das Wasser in riesigen Fontänen gegen die Demonstranten. Mit unglaublicher Wucht mähte der Strahl die ersten Reihen nieder. Wie Blätter im Herbstwind wurden die Kinder über die Straße geschleudert, scheuerten mit Armen und Knien über die Pflastersteine, klatschten gegen Hauswände und Mauern, rissen sich blutig und wund. Doch wie von einem Magneten angezogen, rückten die nächsten Reihen der Demonstranten weiter singend gegen die Wasserwerfer vor, bis auch sie von ihnen erfaßt wurden. Und noch immer blieb der Zug nicht stehen. Alle schwarzen Kinder und Jugendlichen von Birmingham schienen sich diesem Kinderkreuzzug angeschlossen zu haben.
›Verhaftet sie‹, brüllte Bull Connor und zeigte auf die Verletzten, die sich mühsam am Straßenrand wieder aufrappelten. Harte Fäuste zerrten die Jungen und Mädchen hoch, schleiften sie zum Gefängniswagen und stießen sie hinein. 2 500 Kinder wurden verhaftet. Bei ihrer Festnahme knieten sie nieder und beteten.
Noch immer stand das Mädchen im weißen Kleid dabei und zupfte den Polizisten am Hosenbein.
›Nehmen Sie mich doch bitte auch fest!‹
Ein Polizist, der gerade einen zehnjährigen Jungen abführen wollte, sah das Mädchen und schrie: ›Vorsicht, das kleine Luder greift dich an!‹ und versetzte dem Kind eine schallende Ohrfeige, dann warf sich der Polizist das Mädchen wie einen Mehlsack über die Schulter und schleppte es zum Wagen.
Völlig verständnislos beobachtete der Beamte, den das Kind angesprochen hatte, den Vorgang. Er blickte in das lächelnde Gesicht des Mädchens, das zum Abschied freundlich winkte.«

Am Abend trafen sich die Farbigen wieder zu einer Massenversammlung. King stand auf der Kanzel und sprach zu seinen Anhängern:
»Unsere Gesellschaft läßt es zu, daß ungerechte Beamte gegen Minderheiten ungerecht vorgehen. Wie früher in den Zeiten der Sklaverei regiert zügellose Gewalt. Doch heute stehen die Weißen fassungslos einem neuen Phänomen gegenüber. Sie sehen Hunderte und Tausende auf sich zumarschieren, die wissen, daß sie ins Gefängnis kommen, und die ins Gefängnis wollen und bereit sind, sich den Schlägen und der zweifelhaften Rechtsprechung auszusetzen. Es ist für uns keine Schande mehr, ins Gefängnis zu gehen, sondern eine ehrenvolle Auszeichnung. Unser Wahlspruch muß lauten: ›Bestrafe mich, ich habe die Strafe nicht verdient, aber ich werde sie annehmen, damit die ganze Welt weiß, daß ich im Recht bin und nicht du.‹«
Fred Shuttlesworth, ein schwarzer Geistlicher, gehörte zu den Initiatoren des Protestes in Birmingham. Zusammen mit King, Abernathy und vielen Helfern hatten sie die Direktaktion, also die Schritte, die zur Verwirklichung politischer Ziele unter Ausschaltung von Gesuchen, Eingaben und Petitionen führen sollte, unternommen und sorgfältig vorbereitet.

»Operation C« hieß der Plan, der die Handels- und Wirtschaftsunternehmen der größten Industriestadt im Süden treffen sollte.
Birmingham wurde nicht nur wegen dem berüchtigten Bull Connor ausgewählt, sondern auch, weil dort 100 Jahre nach der Sklavenbefreiung noch immer die schärfsten Bestimmungen zur Rassentrennung galten. John Baker, ein farbiger Jugendlicher, lebte in den Slums dieser Stadt. Er war arm, aber auch wenn er Geld gehabt hätte, wäre es wohl nicht möglich gewesen, in einen weißen Wohnbezirk umzuziehen. Wie seine Geschwister war er in einem »Negerkrankenhaus« zur Welt gekommen. Er besuchte eine Schule, die in einer Baracke untergebracht war und deren Lehrpläne weit hinter denen für weiße Schüler herhinkten.
Sein Vater hatte keine Arbeit — so wie die meisten Farbigen in Johns Straße; denn in Birmingham gab es dreimal soviel Arbeitslose mit dunkler Hautfarbe als mit weißer. Seine Mutter verdiente als Putzfrau einige Pfennige — »zum Leben zuwenig und zum Sterben zuviel«, sagte sie immer.
Manchen Farbigen ging es finanziell etwas besser, doch auch sie konnten sich in Birmingham nur wie in einem Gefängnis bewegen: In Restaurants, öffentlichen Toiletten, Kirchen und Bibliotheken verwehrten ihnen Schilder mit der Aufschrift »Nur für Weiße« den Zutritt.
John Baker lebte also in einer Stadt, in der die mächtigsten und unerbittlichsten Verfechter der Rassentrennung regierten. Als der Gouverneur George Wallace bei seiner Amtseinsetzung das Gelöbnis ablegte, versicherte er unter dem stürmischen Applaus der Weißen: »Rassentrennung heute, Rassentrennung morgen, Rassentrennung immerdar!«
John Baker hatte es, wie so viele Schwarze, satt, dem allem weiter tatenlos zuzusehen. Als er von den geplanten Direktaktionen hörte, meldete er sich sofort.
Und so begegnete er auch Martin Luther King, der den Versammelten die nächste Aktion erläuterte. Wie immer hatte man sich in der Kirche getroffen. King sagte: »Alles, was wir vorhaben, ist bis ins kleinste festgelegt. Aber wir wollen niemanden zwingen mitzumachen. Jeder muß vor sich selbst diesen Schritt entscheiden, nur wer völlig überzeugt ist, sollte sich uns anschließen.«
»Und ob wir davon überzeugt sind«, rief John Baker laut dazwischen, und seine Freunde bestätigten: »Wir werden den Weißen ganz schön einheizen!«
»Worauf ihr euch verlassen könnt!« Das war wieder John Baker.
»Ihr müßt davon überzeugt sein, daß ihr Gewalt erdulden und aushalten könnt«, erwiderte King. »Ohne euch rächen zu wollen.«
»Gewalt kennen wir.« John zog ein Klappmesser.
»Gib dein Messer her«, sagte King geduldig und streckte die Hand nach der Waffe aus. »Du brauchst kein Messer, kein Gewehr, nicht einmal einen Zahnstocher. Wir besitzen die wirksamste aller Waffen, nämlich die Überzeugung, im Recht zu sein.«
»Meinen Sie, Mister King, Bull Connors Hunde wissen das auch? Oder seine weißen Schlägertrupps?«
»Wir brauchen kein Waffenarsenal, nur unseren Glauben. Wir sind eine Armee, die vorrückt, aber kein Unheil zufügt; eine Armee, die singt, aber nicht tötet. Nur so können wir die Bastionen des Hasses stürmen, die Festung der Rassentrennung belagern und die Symbole der Diskriminierung umzingeln.«

»Wenn Sie glauben, damit Erfolg zu haben, Pastor, sind Sie auf dem falschen Dampfer. Ich jedenfalls lasse mich nicht mehr zusammenprügeln. Wir Schwarzen sind jetzt stark. Wir können uns wehren.«
»Gewalt erzeugt Gegengewalt. Jeden Tag kann es dir passieren, daß sie dich in einer dunklen Hausecke zusammenschlagen. Jetzt wollen wir unsere Unterdrükker zwingen, ihre Brutalität öffentlich zu zeigen, während die übrige Welt zuschaut.«
»Nichts für mich«, wehrte John Baker ab und wandte sich zum Gehen, seine Freunde im Schlepptau.
»Schlaf eine Nacht darüber und komm morgen wieder, falls du dir's anders überlegst«, rief King ihm nach.
In zahlreichen Übungsstunden probte er danach mit den Freiwilligen den gewaltlosen Aufstand. In Spielszenen, die sie auf die rauhe Sprache und die körperliche Mißhandlung der Polizisten vorbereiteten, lernten sie ohne Bitterkeit auszuharren, beschimpft zu werden, ohne zu antworten, geschlagen zu werden, ohne zurückzuschlagen.
King selbst schritt von Gruppe zu Gruppe und ermunterte seine Freunde. Plötzlich blieb er überrascht stehen. John Baker und seine Kameraden hockten zusammengekauert auf dem Boden und ließen sich von Schwarzen, die weiße Polizisten spielten, widerstandslos wegschleifen.
King trat zu der Gruppe: »Das freut mich, John, daß du nun doch bei uns mitmachen willst.«
John stand auf, klopfte sich den Hosenboden sauber und sah sich verlegen um. »Ich glaube ja immer noch nicht, daß Sie in allem recht haben. Aber irgendwie scheinen Sie den Weißen auf Ihre Art doch auch ganz schön einzuheizen. Der Einkaufsboykott zum Beispiel — unser ganzes Viertel beteiligt sich daran. Keiner kauft mehr im Laden eines Rassenfanatikers. Sie sollten mal sehen, wie die weißen Geschäftsleute vor der Ladentür stehen und staunen.«
»Prima!« King klopfte seinem neuen Freund anerkennend auf die Schulter. »Hoffentlich haben wir morgen auch so viel Glück, wenn wir mit dem Sit-in beginnen.«
Am nächsten Morgen schauten in den Restaurants und Imbißstuben die weißen Gäste verwundert von ihrem Essen auf, als eine kleine Gruppe Farbiger sich an die Tische setzte. Sofort erschien der Ober: »Tut mir leid, Farbige werden bei uns nicht bedient.«
»Wir hätten gerne die Speisekarte«, antwortete John Baker höflich und lächelte den Ober freundlich an.
»Ich sagte doch schon, daß wir keine Farbigen bedienen«, erwiderte der Ober jetzt wesentlich aggressiver. »Schert euch weg!«
Das ganze Lokal verfolgte gespannt die Szene. Einige Gäste regten sich auf: »Hat man so etwas schon erlebt?« — »Das Niggerpack wird immer frecher.« — »Früher hätte man mit ihnen kurzen Prozeß gemacht.«
Trotz der Beschimpfungen blieben die Sit-inners ruhig und gelassen.
»Wenn ihr nicht sofort verschwindet, hole ich die Polizei«, brüllte der Kellner, dem die ganze Sache über den Kopf zu wachsen schien.
Keiner rührte sich.

Der Kellner eilte ans Telefon.
Kurze Zeit später raste ein Mannschaftswagen mit Sirenengeheul die Straße herauf. Uniformierte sprangen heraus, besetzten die Eingänge und folgten dem Ober, der nur noch aufgeregt stammeln konnnte: »Nehmt sie fest, nehmt sie fest!«
John Baker und seine Freunde verabschiedeten sich höflich von den übrigen Gästen, ehe sie von den Polizisten aus dem Lokal gezerrt und ins Gefängnis gebracht wurden. 34 Farbige nahmen Bull Connors Männer an diesem Tag wegen Hausfriedensbruch fest.
Am nächsten Tag marschierte ein Zug Demonstranten zum Rathaus. Sie forderten die Freilassung ihrer verhafteten Freunde. Schweigend zogen sie durch die Innenstadt. Plötzlich standen sie vor einer Blockade. Bull Connor hatte die Straßen abgeriegelt. Mit elektrischen Schlagstöcken bewaffnet, die Wasserschläuche bereit, so verlegten seine Polizisten den Demonstranten den Weg. Ungeduldig zerrten die scharfen Hunde an ihren Ketten, jederzeit bereit, die Schwarzen anzufallen.
»Zerstreut euch«, donnerte Bull Connor den Marschierern entgegen, »diese Demonstration ist nicht bewilligt.«
Als sich die Anführer höflich, aber bestimmt weigerten, trat die Polizei in Aktion. Am Straßenrand standen Farbige, die vor Begeisterung in die Hände klatschten, wenn wieder jemand festgenommen wurde. Singend folgten sie dem Gefängniswagen und winkten ihren Freunden zu, die sie wie Helden feierten.
Die Gerichte waren, wie von jeher, auf der Seite der Polizei und verboten mit sofortiger Wirkung jede Direktaktion und jegliche Demonstration.
»Im vollen Bewußtsein und in der Bereitschaft, die Konsequenzen auf uns zu nehmen, müssen wir uns derartigen Verfügungen widersetzen«, predigte King abends in der Kirche. Trotz der Verhaftungen war die Zahl der Freiwilligen ständig gestiegen. Jeder wollte dabei sein. Auch als King verkündete, die Gemeinde habe kein Geld mehr, um ihre Anhänger gegen Kaution wieder freizubekommen, zog sich keiner zurück.
Tags darauf marschierten King und Abernathy in der ersten Reihe des Zuges. Die Stadt war voller Menschen. Überall jubelte man ihnen zu und stimmte in die Freiheitslieder ein. Bull Connor aber griff erneut und noch brutaler zu. Polizisten drangen auf die friedlichen Demonstranten ein, ein Trupp packte King und Abernathy, drehte ihnen die Arme auf den Rücken und führte sie ab.
Vier Tage saß King in einer verdunkelten Einzelzelle. Er wußte schon bald nicht mehr, ob es Tag oder Nacht war, ob draußen die Sonne schien oder ob es regnete. Ob seine Freunde noch lebten. Vielleicht lagen sie genauso zusammengekrümmt allein in einer Zelle?
Als er am fünften Tag in eine Gemeinschaftszelle verlegt wurde, kam er sich vor wie neu geboren. Er traf auf viele seiner Freunde.
»Herzlichen Glückwunsch«, rief Ralph Abernathy, »du bist Vater geworden. Coretta hat einem gesunden Mädchen das Leben geschenkt.«
Alle drängten sich um ihn und schüttelten ihm die Hand.
»Weißt du, was deine Frau noch gemacht hat? Sie hat doch tatsächlich den Präsidenten angerufen. Er hat ihr versprochen, sich für uns einzusetzen.«

»Gott sei Dank«, antwortete King aus vollem Herzen.
»Aber das ist noch längst nicht alles. Harry Belafonte ist es gelungen, fünfzigtausend Dollar für Kautionen aufzutreiben! Was sagst du nun?«
»Ich sage«, antwortete King bedächtig, »daß wir einen Punkt erreicht haben, an dem uns niemand mehr aufhalten oder zurückwerfen kann. Die Bewegung ist jetzt stark und selbstbewußt. Wir müssen nur unbeirrbar auf den Weg der Gewaltlosigkeit bleiben.«

Und sie hielten tatsächlich weiter durch, boykottierten die Läden der Rassenfanatiker. Vor Kirchen und Städtischen Büchereien, Parks und Schulen, zu denen nur Weiße Zutritt hatten, knieten sie stundenlang in der brütenden Sonne, bis sie in die zum Bersten vollen Gefängnisse abgeführt wurden. Und immer und immer wieder zogen riesige Demonstrationen durch die Innenstadt. Sobald Bull Connor die Straße abriegelte, begannen sie laut zu beten:
»Laß sie das Wasser andrehen. Laß sie die Hunde einsetzen. Wir weichen nicht. Vergib ihnen, o Herr!«
Der gewaltlose Widerstand lähmte und verwirrte die Mächtigen. Die Brutalität, mit der die Beamten die schwarzen Menschen unterdrückten, verlor ihre Wirkung, als sie nicht mehr heimlich und unbeobachtet ausgeübt werden konnte. Die Unterdrückten hatten gelernt, dem Blick eines Weißen standzuhalten und ihm offen in die Augen zu sehen.
Nun mußte auch die Bundesregierung in Washington ihre bisher bewahrte Neutralität aufgeben. Justizminister Robert Kennedy verhandelte mit den Mächtigen von Birmingham. Bull Connor und seine Anhänger wurden ihrer Ämter enthoben.
Am 10. Mai 1963 konnte King die Aufhebung der Rassentrennung in Erfrischungsräumen, Toiletten und verschiedenen öffentlichen Einrichtungen sowie die Freilassung aller inhaftierten Demonstranten verkünden.
In über 1000 Städten des Südens folgten die Neger dem Beispiel ihrer Brüder von Birmingham und kämpften mit gewaltlosen Aktionen für die Gleichberechtigung. Trotzdem lebten die Schwarzen noch immer in den schlechteren Wohnungen, mußten unzureichende Schulen besuchen, bekamen nur harte, schlechtbezahlte Jobs und durften nur wählen, wenn der Großvater in den Wahllisten verzeichnet war, was nur auf ganz wenige zutraf.
Im August 1963 sollte eine neue Gesetzesvorlage über die Bürgerrechte im Kongreß eingebracht werden. Doch die Verabschiedung zögerte sich hin. Um die Wichtigkeit des neuen Gesetzes für die schwarze Bevölkerung zu demonstrieren, plante die Bürgerrechtsorganisation einen Marsch nach Washington. Er sollte zum Höhepunkt der Bewegung werden. Auch Vertreter der weißen Kirchen und viele weiße Bürger marschierten mit, um die Forderungen der Farbigen zu unterstreichen.
Unter einem brütendheißen Himmel hatten sich am 28. August vor dem Capitol gut 250000 Menschen versammelt. Fernsehen und Rundfunk berichteten über das Ereignis in alle Teile der Welt. Es war eine Kundgebung, wie sie Washington zuvor noch nie erlebt hatte. Zahlreiche Künstler waren gekommen, um sich mit der Bewegung zu solidarisieren. Marlon Brando trat auf, der farbige Schriftsteller

James Baldwin sprach, Josephine Baker und Burt Lancaster waren dabei. Und Mahalia Jacksons Stimme erklang über der vielköpfigen Menge der Demonstranten. Dann verkündete der Lautsprecher:

»Es spricht nun Martin Luther King! Der moralische Führer der Nation.«

Vor so vielen Menschen hatte King noch nie gesprochen. Zögernd näherte er sich dem Rednerpult. Sein Rücken war angespannt, und seine Hände umklammerten das Manuskript. Mit heiserer, belegter Stimme begann er zu sprechen:

»Vor hundert Jahren unterzeichnete Abraham Lincoln die Emanzipationsproklamation. Aber hundert Jahre später ist der Neger immer noch nicht frei. Hundert Jahre später ist das Leben der Schwarzen immer noch verkrüppelt durch die Fesseln der Rassentrennung und die Ketten der Diskriminierung. Hundert Jahre später lebt er auf einer einsamen Insel der Armut inmitten eines riesigen Ozeans materiellen Reichtums.«

»Yes, yes, yes«, erwiderten die Zuhörer tausendfach.

King schob das Manuskript wieder einmal beiseite, wohl wissend, daß er am überzeugendsten war, wenn er frei sprach.

»Jetzt ist es Zeit, aus dem dunklen und trostlosen Tal der Rassentrennung aufzubrechen und den hellen Weg der Gerechtigkeit für alle Rassen zu beschreiten. Dieser heiße Sommer der berechtigten Unzufriedenheit der Schwarzen wird nicht zu Ende gehen, solange nicht ein bleibender Herbst der Freiheit und Gerechtigkeit begonnen hat.«

»Gott segne dich, Bruder«, rief es ihm entgegen.

»Heute sage ich euch, meine Freunde, trotz der Schwierigkeiten von heute und morgen habe ich einen Traum. Ich habe einen Traum, daß eines Tages die Söhne der früheren Sklaven und die Söhne der früheren Sklavenhalter miteinander am Tisch der Brüderlichkeit sitzen. Ich habe einen Traum, daß sich eines Tages sogar der Staat Mississippi, ein Staat, der in der Hitze der Ungerechtigkeit und Unterdrückung verschmachtet, in eine Oase der Freiheit und Gerechtigkeit verwandelt. Ich habe einen Traum, daß meine vier kleinen Kinder eines Tages in einer Nation leben werden, in der man sie nicht nach ihrer Hautfarbe, sondern nach ihrem Charakter beurteilen wird.

Wenn wir die Freiheit erschallen lassen über jeder Stadt und jedem Weiler, über jedem Staat und jeder Metropole, dann werden wir den Tag beschleunigen können, an dem alle Kinder Gottes — schwarze und weiße, Juden und Heiden, Protestanten und Katholiken — sich die Hände reichen und die Worte des alten Spirituals singen können: ›Endlich frei. Endlich frei. Großer allmächtiger Gott, wir sind endlich frei!‹«

Als King geendet hatte, herrschte ergriffene Stille, doch dann brach ein ungeheurer Jubel los, als 250 000 Menschen in ekstatische Zustimmung ausbrachen. Viele der Besucher weinten.

Stunden später brachten Züge, Busse und Flugzeuge die Demonstranten wieder zurück in ihre Heimatorte. Trotz vieler Befürchtungen und eines riesigen Polizeiaufgebots war es zu keinen blutigen Zwischenfällen gekommen. Am Abend empfing Präsident John F. Kennedy die Führer des Marsches zu einer Unterredung.

Aber die Rassisten gaben sich nicht geschlagen. Bombenattentate auf Häuser und

Martin Luther King schaffte es immer wieder, die Mächtigen des Landes mit den Problemen der Farbigen zu konfrontieren. Hier sehen wir ihn neben Justizminister Robert Kennedy, rechts der damalige Präsident Lyndon B. Johnson.

Kirchen und Überfälle des Ku-Klux-Clan kosteten vielen unschuldigen Farbigen das Leben.
»Sie wollen, daß wir zurückschlagen«, sagte King zu seinen Freunden. »Sie wollen mit ihrer Gewalt Gegengewalt erzeugen, sie wollen einen Bürgerkrieg provozieren. Wir aber müssen gewaltlos standhalten. Nur das schafft eines Tages den Frieden.«
King hielt unerschütterlich an seiner Strategie fest.

1964 sprach man ihm den Friedensnobelpreis zu. Die Preissumme von 54 000 Dollar verteilte King als Spende an verschiedene Bürgerrechtsorganisationen. Bei der Verleihung in Oslo betonte er abermals sein Vertrauen in die Gewaltlosigkeit.

Nicht alle stimmten darin mit ihm überein. Angesichts der unglaublichen Brutalität der Weißen sahen viele Farbige eine Chance nur im kompromißlosen Gegenschlag.

»Black Power« nannte sich ihre Bewegung. Ihre Mitglieder bezeichneten sich als »schwarze Gewalt«, weil sie nicht mehr länger zusehen wollten, wie Kinder Brandanschlägen zum Opfer fielen, Jugendliche von einer Meute Weißer mit Fahrradketten zusammengeprügelt und unschuldige Familien von Bomben zerfetzt wurden. Sie vertraten die Ansicht, daß die Schwarzen durch die 300jährige Unterdrückung voller Schuldkomplexe und Minderwertigkeitsgefühle steckten. Ihr neuer Slogan hieß deshalb auch »Black is beautiful« (Schwarz ist schön).

Auf politischer Ebene wollten sie erreichen, daß der Befreiungskampf der Schwarzen ausschließlich von Schwarzen geführt wurde. Die zunehmende Unterstützung durch weiße Sympathisanten lehnten sie ab. Zugleich waren sie entschlossen, auf jede Gewalttat der Polizei mit Gegengewalt zu reagieren. In den schwarzen Ghettos überwachten sie das Vorgehen der »Ordnungshüter«. Wurde ein Farbiger schikaniert, dann schlugen sie zu.

King distanzierte sich entschieden von den Anhängern der Black-Power-Bewegung. Aber er verstand sie auch:

»Sie sind so feindselig, weil sie sehen, wie der Traum, den sie bereitwillig akzeptiert hatten, zu einem enttäuschenden Alptraum wurde.«

Die Argumente der Black-Power-Bewegung hatte King nachdenklich gemacht. Er erkannte, daß der Rassenkonflikt eng mit dem Klassenkonflikt zusammenhing. Von nun an bezog er die Armen in den Slums der Großstädte — welche Hautfarbe sie auch hatten — in seinen Kampf mit ein.

»Rassismus, Armut und Militarismus stehen in einer Wechselbeziehung«, erklärte King jetzt. In den großen Städten des Nordens tobten nun auch die Rassenkrawalle. Die Schwarzen in den Ghettos forderten ihr Recht. In der Nachbarschaft prunkvoller Straßen, riesiger Wolkenkratzer, glitzernder Theater und teurer Kinopaläste verkümmerten die Armen in den Slums. Drogenabhängig, ohne Arbeit, schlecht ernährt, lebten viele im Schatten des Reichtums. Mit dem Geld, das nötig gewesen wäre, um die Situation dieser Menschen zu verbessern, wurde seit 1966 in Vietnam Krieg geführt.

In Chicago bereitete Martin Luther King in jenen Tagen eine neue Kampagne vor. Coretta reiste mit ihm, und gemeinsam mieteten sie mitten im Slum eine Wohnung. Coretta King schreibt in ihren Erinnerungen darüber:

»Unsere Wohnung befand sich im dritten Stock eines schäbigen Hauses, in dessen Eingang kein Licht brannte, nur eine trübe Birne über der Treppe. Die Haustür war nicht zu verschließen und stand immer offen. Und als wir eintraten, bemerkte ich, daß der Boden nicht aus Beton, sondern aus nackter Erde war. Es stank schrecklich nach Urin. Das Treppenhaus war so finster, daß man kaum die eigene Hand vor den Augen sah. Wir hatten ein Wohnzimmer, nach vorn, während die übrigen Räume alle nach hinten gingen, zwei Schlafzimmer, eine Küche

und etwas, das entfernt einem Bad glich. Man mußte die Schlafzimmer durchqueren, um die Küche zu erreichen. Sie enthielt einen alten Eisschrank, der, sobald er gefüllt war, weder kühlte noch Eis produzierte. Außerdem stand noch ein gebrechlicher Gasherd darin. Für diese prächtige Behausung mußten wir 90 Dollar im Monat bezahlen. Wie die Armen doch ausgebeutet werden!«
Die neuen Mieter erregten rasch Aufsehen. Die Kings waren noch nicht richtig eingerichtet, da klopfte es an die Tür. Zerlumpt und verschmutzt stand eine Gruppe Teenager im schwach beleuchteten Hausflur.
»Ich hab da was läuten hören«, platzte der Größte von ihnen heraus. »Will mal gucken, ob das stimmt.« Ohne in die Wohnung gebeten worden zu sein, drängte er in die schmale Küche. Dort saß King mit den Kindern beim Mittagessen.
»Sind Sie das wirklich? Sind Sie Martin Luther King?«
»Ja, der bin ich«, antwortete King und sah auf. Verstört stand Coretta in der offenen Wohnungstür. Jugendbanden waren hier keine Seltenheit. Wenn die Väter arbeitslos waren, mußten die Kinder für sich selber sorgen. Viele hatten sich darum einer Gruppe angeschlossen, die sich mit Gewalt holte, was sie zum Leben brauchte.
»Mensch, das kann doch nicht wahr sein! Da bin ich also tatsächlich hier mit dem Kerl zusammen, der dort oben mit dem Präsidenten geredet hat.«
Er trat näher und schlug King kräftig auf die Schulter.
»Also, eines sage ich Ihnen, Mann, auf mich können Sie zählen.«
So problemlos ging es aber nicht immer. King hatte nur wenig Erfolg bei seinem Versuch, die Bandenführer von der Gewaltlosigkeit zu überzeugen.
»Wir glauben an die Gewalt. Wir sind damit groß geworden. Unser Leben lang war um uns herum nur Gewalt«, hörte er wieder und wieder.
Mit Reden allein, das wußte King längst, war wenig zu erreichen. Man mußte das Krebsübel, die Armut, an der Wurzel packen.
»Der Vietnamkrieg hat die innenpolitischen Gelder geschmälert und den Armen die schwerste Bürde aufgeladen«, rief King seinen Zuhörern zu. »Nach Schätzungen geben wir dreihundertzwanzigtausend Dollar für jeden getöteten Feind aus, während wir im sogenannten Kampf gegen die Armut in Amerika nur lächerliche dreiundfünfzig Dollar für jeden Bedürftigen ausgeben.«
Im Februar 1968 bereitete er den »Marsch der Armen« vor, mit dem er bessere Sozialleistungen für die Ärmsten der Nation erzwingen wollte.
»Meinen Sie etwa, damit erreichen Sie etwas?« fragte ihn ein Jugendlicher aus den Slums hämisch.
»Das weiß ich nicht. Aber wir müssen es versuchen!«
»Und was soll dabei herauskommen?«
»Für alle Arbeitsfähigen soll ein Arbeitsplatz geschaffen werden. Allein bei Jugendlichen haben wir fünfzehn Prozent Arbeitslose. Die Menschen sollen endlich in menschenwürdigen Wohnungen leben und sich täglich einmal satt essen können.«
King wollte eine riesige Bettlerprozession in Bewegung setzen. Aus sieben verschiedenen Orten sollte sie aufbrechen und sternförmig auf Washington zumarschieren. Holzkarren, von Mauleseln gezogen, würden den Zug begleiten. Im Zentrum von Washington wollten dann die Armen des Landes eine Stadt aus

Bei einer Bürgerrechtsdemonstration im Südwesten Chicagos werden die Schwarzen von weißen Gegnern mit Steinen beworfen. King wird am Kopf getroffen, aber er bleibt an der Spitze des Zuges.

Bretterbuden beziehen und so lange ausharren, bis ihre Forderungen erfüllt würden. Inmitten des Wohlstandes der eleganten Hauptstadt sollten proletarische Massen mit den Mitteln des zivilen Ungehorsams die Regierung zwingen, ihre Sorgen zu erkennen und ihre Not zu lindern. Doch es kam nicht mehr dazu.
Während King noch in den Vorbereitungen für die Kampagne steckte, rief man ihn nach Memphis, Tennessee. Dort streikten die Müllarbeiter. Die Stadtverwaltung weigerte sich, mit der Berufsvereinigung der Farbigen zu verhandeln. Die Schwarzen protestierten friedlich. Zum erstenmal setzte die Polizei ein neues Tränengas ein, das vorübergehend Blindheit hervorrief. Dagegen sollte eine machtvolle Massendemonstration organisiert werden. Es ging nun nicht mehr nur um die Rechte der Müllarbeiter, sondern auch um die maßlosen Ausschreitungen der Nationalgarde.
Mit seinem engsten Stab treuer Mitarbeiter flog King nach Memphis, quartierte sich am 4. April in einem Motel ein und sprach dort die letzten Einzelheiten für die geplante Demonstration durch. Am Abend sollte noch eine Kundgebung stattfinden. King, der in den Tagen davor oft niedergeschlagen und traurig gewesen war, wirkte gelöst, fröhlich, ja ausgelassen. Gemeinsam mit seinem Bruder, Albert Daniel, rief er seine Mutter an, meldete sich mit verstellter Stimme und

Martin Luther King galt nicht nur den Schwarzen als moralischer Führer des Landes.

war während des ganzen Gesprächs »herzerfrischend albern«, wie Albert Daniel sich später erinnerte.
Vor dem Abendessen geht jeder noch einmal auf sein Zimmer, um sich ein wenig frisch zu machen. Martin Luther King tritt auf den Balkon und atmet die kühle Abendluft ein. Er will gerade wieder ins Zimmer zurückkehren, da hört er jemand summen. In dieser tristen Gegend klingt das so ungewöhnlich, daß er sich noch einmal über das Geländer beugt. Unten auf der Straße entdeckt er Ben Branch, einen seiner Mitarbeiter. Abends auf der Versammlung wird er auf der Orgel spielen.
»He, du kleiner Zeisig«, ruft King, »schone deine Stimme. Vergiß nicht, heute abend ›Precious Lord, take my hand‹ zu singen.«
»Wird gemacht«, ruft Ben.
Solomon Jones, ein anderer Mitarbeiter, überquert den Hof. Er will den Wagen holen, in dem er King nachher zur Versammlung fahren soll.
»Es ist ziemlich kühl, Doktor King«, ruft er herauf, »besser, Sie nehmen Ihren Mantel mit.«
Ein Schuß peitscht. Martin Luther King verspürt einen Schlag gegen den Hals, er faßt nach der Stelle und fühlt Blut.

Abernathy, der im Nebenappartement wohnt, stürzt auf den Balkon. Martin Luther King bricht zusammen — angeschossen von einem gekauften Attentäter. Kurz nach zwanzig Uhr stirbt King im Krankenhaus von Memphis.
Der Demonstrationsmarsch in Memphis findet am 8. April statt — angeführt von Ralph Abernathy, Harry Belafonte und Coretta King mit ihren Kindern.

Albert Luthuli

Der Weg zur Freiheit führt über das Kreuz

Ukumba Nvoyono stand in seiner Hütte und drehte einen Brief unschlüssig hin und her. Der einfache Bauer konnte nicht lesen. »Ich gehe zum Dorfschullehrer, er muß mir den Brief vorlesen«, rief Nvoyono und machte sich in der sengenden Mittagssonne auf den Weg.
Seine Frau sah ihm sorgenvoll nach. Sie arbeitete dicht beim Haus in einem schmalen Zuckerrohrfeld. Die drei größeren ihrer sechs Kinder halfen ihr, die anderen spielten im Schatten der Hütte. Dieses Jahr würde es eine schlechte Ernte geben. Der Boden war karg und ausgelaugt, zudem hatte es seit Wochen nicht mehr geregnet. Und jetzt war auch noch der Brief von der weißen Behörde gekommen. Gutes stand da gewiß nicht drin, denn was konnte ein schwarzer Südafrikaner von den Weißen schon Gutes erwarten. Eine halbe Stunde später kehrte Ukumba Nvoyono zurück.
»Der weiße Landbesitzer will auf unserem Boden eine Papierfabrik bauen. Alle Dorfbewohner seien rechtlose Ansiedler und müßten von hier verschwinden«, steht in dem Brief.
»Aber du bist hier geboren. Man kann uns doch nicht einfach vertreiben«, rief die Frau empört.
»Doch. In dem Brief steht, daß laut afrikanischer Gesetzgebung jeglicher Aufenthalt ab sofort illegal ist.«
»Und wo sollen wir hin?«
Nvoyono zuckte mit den Schultern. »Sich irgendwo anders anzusiedeln, verbietet das Gesetz. Weder Stadt noch Reservat würden uns aufnehmen.«
»Sollen wir vielleicht auf die Straße?« wimmerte seine Frau.
»Auch das ist verboten. Wir werden dann wegen Landstreicherei verhaftet.«
»Was sollen wir denn tun?«
»Jetzt kann uns nur noch Häuptling Luthuli helfen.«
Nvoyono machte sich sofort auf den Weg. Nach mehreren Stunden erreichte er müde und erschöpft sein Ziel, das Zentrum des Umvoti-Missionsreservates. Auf dem Marktplatz hatte sich eine große Menschenmenge um den Häuptling versammelt. Albert Luthuli, ein 45jähriger hochgewachsener Mann, sprach mit ruhiger fester Stimme.
»Wir sind hier zusammengekommen, weil wir zum Widerstand gegen die weiße

Regierung entschlossen sind. Ich frage euch: Wem gehört Südafrika? Vierzehn Millionen Menschen verschiedener Rassen leben hier, doch die drei Millionen Weißen behaupten, dies sei ihr Land. Und genauso handeln sie auch. Achtundsiebzig Prozent der Bevölkerung haben eine schwarze Hautfarbe, aber ihnen gehören nur dreizehn Prozent des Bodens. Doch dieser kleine Rest, der uns bleibt, ist karg und unfruchtbar. Von dem, was auf diesen winzigen Feldern wächst, müssen unsere Familien satt werden. Trotzdem ist der Boden, den wir bearbeiten, nicht unser Eigentum. Er gehört der Kommune, also den weißen Herren, und er wurde uns nur leihweise überlassen. Jedem Afrikaner in unserem Land ist es verboten, freien Grundbesitz zu erwerben. Obwohl wir in diesem Land geboren wurden und aufgewachsen sind, werden wir wie Sklaven behandelt. Wir, die Landbevölkerung, dürfen unsere Reservate nicht verlassen und werden wie Hunde ausgepeitscht, wenn wir die Arbeit verweigern. Unseren Brüdern in den Städten ergeht es nicht viel besser. Getrennt von ihren Familien vegetieren sie in bewachten und kontrollierten Wohnbezirken, verrichten für einen Hungerlohn die niedrigste Arbeit und dürfen sich nicht einmal einer Gewerkschaft anschließen.
Mit diesen Benachteiligungen leben wir seit unserer Geburt. Doch jetzt hat die weiße Stadtverwaltung von Durban das Faß zum Überlaufen gebracht. Die weißen Herren strecken ihre Hand nach unserem Land aus. Sie wollen in unserem Dorf eine Arbeitersiedlung gründen.«
Laute Protestrufe erklangen:
»Das ist unser Land.«
»Niemand wird es uns wegnehmen.«
»Der Plan wird an unserem Widerstand scheitern.«
Luthuli hob die Arme, um die Bauern zu beruhigen. Mit leiser, doch eindringlicher Stimme, so wie er früher jahrelang als Lehrer zu seinen Schülern gesprochen hatte, ermahnte er die Männer, Ruhe zu bewahren. »Wir müssen verhindern, daß die Stadtverwaltung in Durban ihre Siedlung auf unseren Feldern errichtet. Unsere Dorfbewohner würden sonst zu arbeitslosen Farmern ohne Land und müßten betteln gehen. Diesen Plan der weißen Regierung müssen wir mit allen Mitteln verhindern.«
»Niemand wird uns von den Feldern vertreiben«, rief ein alter Mann laut dazwischen, und alle stimmten ihm zu.
»Nicht nur unser Dorf ist von den ehrgeizigen Plänen der Weißen bedroht. Überall im ganzen Land wollen die weißen Landeigner den Bauern die Felder wegnehmen.«
Nvoyono drängte sich in die erste Reihe nach vorne: »In unserem Dorf soll eine Papierfabrik gebaut werden. Auf unseren Feldern! Alle, die dort wohnen, müssen das Dorf verlassen«, rief er. »Heute kam der Brief von der Behörde.« In der Hand schwenkt er die amtliche Mitteilung.
Luthuli hatte dem Mann schweigend zugehört, jetzt sagte er: »Ihr seht, wir stehen mit unserem Problem nicht allein.«
»Aber was sollen wir tun?« fragte Nvoyono.
»Wir brauchen ein Komitee, das mit dem Siedlungsausschuß von Durban und mit den Vertretern von Handel und Industrie verhandelt. Wir müssen sie davon

»Jetzt kann nur noch Häuptling Luthuli helfen«, war ein geflügeltes Wort unter den Eingeborenen in Südafrika. Unser Bild zeigt Luthuli im Gespräch mit zwei Bauern.

überzeugen, daß es für sie sinnlos ist, in einem unerschlossenen ländlichen Gebiet Industrieansiedlungen zu bauen. Laßt uns eine Delegation zusammenstellen — wir wollen Männer bestimmen, die unser Vertrauen haben.«

Die Versammlung wählte Vertreter aus den verschiedenen Dörfern, die zu den Verhandlungen geschickt werden sollten. Luthuli selbst sollte die Verhandlungsdelegation anführen. Er schwor die anderen darauf ein, möglichst ruhig und gelassen zu bleiben, sich nicht provozieren zu lassen, Argumente vorzutragen. Bevor sie ihren Widersachern gegenübertraten, übten sie die bevorstehenden Auseinandersetzungen wieder und wieder mit verteilten Rollen.

Es war im Frühjahr 1945, als Luthulis Abordnung mit den Vertretern von Regierung, Industrie und Verwaltung zusammentrafen. Die Atmosphäre war zunächst gespannt. Aber Albert Luthuli gelang es rasch, die Aufmerksamkeit der Weißen zu finden. Er klagte nicht an, er achtete sehr darauf, niemanden zu provozieren; gelassen und wortgewandt trug er die Argumente der schwarzen Reservatsbewohner vor. »Man hat uns das Land zugewiesen. Es ist nicht sonderlich fruchtbar. Nur wer hart arbeitet, kann ihm eine Ernte abringen. Wir alle arbeiten hart. Wir schaffen unser Auskommen mit unseren eigenen Händen. Das ist es ja, was die Regierung wollte. Wenn sie das Land, das wir mit Mühen kultiviert haben, nur wegnehmen und bebauen will, widerspricht das doch eigentlich der ur-

sprünglichen Idee. Wir denken deshalb, die Verantwortlichen sollten den Plan noch einmal prüfen.«
Luthuli lächelte die Weißen freundlich an. Es war still geworden. Manch einer blätterte nachdenklich in den Planungsunterlagen. Schließlich sagten die Regierungsvertreter eine nochmalige Prüfung zu. Wenige Wochen später wurden die Pläne für die Industrieansiedlung im Umvoti-Reservat zu den Akten gelegt.
Der Verhandlungserfolg brachte Luthuli die breite Anerkennung seiner Landsleute ein. Luthuli predigte unbeirrt den gewaltlosen Widerstand. Er war ein Anhänger Gandhis, und die Haltung des großen Inders war bestimmend für alles, was Luthuli unternahm. Sein erster Erfolg hatte ihm recht gegeben.
Und so wurde er ganz zwangsläufig zur Führungsfigur für die benachteiligten Schwarzen in Südafrika.
Luthuli stammte aus einer angesehenen Familie, die zum Christentum übergetreten war. Der Junge wurde in einer Missionsschule erzogen und erhielt eine gründliche und umfangreiche Ausbildung. Nach der Schulzeit besuchte er einen zweijährigen Lehrerkurs und wurde nach bestandener Prüfung sofort Direktor einer Mittelschule in einem kleinen Ort. Was freilich nichts weiter zu besagen hatte, denn Luthuli war dort der einzige Lehrer. Acht Jahre lang unterrichtete er die Kinder. Dann baten ihn die Leute aus seinem Heimatdorf Groutville, sich als Häuptling zur Wahl zu stellen. Er war inzwischen verheiratet und hatte drei Kinder.
Luthuli gewann die Wahl und übersiedelte mit seiner Familie nach Groutville. Mit großer Energie setzte er sich für die Landbevölkerung ein und versuchte die oft zerstrittenen und unentschlossenen Stämme miteinander auszusöhnen. »Wie wollt ihr eure Rechte gegen die Weißen durchsetzen, wenn ihr euch in Kämpfen untereinander verzehrt«, predigte er.
Je einiger die Schwarzen waren, um so eher konnten sie auch ihre Ansprüche gegen die herrschende weiße Minderheit durchsetzen. Luthuli errang große Erfolge für das Reservat, das er als Häuptling vertrat. Die Weißen sahen in ihm einen gebildeten und vernünftigen Gesprächspartner, und manch einer von ihnen empfand größte Hochachtung für diesen klugen und selbstbewußten Sprecher der Schwarzen.
Aber 1948 änderte sich die politische Situation. Die allein wahlberechtigten Weißen wählten die »Nationalisten« als stärkste Partei ins Parlament. Ministerpräsident wurde deren Führer Daniel François Malan, ein Mann, der schon im Wahlkampf deutlich gemacht hatte, daß unter ihm die Politik der Rassentrennung wieder strikt angewendet werden sollte.
Für Luthuli und seine Anhänger bedeutete der Regierungswechsel einen Rückschlag. Plötzlich brachten die ruhigen Verhandlungen nichts mehr. Die Weißen ließen die Schwarzen kühl abblitzen, wann immer Luthuli und seine Freunde mit Vorschlägen, Bitten oder Forderungen in Durban erschienen.
»Wir haben tauben Ohren gepredigt«, sagte Luthuli. Er stand auf dem Podium und sprach zu den Vertretern des Afrikanischen Nationalkongresses (ANK), einer Widerstandsbewegung, die schon 1912 gegründet worden war und der er sich erst jetzt aktiv anschloß.
»Wir haben geredet und versucht, mit unseren Worten die Weißen zu überzeu-

gen. Doch es hat nichts genützt. Noch immer werden Recht und Moral mit Füßen getreten. Noch immer leben wir wie Vieh zusammengepfercht in hoffnungslos überfüllten Reservaten. Noch immer dürfen wir nicht wählen, und noch immer haben wir kein Selbstbestimmungsrecht. Jetzt muß damit Schluß gemacht werden. Wenn man auf unsere Worte nicht hören will, dann müssen wir uns mit anderen Mitteln Gehör verschaffen.«
Die Zeit des Redens war vorbei. Schwarze, Mischlinge und Inder schlossen sich zusammen. Am 26. Juni 1950 fanden in Johannisburg, Port Elizabeth und Durban die ersten großen Demonstrationen statt. Erstaunt sahen sich die Mächtigen einem großen organisierten Heer Farbiger gegenüber, die nicht mehr bereit waren, mit den Brosamen vom Tisch der Weißen vorlieb zu nehmen. Und diese Demonstration war nur der Anfang.
1952 rief der ANK zur Trotzkampagne auf — einer besonders pfiffigen Form des Widerstands gegen das Ausgehverbot und die unfairen Paßgesetze, die jeden Farbigen verpflichteten, sich Tag und Nacht ausweisen zu können. Gut ausgebildete Freiwilligentrupps hatten den öffentlichen Ungehorsam eingeübt und zogen nun los, um ihren Trotz öffentlich zu zeigen.
Er kam zu zahllosen Szenen wie dieser:
John Smith, ein weißer Geschäftsmann, der mit dem Vorortezug nach Johannisburg wollte, traute seinen Augen nicht, als sich hinter ihm am Fahrkartenschalter ein Eingeborener anstellte: »Hey Boy, kannst du nicht lesen?« herrschte er den Jungen an und zeigte auf das Schild über ihnen, auf dem mit großen Lettern stand: »Nur für Europäer.«
Der Junge verzog das Gesicht zu einem breiten Grinsen: »Na klar, Mister. Ich kann lesen.«
Trotzdem machte der Afrikaner keine Anstalten, die Halle zu verlassen. Erst als er beim Fahrkartenschalter ein Ticket verlangte, mußte er das Feld räumen — zwei Polizisten zerrten ihn am Kragen vor die Tür.
John Smith schüttelte über die Unverschämtheit dieses Schwarzen noch immer den Kopf, als er in sein Abteil einstieg. Da stutzte er erneut: »Das darf doch nicht wahr sein.« Mitten auf den Bänken saß eine Gruppe Schwarzer, die sich angeregt unterhielten. »Ihr seid im verkehrten Abteil!« schrie Smith die Leute an, beugte sich dann aus dem Fenster und rief die Polizei herbei. Widerstandslos ließen sich die jungen Leute abführen.
War denn die ganze Welt verrückt geworden? John Smith lebte seit seiner Geburt in Südafrika, hatte aber noch niemals ein derart dreistes Verhalten erlebt. Sein Ärger wurde noch heftiger, als er aus dem Zug stieg und auf einer Parkbank, auf der groß und deutlich »Nur für Europäer« stand, eine Gruppe schwatzender farbiger Frauen entdeckte. Doch schon kam die Polizei, um sie zu vertreiben. John Smith trat einen Schritt näher, um alles genau mitzubekommen. Selbstsicher standen die Frauen den Polizisten gegenüber.
»Was habt ihr euch dabei gedacht?« herrschten die Beamten die Frauen an.
»Ich weiß gar nicht, warum Sie sich aufregen, wir haben unsere Aktionen doch schriftlich angekündigt. Sogar eine Namensliste derjenigen, die sich an der Trotzkampagne beteiligen, lag bei.« Ruhig schaute die Frau dem Polizisten ins Gesicht. »Knapp dreitausend schwarze Bürger dieses Landes beteiligen sich.«

John Smith verschlug es die Sprache. Diese wildgewordene Affenhorde kündigte ihre Unverschämtheiten auch noch schriftlich an. Kopfschüttelnd ging John Smith weiter. Er sollte sich in den nächsten Monaten noch manches Mal wundern, denn die Aktionen der gewaltlosen Widerständler dauerten ein halbes Jahr.
Luthuli gehörte während der Kampagne zum Generalstab. Er blieb im Hintergrund und organisierte die Bewegung. Da war es nur eine Frage der Zeit, daß er auf Grund seiner politischen Tätigkeit von der Behörde in Pretoria vorgeladen wurde. »Sie sind Häuptling«, sagte der Beamte, »und doch fordern Sie die Leute dazu auf, die Gesetze des Landes zu übertreten. Es ist Ihre Aufgabe, Recht und Ordnung aufrechtzuerhalten. Aber Sie schüren statt dessen den Aufruhr. Was haben Sie dazu zu sagen?«

»Der Kurs, den wir eingeschlagen haben, ist der einzig mögliche Weg für uns, Protest zu erheben. Unser Motiv ist politischer Art. Nur so können wir erreichen, daß man unsere Lage zur Kenntnis nimmt.«

»Nein«, rief der Beamte, »Sie fordern die Leute auf, das Gesetz zu brechen!«

»Nicht das Gesetz zu brechen, sondern in dieser Form zu bezeugen, daß wir eine gewisse Art von Gesetz ablehnen.«

»Ich muß Ihnen erklären, daß das Departement Sie nicht mehr brauchen kann, wenn Sie weiter diesen Weg verfolgen. Gehen Sie, und denken Sie darüber nach.«

Ein Stammeshäuptling wird zwar von den Mitgliedern eines Dorfes demokratisch gewählt, doch er darf sein Amt nur mit Zustimmung des Departements ausüben.

Luthuli stand nun vor der Wahl, entweder seine politische Tätigkeit aufzugeben oder auf die Häuptlingswürde zu verzichten. Sein Entschluß stand fest. Er durfte sein politisches Engagement nicht aufgeben. Die weiße Regierung reagierte prompt. Schon wenige Tage später erhielt er einen Brief von der Behörde, in dem ihm mitgeteilt wurde, daß er von nun an nicht mehr Häuptling des Umvoti-Missionsreservates sei.

Luthuli hatte nichts anderes erwartet. Von jetzt an widmete er seine ganze Kraft dem politischen Widerstand. Die Mitglieder des ANK wählten ihn zum Generalpräsidenten.

Mit unermüdlicher Energie betrieb Luthuli die Trotzkampagne. Längst war der Regierung klargeworden, daß die seit Monaten andauernden Demonstrationen kein vorübergehender Zwischenfall waren. Sie reagierte mit unglaublicher Härte. Massenverhaftungen waren an der Tagesordnung.

Ende Oktober 1952 brachen, auch für Luthuli überraschend, Aufstände aus. Die farbigen Jugendlichen hatten es satt, nur zu demonstrieren, ohne eine politische Änderung zu erreichen. Die Trotzkampagne erschien ihnen aussichtslos. Ihr Zorn richtete sich gegen die Gebäude der Weißen, Bierhallen, Schulen, Kirchen, Verwaltungsgebäude. Mit Stöcken und Steinen warfen sie Fenster ein. Mit Brandbomben legten sie Feuer. Ehe Luthuli eingreifen konnte, hatten sich schon Tausende schwarze Jugendliche angeschlossen. Der aufgestaute Zorn entlud sich. Und die Polizei schlug erbarmungslos zurück. Von einem jungen Afrikaner, John Makruwu, ließ sich der erschütterte Luthuli berichten, wie sich das Feuer des Aufstandes entzündet hatte:

»Zweitausend waren auf dem Platz versammelt«, berichtete Makruwu, »sie haben friedlich demonstriert. Dann hat irgend jemand einen Stein geworfen. Glas splitterte. Eine Schaufensterscheibe war zerbrochen. Dann klirrte die zweite. Plötzlich hörten wir einen Schuß. Ein weißer Polizist hat mitten in die Menge geschossen. Das hat das Faß zum Überlaufen gebracht. Ich stand eingekeilt zwischen den Demonstranten. Zuerst waren alle wie gelähmt. Als dann aber der zweite Schuß fiel, bückte sich neben mir ein Mann, hob einen Stein auf und schleuderte ihn auf ein Auto. Andere machten es ihm nach. Ein furchtbarer Tumult entstand. Von Polizisten eingekreist, versuchten manche die Absperrung zu durchbrechen, um dem wahnsinnigen Durcheinander zu entfliehen. Sie liefen direkt vor die Gewehrläufe der Polizisten, die sie wie Hasen abknallten. Andere gerieten so in Empörung, daß sie mit allem warfen, was sie in die Finger bekamen. Jetzt war der Aufstand da. Die Polizei ging in Deckung und schoß auf alles, was sich bewegte.«

Wenige Tage später brachen in zwei weiteren Städten ebenfalls Unruhen aus. Tote und Verletzte gab es meistens nur auf seiten der Afrikaner. Die weiße Polizei blieb im Hinterhalt und schoß gezielt in die Menge. Die Männer im ANK empörten sich über die Gewalttätigkeit. Viele verurteilten die farbigen Jugendlichen, die zu den Krawallen angestiftet hatten.

Luthuli versuchte unter den Mitgliedern des Kongresses zu vermitteln: »Es sind die Folgen der Diktatur, die junge Menschen dazu veranlaßt, fremdes Eigentum zu zerstören. Auch das lammfrommste Tier wird der böswilligen Quälerei einmal überdrüssig. Es zerreißt seine Kette. Jetzt werden die Weißen rufen: ›Macht die Kette stärker!‹«

Luthuli hatte recht. Die weiße Regierung warf die Aufstände und die Trotzkampagne in einen Topf und verschärfte die Gesetze. Sie reagierte mit Ächtungen, Verbannungen und gerichtlichen Verfolgungen. Luthuli wurde 1953 zum erstenmal geächtet. Man schloß ihn von allen größeren Zentren Südafrikas aus, und er durfte keine öffentlichen Versammlungen besuchen.

Selbst die Teilnahme am Gottesdienst wurde ihm verboten.

Luthulis Frau Nokukhanya arbeitete mit ihren Kindern auf dem Feld hinter dem Haus. Immer wieder sah sie zu den Polizisten hinüber, die seit Wochen ihr Haus beobachteten. Schließlich hielt sie es nicht mehr aus. Sie rannte in die Küche und ließ sich auf einen Stuhl fallen. Luthuli schrieb gerade einen Brief an ein Kongreßmitglied.

»Hab keine Angst«, tröstete Luthuli seine Frau, »sie wollen uns nur einschüchtern. Aber so schnell geben wir nicht auf. Obwohl viele Anführer des Kongresses geächtet sind, nimmt die Zahl der Mitglieder ständig zu. Im ganzen Land erwacht der Widerstandsgeist, und die Trotzkampagne geht unvermindert weiter.«

»Du hast recht«, pflichtete ihm seine Frau bei. »Zwölf Millionen Menschen aller Rassen dürfen sich nicht unter das Joch von zwei Millionen Weißen beugen.«

Während seiner Ächtung beschäftigte sich Luthuli vorwiegend mit Organisationsaufgaben. Da er keine öffentlichen Versammlungen besuchen durfte, hielt er in seinem Haus viele Privatkonferenzen ab. Der Kampf mußte weitergehen, denn die Regierung ließ nichts unversucht, um die Farbigen noch weiter zu knechten.

Die Regierung verbannte Luthuli in sein Heimatdorf Groutville und enthob ihn aller Ämter. Mit seiner Frau lebte er, vermeintlich zurückgezogen, in diesem Farmhaus, aber seine politische Arbeit ging im Untergrund weiter.

Ende 1953 verabschiedete das Parlament das Eingeborenen-Erziehungsgesetz: Künftig sollten die Missionsschulen unter die Kontrolle des Staates gestellt werden und die schwarze Bevölkerung mit ihren Steuergeldern die Schulen finanzieren. Die Lehrpläne unterschieden sich völlig von denen der weißen Kinder. Ziel dieses Gesetzes war es, die Farbigen von einer umfangreichen und gründlichen Erziehung auszuschließen.

Gleich darauf erklärte die Regierung Streiks als gesetzwidrig und schloß die »Eingeborenen« von der Möglichkeit aus, sich um die Stelle als Facharbeiter zu bewerben.
Das Gesetz zur Unterdrückung des Kommunismus gab der Regierung neue Macht über die Widerstandsbewegung. Als Kommunist wurde jeder definiert, der gegen die unmenschlichen Zustände protestierte.
Ein Umsiedlungsgesetz ermächtigte die weißen Herren, »überschüssige Eingeborene« aus den Städten zu entfernen und sie weißen Farmern als Arbeitskräfte zuzuweisen.
Im Winter 1954 wurde Luthulis Ächtung aufgehoben. Sofort reiste er nach Johannisburg, um zusammen mit dem Kongreß neue Aktionsformen gegen die Willkür der Staatsmacht zu erarbeiten. Als Luthuli aus dem Flugzeug stieg, wartete die Sicherheitspolizei auf ihn. Uniformierte Beamte umringten ihn und führten ihn in einen Raum des Flugplatzgebäudes. »Verstehen Sie Englisch?« fragte ihn ein Polizeioffizier als erstes. Luthuli nickte. Daraufhin legte ihm der Beamte zwei Dokumente vor, das eine verbot ihm die Teilnahme an öffentlichen Versammlungen, das andere beschränkte seine Bewegungsfreiheit für weitere zwei Jahre auf den Verwaltungsbezirk Stanger, Luthulis unmittelbare Heimat.
Luthuli nahm die erneute Ächtung so gleichmütig hin, daß der Beamte glaubte, Luthuli hätte nicht begriffen, was ihm zugestoßen war. Nachdrücklich versuchte er dem Schwarzen den Inhalt des Dokumentes nochmals zu erklären. »Sie verstehen, daß Sie nicht von hier weggehen können und auf keiner Versammlung sprechen dürfen. Verstehen Sie?«
Luthuli nickte abermals und verließ das Gebäude. Von nun an durfte er sich nur in einem Bezirk von dreißig Meilen Durchmesser bewegen. Doch noch immer war seine Kraft ungebrochen. Er arbeitete weiter für den Kongreß, obwohl er wußte, daß er auf Schritt und Tritt beobachtet wurde und obwohl der Staat damit begonnen hatte, jede Aktivität des Kongresses von vornherein als aufrührerische und verräterische Umtriebe zu bezeichnen.
Am 5. Dezember 1955 donnerte es um vier Uhr morgens gegen die Tür. Nokukhanya öffnete. Eine Schar Männer stürmte in das Haus und steuerte direkt auf das Schlafzimmer zu. »Steh auf, Kaffer, der Tag ist gekommen«, wurde Luthuli angebrüllt. Der 57jährige Generalpräsident des ANK saß auf der Bettkante und rieb sich den Schlaf aus den Augen. Dann betrachtete er die Männer. Alle trugen Uniformen und standen breitbeinig und mit Pistolen bewaffnet in dem kleinen Raum, den die erste Morgensonne erhellte.
»Was ist los?« fragte Luthuli noch immer schlaftrunken.
»Hier lies!« Der Polizist reichte ihm zwei Vollmachten: zuerst den Haftbefehl, dann den Hausdurchsuchungsbefehl.
»Und was wirft man mir vor?«
»Kannst du denn nicht lesen? Hier steht Hochverrat«, herrschte ihn die Stimme an. Dann begannen die Beamten mit der Hausdurchsuchung. Zwei Stunden lang durchwühlten sie Schubkästen und Truhen, öffneten Schränke, schauten unter Matratzen und schleppten eine Menge Material zusammen, das sie einsteckten. Luthuli brachten sie zunächst nach Durban. Bewacht wie ein Schwerverbrecher, wurde er dann mit einem Militärflugzeug weiter nach Johannisburg transportiert.

Als Luthuli nach vielen Formalitäten endlich in einer Zelle saß, kam er aus dem Staunen nicht mehr heraus. Er traf nicht nur, wie erwartet, ein paar Freunde, sondern Männer aus jedem Winkel des Landes — Freiberufler und Arbeiter, Priester und Laien, Mohammedaner, Christen, Hindus, Afrikaner, Inder und Mischlinge.
Luthuli berichtet in seinen Erinnerungen über seine Untersuchungshaft:
»Wir Verhafteten waren in zwei großen Zellen einquartiert, aber wir konnten uns tagsüber gegenseitig besuchen. Wir lebten uns schnell ein. Selbstverständlich erlagen wir nicht der Gefahr des Nichtstuns. Es ist für Widerstandsführer in einem so großen Lande wie Südafrika außerordentlich schwierig, einander zu treffen. Doch hier waren wir alle beisammen, konnten uns sehen und hatten viel Zeit. Was Entfernung, Geldmangel und polizeiliche Behinderung erschwert hatte, nämlich häufige Zusammenkünfte, hier erzwang sie die Regierung geradezu. Endlich konnten wir unbegrenzt und auf jeder gewünschten Ebene tagen. Delegierte aus den entferntesten Bezirken saßen nicht weiter weg als in der nächsten Zelle.«
Die Widerstandsbewegung arbeitete also weiter. An den Abenden sorgten die Gefangenen für Abwechslung. Sie veranstalteten Debatten, Gesellschaftsspiele, Vorträge und Gottesdienste.
Ein Jahr lang blieb Luthuli mit seinen Freunden in Untersuchungshaft. Die Kontakte zur Außenwelt waren spärlich. Und so erlebten sie erst an dem Tag, an dem die Widerstandskämpfer in einem geschlossenen Lastwagen zum Magistratsgericht gebracht wurden, um offiziell angeklagt zu werden, welche Unruhe ihre Verhaftung ausgelöst hatte. Tausende säumten die Straßen und den Platz vor dem Gericht. Die Nationalhymne erklang, und die Gefangenen wurden wie Helden gefeiert.
In immer größeren Scharen strömten die Farbigen herzu. Die Polizei verlor den Überblick. Während im Saal die Gerichtsverhandlung begann, fingen deshalb einige nervös gewordene Polizisten an, ohne jeden Befehl wild um sich zu schießen. Zahllose Männer, Frauen und Jugendliche brachen blutüberströmt zusammen. Drinnen im Gerichtssaal ging der Prozeß weiter. Angeklagt waren jene Männer, die sich gegen die barbarischen, unmenschlichen Methoden der weißen Machthaber wandten.
Vier Jahre lang zog sich der Prozeß hin. Luthuli saß zusammen mit seinen Freunden abwechselnd auf der Anklagebank oder im Gefängnis. Dann stellte das Gericht den Prozeß überraschend ein. Die Weltöffentlichkeit hatte das Verfahren aufmerksam verfolgt. Und das Interesse erlahmte auch nicht, als die Gerichte die Prozesse immer mehr in die Länge zogen. Schließlich gab die Regierung das Zeichen zur Beendigung der würdelosen Gerichtsverhandlung, um endlich aus den Schlagzeilen der Weltpresse zu kommen.
Kaum auf freiem Fuß, beteiligte sich Luthuli an einer Aktion gegen das Paßgesetz. Er stand in Pretoria auf dem Marktplatz und warf trockenes Holz in ein loderndes Feuer. Immer höher züngelten die Flammen. Eine große Menschenmenge hatte sich versammelt. Ein Polizist kämpfte sich durch die Reihen der Zuschauer und trat auf Luthuli zu: »Es ist verboten, auf öffentlichen Plätzen Feuer anzuzünden«, herrschte er ihn an.

Luthuli wendete den Kopf und lächelte. »Warten Sie noch ein Weilchen, gleich bekommen Sie etwas zu sehen, was noch viel strenger verboten ist.«
»Los, zeigen Sie mir Ihren Paß«, forderte der Beamte ihn auf.
»Um diesen Paß geht es gerade«, antwortete Luthuli mit großer Höflichkeit.
»Sie wissen, daß jeder Schwarze ab seinem sechzehnten Geburtstag seinen Paß mit sich führen muß«, donnerte der Beamte.
»Ich weiß. Ich weiß auch, daß in diesem Paß über den Eigentümer persönliche Informationen stehen, die dort überhaupt nicht hingehören. Name und Adresse des Arbeitgebers zum Beispiel, der Stand der Steuerzahlungen, Vorstrafen und noch vieles mehr. Laut den Paßbestimmungen dürfen sich schwarze Männer und Frauen nicht länger als zweiundsiebzig Stunden ohne Erlaubnis in einem städtischen Gebiet aufhalten. Wer seinen Paß nicht bei sich trägt, wird sofort zu einer Gefängnisstrafe verurteilt.«
Unwillkürlich nickte der Beamte bei der lückenlosen Aufzählung der Bestimmungen. »Haben Sie Ihren Paß dabei?« fragte er nun fast versöhnlich.
»Aber natürlich«, antwortete Luthuli lachend. Mit der Hand klopfte er auf seine Brusttasche. »Dieses Paßsystem ist eine wohlüberlegte Degradierung und Demütigung unseres Volkes, ein Zeichen der Sklaverei. Jedes Jahr wird eine halbe Million Menschen wegen Paßvergehens verhaftet. Die Folgen sind zerstörte Familien, Arbeitsverlust, Verdienstausfall und Erniedrigung vor Nachbarn und Verwandten. Ich habe es satt, immer und immer wieder das Geschrei zu hören: ›Kaffer, wo ist dein Paß!‹ Darum halte ich es für die wirksamste und friedlichste Lösung, meinen Paß zu verbrennen.«
Luthuli zog das Dokument aus der Brusttasche und warf es, noch bevor der verdutzte Beamte reagieren konnte, in die Flammen. Männer, Frauen und Jugendliche folgten seinem Beispiel. Laut sangen sie, während das Papier aufloderte, die afrikanische Nationalhymne. Luthuli wurde verhaftet. Die Paßverbrennung wog um so schwerer, als sich Luthuli nach den weißen Gesetzen illegal in Pretoria aufhielt; denn wenige Monate vorher war er zum drittenmal geächtet worden. Diesmal für fünf Jahre. Eigentlich hätte er sein Heimatdorf Groutville überhaupt nicht verlassen dürfen.
Die Reaktion der Polizei war beispiellos. Der Kongreß wurde als rechtswidrig erklärt und verboten. Die weiße Regierung verhängte den Ausnahmezustand. Armee-Einheiten verstärkten die Polizeieinsätze. 20 000 Südafrikaner aller Hautfarben saßen in den Zellen und warteten auf ihren Prozeß.
Luthulis Gesundheitszustand verschlechterte sich zusehends. Er litt an einem akuten Rückfall von hohem Blutdruck und mußte ins Gefängniskrankenhaus verlegt werden. Nach fünfmonatiger Untersuchungshaft kam er endlich vor Gericht. Man verurteilte ihn zu einem Jahr Gefängnis oder 100 britischen Pfund Geldstrafe.
Dank der Großzügigkeit seiner Freunde saß Luthuli wenige Zeit später wieder in Groutville, um nach den Bestimmungen seiner Ächtung zu leben.
Luthulis mutiges Eintreten für Freiheit und Selbstbestimmung war längst über Südafrikas Grenzen hinaus bekanntgeworden. 1961 wurde ihm der Friedensnobelpreis zugesprochen. Die südafrikanische Regierung reagierte betroffen. Der Staatsfeind sollte die international anerkannteste Auszeichnung bekommen? An-

dererseits: Wie stand man da, wenn man die Preisverleihung verhinderte? Das wäre leicht möglich gewesen, denn Luthuli war ja noch immer unter Acht und Bann — um ins Ausland zu reisen, brauchte er eine Sondererlaubnis. Die wollte man ihm tatsächlich zuerst verweigern. Doch unter dem Druck der Öffentlichkeit gab die Regierung schließlich nach. Luthuli erhielt eine auf zehn Tage befristete Ausreisegenehmigung und durfte den Friedensnobelpreis in Empfang nehmen.
»Wollen Sie nicht für immer in Europa bleiben, Häuptling Luthuli«, wurde er häufig gefragt. »Hier wären Sie ein freier Mann.«
»Nein. Gerade die Bedrohung in meiner Heimat zeigt mir, daß man mich zu Hause braucht. Ich muß zurück, um die Unterdrücker meines Volkes so lange zu ermahnen, bis sie begreifen, daß Menschen Menschen sind.«
Als Luthuli nach Johannisburg zurückkehrte, war ein neues Gesetz erlassen worden, das alle politischen Organisationen, auch den ANK, endgültig verbot. Kurze Zeit später erließ die Regierung das sogenannte Sabotagegesetz. Es erteilt Polizeibeamten die Macht, jede Person ohne Haftbefehl festzunehmen und 90 Tage lang in Einzelhaft zu halten. Diese Strafe konnte auf weitere 90 Tage verlängert werden.
Verbannt in sein Heimatdorf Groutville und aller Ämter enthoben, arbeitete Luthuli im Untergrund weiter. In einer Rede vor weißen Zuhörern hat er einmal gesagt: »Es ist unvermeidlich, daß einzelne Menschen und einzelne Familien in der Bemühung um die Freiheit voran gehen und leiden müssen. Der Weg zur Freiheit führt über das Kreuz und vielleicht in den Tod.«
Am 21. Juli 1967 starb Luthuli. Die Zeitungen berichteten von einem Unfall. Die genauen Hintergründe hat jedoch nie jemand erfahren. Auch seine Frau weiß nur, was man ihr später erzählte. »Mein Mann verließ das Haus, um einige Besorgungen zu erledigen. Er ging einen Weg an der Eisenbahn entlang, einen Weg, den er gewöhnlich benutzte. Um ein Uhr kam meine Tochter aufgeregt zu mir: Vater ist von einem Zug verletzt worden und liegt im Krankenhaus.
Als wir auf die Unfallstation kamen, war mein Mann schon tot. Man sagte uns, er hätte eine Rippenverletzung und einen gebrochenen Arm. Wir öffneten sein Hemd, aber wir konnten keinerlei Verletzung finden. Nur eine Wunde am Kopf.
Es hat eine Untersuchung gegeben, und die offizielle Version lautete, daß mein Mann schwerhörig war und deshalb den Zug nicht gehört hätte. Doch Albert konnte besser hören als ich. Am Morgen nach seinem Tod war die Nachricht bereits in ganz Südafrika verbreitet. Ich erhielt eine Flut von Telegrammen, und zwanzig- bis dreißigtausend Menschen aus der ganzen Welt kamen zu seinem Begräbnis. Und auch heute noch sagen die Menschen: Wir erinnern uns an Luthuli, wir haben ihn nicht vergessen.«

Pablo Neruda

Dichtung ist immer ein Akt des Friedens

Der junge Pablo Neruda stand mit seinem Freund García Lorca auf einem kleinen Balkon hoch über den Dächern von Madrid. Es war ein warmer Sommerabend. Neruda breitete die Arme aus und rief ein wenig pathetisch:
»Was für ein Tag! So ein schönes Land wie Spanien habe ich noch nie gesehen. Es ist steinig und trocken, aber die Sonne sticht senkrecht herunter und schlägt Funken aus dem flachen Land und baut Lichtschlösser aus wirbelndem Staub.«
Lorca mußte lachen. Sein chilenischer Freund, der eigentlich gar nicht Neruda hieß, sondern Neftalí Ricardo Reyes Basoalto — Neruda war sein Künstlername —, erwies sich nicht nur als Dichter, wenn er in seiner engen Dachkammer saß und spanische Verse schmiedete. Auch wenn er redete, geriet ihm seine Sprache fast immer bilderreich und blumig. Niemand hätte diesem Schwärmer angesehen, daß er tagsüber als Konsul des befreundeten Landes Chile arbeitete und daß er nun schon seit Jahren im diplomatischen Dienst stand. Fast alle Länder Südamerikas, aber auch Indien, Ceylon und Singapur hatte er schon beruflich kennengelernt. Pablo Neruda hatte nirgendwo Mühe gehabt, sich einzuleben, aber in Spanien fühlte er sich wie zu Hause.
»Ich glaube, ich liebe Spanien fast so sehr wie mein Chile«, sagte er.
»Du wirst ja auch schon zu einem Dichter unseres Landes.« Lorca ging vom Balkon in die kleine Wohnung. »Laß uns gehen. Manuel wird schon warten.«
Neruda hatte schnell Freunde gefunden in Madrid. Lorca war einer von ihnen — ein Dichter, der in der Öffentlichkeit mit seinen Arbeiten großes Aufsehen erregt hatte und nun schon zu den prominenten Künstlern in Madrid zählte. Viele Maler waren darunter, aber auch Komponisten, Schauspieler und Sänger. Besonders eng aber hatte sich der Chilene an den Dichter Manuel Altolaguirre angeschlossen, der eine kleine Druckerei in einem düsteren Hinterhof betrieb. Gemeinsam arbeiteten sie an einer Zeitschrift. Sie wollten ein Organ schaffen, in dem die spanischen Dichter ihr Sprachrohr finden sollten — gedruckt auf hervorragendem Papier, schön gestaltet und repräsentativ aufgemacht. Die Zeitschrift erhielt den Titel »Grünes Pferd«. Fünf Nummern waren bereits in unregelmäßiger Reihenfolge erschienen. Und die sechste war bereits geschrieben und redigiert. Sie sollte am 19. Juli 1936 herauskommen. Jeden Abend trafen sich die beiden Redakteure,

und oft war auch, wie an diesem Tag, Lorca dabei. Sie wählten Texte aus, diskutierten mit den Autoren, setzten die Gedichte und machten Probeabzüge. Am Auslieferungstag waren sie nicht ganz soweit, wie sie eigentlich sein wollten. Die Blätter waren fertig gedruckt, in der richtigen Reihenfolge zusammengetragen, aber noch nicht gebunden.

»Wir machen morgen weiter«, sagte Neruda spät in der Nacht.

Sie verabschiedeten Lorca, der nach Granada reisen wollte, und gingen noch ein Glas Wein trinken.

Doch die Zeitschriften wurden nie mehr fertig. Am 17. Juli hatte sich in den nordafrikanischen Besitzungen Spaniens und auf den Kanarischen Inseln die Armee gegen die Volksfrontregierung erhoben.

An der Spitze der Aufständischen stand ein kleingewachsener General namens Francisco Franco, der schon früher von sich reden gemacht hatte. Er hatte eine steile Karriere hinter sich. Schon 1923, mit 31 Jahren, war er Kommandeur der spanischen Fremdenlegion geworden, 1928 hatte er die Leitung der Obersten Militärakademie in Saragossa übernommen, und 1934 war er zum Chef des Generalstabs aufgestiegen. Er war Nationalist und Anhänger einer autoritären Regierung. Als sich die Sozialisten in Asturien 1934 erhoben, um für mehr Demokratie zu kämpfen, schlug er den Aufstand blutig nieder. Doch dann kamen die sozialistischen Parteien doch an die Macht. Franco wurde auf einen unbedeutenden Posten auf den Kanarischen Inseln verbannt. Er dachte keinen Augenblick daran, sich mit dieser Degradierung abzufinden, und sann vom ersten Tag an auf Rache. Geschickt sammelte er Gleichgesinnte um sich und schuf sich eine schlagkräftige Truppe in Nordafrika und auf den Kanarischen Inseln.

Am 17. Juli 1936 schlug er los. Am 19. Juli sprang die Flamme des Aufstandes auf das spanische Festland über. Franco marschierte Richtung Madrid.

Altolaguirre und Neruda hörten am gleichen Tag in ihrer kleinen Druckerei davon. Sie hatten gerade damit begonnen, die neue Ausgabe des »Grünen Pferdes« vollends zu binden, als einer ihrer Freunde hereingestürmt kam.

»Das ganze Land ist im Aufruhr. García Lorca ist tot. Die Faschisten haben ihn in Granada erschossen.«

Neruda war wie gelähmt. Damit hatte niemand rechnen können, selbst er, der Diplomat, der leichter an politische Informationen kam als seine Künstlerfreunde, wurde von dieser Entwicklung überrascht. Was sollte er tun? Durfte er überhaupt etwas unternehmen? Schließlich war er Ausländer, und zudem war er im diplomatischen Dienst, und dieser Status verbot ihm jegliche Einmischung in die inneren Angelegenheiten des Gastlandes. Schon die Tatsache, daß er an der Zeitschrift mitarbeitete, hatte ihm Schwierigkeiten eingetragen.

Aber trotzdem konnte er nicht still dasitzen. In seiner für ihn charakteristischen Sprache sagte er zu seinen Freunden, die sich deprimiert in der Druckerei versammelt hatten:

»Wir dürfen nicht tatenlos zusehen, wie die Faschisten Freiheit und Recht versklaven. Wir Dichter müssen im Kampf gegen die Unterdrücker dem spanischen Volke beistehen!«

In der folgenden Nacht banden sie noch eine Handvoll Exemplare ihrer Zeitschrift. Von den Straßen und Plätzen der Stadt waren vereinzelte Feuergefechte

Pablo Neruda am Ende eines erfüllten Lebens (dies ist das letzte Photo von ihm). Der Literatur-Nobelpreisträger war ein engagierter Kämpfer für Frieden, Freiheit und Gerechtigkeit.

zu hören. Aber Madrid blieb verhältnismäßig ruhig. Die Armee operierte von ihren Garnisonen aus und brachte zunächst in jenen Gegenden, in denen sie stark war, die örtlichen und regionalen Verwaltungen unter ihre Herrschaft.
Die Front verlief in vielen Einzelstückchen. Auf der einen Seite die Arbeiter und Bauern, auf der anderen die Militärs, die Großgrundbesitzer und die Mitglieder konservativ-traditionalistischer Parteien, die sich mit der katholischen Kirchenführung verbündet hatten.
Die rechtmäßige Regierung versuchte, die Republik und die sozialen Reformen, die sie eingeleitet hatte, mit verfassungsmäßigen Mitteln zu verteidigen. Sie lehnte eine allgemeine Volksbewaffnung ab, die von den Gewerkschaften gefordert worden war. Aber auf die staatliche Armee konnten sich die Regierenden nicht mehr stützen. Die Soldaten liefen in ganzen Formationen zu Franco über. Als die militärische Situation für die regierende Volksfront immer bedrohlicher wurde, ließ Ministerpräsident Giral endlich entgegen den Verfassungsbestimmungen Waffen an die Gewerkschaften verteilen. Milizen und Verteidigungskomitees wurden gebildet, die vor allem in den Städten wie Madrid, Barcelona und Valencia den Angreifern zunächst standhalten konnten.

Ende Juli war ganz Spanien mit einem grausamen Bürgerkrieg überzogen. Pablo Neruda konnte da nicht kalten Herzens außerhalb stehen. Er schloß sich den Volksmilizen an, kleidete sich in deren Uniform und arbeitete sich in die vordersten Linien vor — freilich nicht um zu schießen, sondern um seine Gedichte vorzulesen. Mit dem Chilenen war eine seltsame Veränderung vor sich gegangen. Seine Lyrik, die bisher unpolitisch gewesen war und vor allem seinen ureigenen Gefühlsausbrüchen dienen mußte, veränderte sich. Jetzt wendete sich Neruda in seinen Gedichten immer stärker politischen Themen zu. Das »Grüne Pferd« erschien wieder. Doch auch die Zeitschrift hatte sich jetzt verändert. Vom poetischen Blatt war sie zur Kampfschrift geworden.
Madrid war den Sommer über von Angriffen der aufständischen Soldaten weitgehend verschont geblieben. Dennoch hatte Manuel seine kleine Druckerei in das halb verfallene Verlies eines ehemaligen Klosters verlegt. Dort druckte er auch Pablo Nerudas Buch »Spanien im Herzen«, das von der Freiheit, dem Stolz und der Selbstbestimmung der Spanier handelte.
Anfang November war Neruda wieder einmal in Madrid. Er saß in seiner kleinen Dachwohnung und schrieb an einem Text. Es war kalt geworden, und der Dichter hatte sich eine Decke um die Beine gewickelt. Ein seltsames Geräusch war in der Luft, ein tiefes, immer stärker anschwellendes Brummen. Sirenen heulten. Menschen hasteten in panischer Angst über die Gassen. Wortfetzen wurden vom Wind zu Nerudas Kammer hinaufgetragen:
»Flugzeuge ... sie greifen Madrid an ... die Faschisten kommen.«
Neruda ordnete die beschriebenen Blätter, dann griff er nach seinem groben Militärmantel. Er ging zur Tür und stieß beinahe mit Manuel Altolaguirre zusammen.
»Es ist soweit«, sagte der Freund fast sachlich. »Jetzt nehmen sie Madrid!«
Draußen war das Brummen der Motoren zu ohrenbetäubender Stärke angewachsen. Die ersten Bomben fielen. Pablo sah seinen Freund an.
»Was hast du denn in dem Sack da auf deinem Rücken?«
»Deine Bücher natürlich — Spanien im Herzen!«
»Willst du damit etwa fliehen?«
»Willst du sie etwa zurücklassen?«
Pablo Neruda umarmte den Freund, raffte in aller Eile das Nötigste zusammen und rannte hinter Manuel die Treppe hinunter. Sie wußten nur zu genau, daß sie alle beide auf den schwarzen Listen der Faschisten standen und gnadenlos an die Wand gestellt würden, wenn Francos Schergen ihrer habhaft wurden.
Die Faschisten griffen von Süden her an. Neruda und Altolaguirre schlichen sich nach Norden aus der Stadt. Die Waage hatte sich nach der Seite der angreifenden Franco-Truppen gesenkt. Millionen Spanier befanden sich auf der Flucht. Pablo Neruda notierte in sein Tagebuch: »Das ist der Tod Spaniens, das schmerzlichste Ereignis in der Geschichte dieses Landes. Eine Million tote Spanier, eine Million Verbannte! Dieser blutige Stachel soll nie mehr aus dem menschlichen Gewissen weichen.«
Die beiden Dichter schlossen sich dem langen Zug an, der in das unwegsame Pyrenäengebirge hineinmarschierte. Immer wieder mußten sie vor den angreifen-

den Flugzeugen Deckung suchen, deren Piloten die Bombenschächte öffneten, sobald sie eine größere Ansammlung von Flüchtlingen unter sich entdeckten. Manuel und Pablo verteilten unter den Fliehenden die Bücher, die sie mit sich schleppten. Überall, wo gerastet wurde, sah man lesende Menschen, vertieft in Pablo Nerudas Gedichte, die den geschlagenen Republikanern Kraft zu geben schienen.
Die Flüchtlinge lasen sich gegenseitig die Verse vor, manche Zeilen wurden zu geflügelten Worten unter ihnen. Die Bücher gingen von Hand zu Hand. Plötzlich empfanden Hunderte, ja Tausende Nerudas poetische Texte als Trost, Schutz und Stärkung gegen das Leid, das über sie gekommen war.
Wie hatte Neruda bei Ausbruch des Bürgerkriegs gesagt?
»Wir Dichter müssen im Kampf gegen die Unterdrücker dem spanischen Volke beistehen.«
Neruda kam nach Paris. Sein erster Weg führte ihn zur chilenischen Botschaft. Er wurde von einem Attaché empfangen, der dem Kollegen aus Madrid kurz und kühl mitteilte:
»Sie sind Ihres Postens enthoben, Señor Neruda. Als Konsul hätten Sie absolute Neutralität zu wahren gehabt, statt dessen haben Sie sich in den spanischen Bürgerkrieg eingemischt. Und zwar sehr aktiv, wie dem Außenministerium in Santiago de Chile zu Gehör gekommen ist. Sie werden selber einsehen, daß Sie untragbar geworden sind für den diplomatischen Dienst.«
»Auch gut!« sagte Neruda lächelnd.
»Wie bitte?«
»Ich sagte: auch gut, denn nun kann ich mich frei und ungehindert dem Widerstand gegen die widerrechtliche Machtergreifung durch Francos Putschisten in Spanien widmen.«
Er verbeugte sich ironisch gegen den Attaché und verließ die Botschaft seines Heimatlandes.
In Paris hatte sich bereits eine Gruppe spanischer Politiker, Journalisten und Künstler zusammengefunden, die gemeinsam daran arbeiteten, das Unrecht, das in ihrer Heimat geschah, der Weltöffentlichkeit vor Augen zu führen.
Die Dichterin Nancy Cunard gehörte dazu und auch der Maler Pablo Picasso. Sofort machte sich Neruda daran, seine Talente für die gute Sache einzusetzen. Er sammelte bei seinen Kollegen Gedichte und schrieb selbst an neuen Versen. Zusammen mit Nancy Cunard wollte er einen Lyrikband mit dem Titel »Die Dichter der Welt verteidigen das spanische Volk« herausbringen. Da sie kein Geld dafür hatten und kein Verlag die Herausgabe des Werkes übernehmen wollte, machte sich Neruda daran, die Gedichte selber zu setzen und zu drucken. Viel Geschick bewies er bei dieser handwerklichen Arbeit freilich nicht. Den Buchstaben p setzte er regelmäßig umgekehrt. Wenn in einem Vers das Wort »papados« vorkam, was zu deutsch Papsttum heißt, setzte Neruda prompt »dadapo«, was man allenfalls mit »Po eines Dadaisten« hätte übersetzen können. Noch Jahre später redete Nancy Cunard ihren Freund Neruda in Briefen mit »Mein lieber dadapo« an.
Wie sehr sich Neruda für die spanische Sache engagierte, belegt eine andere Anekdote: Die spanischen Dichter im Pariser Exil wollten einen internationalen an-

tifaschistischen Dichterkongreß organisieren, der sich mit der Situation in ihrer Heimat befassen sollte. Aber eine solche Veranstaltung kostet Geld. Neruda, der inzwischen eine schlecht bezahlte Anstellung beim »Verein zur Verteidigung der Kultur« angenommen hatte, übernahm es, die Mittel aufzutreiben. Er schrieb Bettelbriefe an alle Welt, zog selbst mit der Sammelbüchse durch die Künstlerlokale der französischen Metropole und scheute sich auch nicht, Bekannte anzugehen, die er noch aus seiner Zeit als Diplomat kannte.
Eines Abends kam er ganz aufgeregt in die Künstlerkneipe, die er und seine Freunde zum ständigen Treffpunkt gemacht hatten.
»Es ist geschafft«, rief er schon an der Tür, »wir haben das Geld beisammen. Aus der ganzen Welt sind Spenden eingegangen. Die Summe reicht. Wir können die Einladungen verschicken, die Reisen bezahlen und die Veranstaltung finanzieren. Es ist phantastisch — einfach phantastisch!«
Die Künstler und ihre Freunde applaudierten, und Nerudas Freund Rafael Alberti hob theatralisch sein Glas:
»Auf unseren Freund Pablo. Er ist kein Spanier, aber er hat seinen gutdotierten Posten als Konsul für Spanien aufgegeben; er ist zwar ein Dichter, aber er scheut sich nicht, Bettelbriefe zu schreiben; und er ist ein Esel, denn er hat sein Geld, seine Kraft, seine Zeit in den großen Dichterkongreß investiert, aber er ist nicht imstande, sich ein paar hundert Franc für seinen eigenen Einsatz zu genehmigen. Deshalb läuft er in abgetragenen Kleidern und zerrissenen Schuhen herum.«
Neruda blickte zu seinen Schuhen hinunter. Sie waren tatsächlich zerrissen.
1938 kehrte Neruda nach Chile zurück. Er, der einst den Luxus gewöhnt war, mußte nun mit einem Dritte-Klasse-Ticket vorliebnehmen. Auch in Lateinamerika hatte sich einiges verändert. Und auch in Chile gab es eine von der Hitler-Bewegung geprägte Strömung. Überall bildeten sich kleine Gruppen, die den Arm zum faschistischen Gruß erhoben. Neruda fand eine Anstellung als Redakteur bei der Zeitschrift »Aurora de Chile«, und viele seiner Artikel widmete er der verhängnisvollen Entwicklung des weltweiten Faschismus. Immer mehr Menschen entdeckten ihre Sympathie für diesen deutschen »Führer« Adolf Hitler. Seit der Olympiade 1936 in Berlin, die man noch Jahre danach in glanzvollen Filmen nacherleben konnte, ging eine erstaunliche Faszination von den deutschen Nationalsozialisten aus. Neruda wies unermüdlich auf die Gefahren hin, schließlich konnte er aus seinen spanischen Erfahrungen Schlüsse ziehen.
Als die deutsche Botschaft in Santiago der Nationalbibliothek eine großherzige Schenkung deutscher Bücher machte, protestierte die »Aurora de Chile« als erste Zeitung. Bei den gestifteten Büchern handelte es sich ausschließlich um linientreue Werke deutscher Autoren, die sich den Nazis verbunden fühlten.
»Die Schriftsteller und Dichter, die es verdient hätten, von jedem Chilenen gelesen zu werden«, schrieb Neruda, »sind heute in Hitler-Deutschland verboten. Ihre Bücher wurden öffentlich verbrannt. Dichtung ist immer ein Akt des Friedens. Brandstifter, Krieger und Wölfe suchen den Dichter, um ihn zu verbrennen, zu ermorden, zu zerreißen!«
Der Dichter forderte seine Landsleute auf, in einer beispielhaften Aktion die Bücher anerkannter deutscher Dichter zu spenden, Werke jener Literaten, die von Hitlers Leuten verbrannt und verbannt worden waren.

Nerudas Artikel hatte eine ungeheure Resonanz — freilich in einer anderen Richtung, als er gehofft hatte. Täglich trafen Morddrohungen gegen ihn ein. Korrekt verpackte Bücherpakete erreichten die Redaktion, aber da waren oft nicht die erhofften Bücherspenden drin, sondern fiese Geschenke von der schlimmsten Schmutzliteratur bis zu ungewaschenen Kleidern und Hundekot.
Aber natürlich gab es auch viele anständige Chilenen. Und so kam nach und nach eine ansehnliche Bibliothek mit mehr als 500 Büchern von Dichtern und Schriftstellern wie Heinrich Heine, Thomas Mann, Bertolt Brecht, Anna Seghers oder Arnold Zweig zusammen. Stolz zog Neruda mit seinen Kollegen zur Nationalbibliothek, um den Schatz zu übergeben.
Doch sie kamen nur bis zum äußeren Tor. Dort teilte ihnen ein Angestellter mit, daß die Bibliotheksleitung nicht gewillt sei, die Redakteure zu empfangen. Eine Annahme der Bücher käme schon gar nicht in Frage. Wohl oder übel mußten die Journalisten umkehren. Doch aufgeben wollten sie nicht. Als Redakteure waren sie gut informiert, wo welche öffentlichen und nichtöffentlichen Versammlungen abgehalten wurden. Ein politischer Redakteur der »Aurora« brachte seinen Kollegen Neruda denn auch auf die richtige Idee. Im Festsaal der Universität fand ein Festbankett mit zahlreichen ausländischen Staatsgästen statt. Der Außenminister wollte eine große Rede halten.
Vom Redaktionsgebäude aus setzte sich eine Stunde vor Beginn des Staatsbanketts ein kleiner Zug in Bewegung, dem sich auf dem Weg zur Universität immer mehr Leute anschlossen. Die Redakteure an der Spitze trugen Bilder der deutschen Widerstandskämpfer Carl von Ossietzky und Pastor Niemöller mit sich. Leise näherten sich die Redakteure dem Festsaal.
Als der Versammlungsleiter ansagte: »Das Wort hat nun der Herr Außenminister Don Miguel Cruchaga Tocarnal«, drückte Neruda leise die Tür einen Spalt breit auf. Von freundlichem Applaus begleitet, schritt der Außenminister zum Rednerpult. Neruda öffnete beide Flügel der Tür. Der Minister entfaltete sein Redemanuskript, räusperte sich und — entdeckte den stummen Zug, der von der Eingangstür her auf ihn zukam. Irritiert faltete er die Papiere mit seiner Rede wieder zusammen. Die Redakteure legten die Bücherpakete vor dem Podium ab. Pablo Neruda verbeugte sich.
»Verehrter Herr Minister, wir bringen Ihnen ein Büchergeschenk des chilenischen Volkes für die Nationalbibliothek. Es sind Bücher von Autoren, deren Werke in Deutschland öffentlich verbrannt worden sind, von Autoren zudem, die einen großen Ruf in der internationalen Literatur genießen. Wir bitten Sie, diese Bücher an die Nationalbibliothek weiterzuleiten.«
Wieder verneigte sich Neruda. Leise, wie er gekommen war, verließ der ungewöhnliche Demonstrationszug den Saal.
Neruda überprüfte persönlich die Wirkung der Aktion. Tatsächlich ordnete die Nationalbibliothek die gespendeten Bücher in ihre Bestände ein.
1939 wechselte in Chile die Regierung. Die Arbeiterpartei kam an die Macht. Der neue Ministerrat nahm lebhaften Anteil an der Entwicklung in Spanien. Seine besondere Sorge galt den Emigranten, die Spanien verlassen mußten, weil sie mit dem Franco-Regime nicht einig waren. Über 500 000 Menschen hatten das Land verlassen. Die meisten waren nach Frankreich gegangen, wo sie aller-

dings nicht freundlich aufgenommen wurden. Spanier, die um politisches Asyl baten, wurden in Lagern zusammengefaßt, auf Festungen und leerstehende frühere Gefängnisse verteilt oder in die nordafrikanischen Besitzungen Frankreichs geschickt, wo sie in unwirtlichen Wüstensiedlungen untergebracht wurden.
Schon wenige Wochen nach dem Machtwechsel lud ein Sprecher der neuen Regierung Neruda zu einem Gespräch ein. Der Dichter lehnte zuerst ab, denn er war erst vor Tagen operiert worden. Sein Bein lag im Gips, und sein Kreislauf machte ihm Schwierigkeiten. Doch als er hörte, der Präsident wolle ihn persönlich sprechen, willigte er ein. Ziemlich geschwächt trat er Präsident Don Pedro Aguirre Cerda gegenüber, der ihn höflich bat, Platz zu nehmen.
»Sie waren in Spanien?« fragte Don Pedro.
»Ja.«
»Sie haben sogar im Bürgerkrieg mitgekämpft, hat man mir erzählt.«
»Ich war bei den Truppen, ja. Und ich habe sie mit den Mitteln unterstützt, die mir zur Verfügung standen.«
Der Präsident nickte. Dann sagte er unvermittelt:
»Reisen Sie nach Frankreich und bringen Sie mir Spanier, so viele Sie für unser Land begeistern können. Tausende, Zehntausende! Wir haben Arbeit für alle. Bringen Sie Basken, Kastilier, Männer und Frauen aus Estremadura.«
Als Neruda das Präsidentenpalais verließ, spürte er seine Krankheit schon kaum mehr. Wenige Tage später reiste er — trotz Gips und schwachem Kreislauf — ab. In Paris wurde er kühl empfangen, als er bei der chilenischen Botschaft vorsprach. Dort arbeiteten noch die gleichen Beamten, die ihn vor wenigen Jahren auf die Straße gesetzt hatten. Nun erschien Neruda wieder, diesmal allerdings im Rang eines Konsuls. Der Botschafter wies ihm ein schmales Behelfsbüro im vierten Stock an, direkt neben den Wirtschaftsräumen. Neruda lächelte. Er hatte schon ganz andere Entbehrungen auf sich genommen. Die Hauptsache war, daß er seinen Auftrag, spanische Einwanderer für Chile zu gewinnen, im Sinne des Präsidenten erfüllen konnte.
In Paris sprach es sich schnell herum, daß das südamerikanische Land den heimatlosen Spaniern eine neue Chance geben wollte. Zu Tausenden strömten die Menschen in die Botschaft. Viele von ihnen litten unter den Verletzungen, die sie sich im Kampf gegen die Faschisten oder bei Fliegerangriffen zugezogen hatten. Nerudas Feinde in der Botschaft brachte die Entdeckung dieser Tatsache auf eine teuflische Idee. Sie stellten kurzerhand den Aufzug ab. Neruda schwieg und erleichterte den Spaniern die bürokratischen Aufnahmebedingungen, so gut es ging. Erst als er seine Mission erfolgreich abgeschlossen hatte, vertraute er einem Freund an:
»Mir brach fast das Herz, als ich die vielen Kriegsverletzten und Opfer der afrikanischen Lager sah, die es oft kaum schafften, sich bis ins vierte Stockwerk hinaufzuquälen.«
Neruda wurde für seine Mühe und seine Geduld reichlich belohnt. Am Tag vor Ausbruch des Zweiten Weltkrieges gingen »seine« Spanier an Bord des Passagierdampfers »Winnipeg«. Viele der Passagiere fanden hier ihre Familie wieder. Erschütternde Szenen spielten sich ab, als Brüder und Schwestern, Eltern und Kinder, Freunde und Kampfgenossen sich im Hafen von Marseille wieder trafen

Neruda war Botschafter in Paris, als er 1971 den Nobelpreis für Literatur erhielt. Unser Bild zeigt ihn bei seiner ersten Pressekonferenz nach der Bekanntgabe. Neben ihm seine Frau Mathilde.

und in die Arme fielen. Manch einer war darunter, den die Seinen längst tot geglaubt und aufgegeben hatten.
Wieder in Chile, konnte sich Neruda seinen nächsten diplomatischen Posten praktisch selbst aussuchen. Er entschied sich für Mexiko, wo er wiederum im Rang eines Konsuls arbeitete. Aber schon nach drei Jahren bat er um seine Entlassung aus dem diplomatischen Dienst.
Der Botschafter, dem er sein Gesuch vorlegte, sah ihn verwundert an.
»Gibt es irgend etwas, worüber Sie sich beklagen könnten?«
»Nein, nichts.«
»Aber ... ich verstehe nicht, Sie wollen tatsächlich Ihre diplomatische Laufbahn freiwillig beenden?«
»Ich muß zurück nach Chile. Ich bin ein Dichter, und ein Dichter muß in seinem Vaterland leben, sonst entwurzelt er selbst seine Seele und lähmt seine eigene Schaffenskraft.«
»Nun, der Kontakt zu Chile ist doch nicht abgerissen. Sie können fast nach Belieben dorthin reisen. Überlegen Sie sich's lieber noch einmal, Sie verdienen gutes Geld, haben eine glänzende Zukunft vor sich.«
Aber Pablo Neruda schüttelte den Kopf.

»Ich habe es mir längst überlegt. Ich weiß, daß ich nur in meinem eigenen Land leben kann. Ich weiß es, weil ich so viele spanische Freunde haben, die in der Fremde leiden. Ich muß mein Land mit den Füßen, den Händen und den Ohren berühren. Ohne das kann ich nicht leben, und ich kann nicht leben, ohne den Kreislauf seiner Gewässer und Schatten zu fühlen.«
Der Botschafter hob resignierend die Hände.
»Was soll ich einem Dichter entgegnen?«
Ende 1943 kehrte Neruda nach Santiago de Chile zurück. Die politischen Verhältnisse waren stabil, die Staatsfinanzen in Ordnung. Man sprach von einem kleinen Wirtschaftswunder. Neruda kaufte sich ein Haus und ließ sich dafür auf eine langfristige Abzahlung ein. Das Gebäude war nicht groß, aber es stand in einem schönen, parkähnlichen Garten mit prächtigen alten Bäumen.
Neruda arbeitete, umgeben von seinen Büchern, an neuen Texten. Aber ihm fehlte die innere Ruhe für die stille Arbeit an seinen Versen. Das Land schien still und zufrieden zu sein. Aber hier in der Stadt sah man nur die Oberfläche. Neruda war schon ein paarmal ins Landesinnere gereist, hinauf in die Berge. Dort herrschte nach wie vor große Armut. Die Kluft zwischen den eleganten Menschen der großstädtischen Clubs und den schwer arbeitenden Menschen draußen im Land wurde immer breiter. Neruda wußte, wovon er sprach, wenn er darüber redete. Immer häufiger sah man ihn in den Kupferbergwerken und im Salpeterabbaugebiet, wo Menschen für einen Hungerlohn täglich ihre Gesundheit aufs Spiel setzten.
Neruda, der längst zu der Überzeugung gekommen war, daß reden gut, schreiben besser, handeln aber unabdingbar war, daß man Dichter brauchte, aber auch Volksvertreter, ließ sich als Kandidat für den Senat aufstellen. Und er trat in die Kommunistische Partei Chiles ein. Natürlich wandten sich jetzt viele Freunde und Bekannte aus Santiagos guter Gesellschaft von ihm ab. Sie nannten ihn einen politischen Querkopf, einen linken Spinner und einen Sektierer.
Aber Neruda ließ sich nicht beirren. Und er gewann seine Wahl. 1945 zog er als Senator ins Parlament ein. Präsident wurde González Videla. Das Volk stimmte mit überwältigender Mehrheit für ihn, der als gemäßigter Sozialist galt.
Doch kaum war Videla im Amt, da änderte er seine politischen Positionen. Er wechselte rasch seine Freunde, wählte seine Berater aus den reichen Familien der Großgrundbesitzer, politische Gegner, die ihm widersprachen, landeten in den Gefängnissen des Landes, die bald schon überfüllt waren.
Neruda und seine politischen Freunde genossen parlamentarische Immunität. Niemand konnte sie vor ein Gericht stellen oder verhaften, solange sie gewählte Volksvertreter waren, es sei denn, das Parlament hob mit absoluter Mehrheit die Immunität auf. Neruda wußte diese Situation zu nutzen. Seine Reden wurden immer angriffslustiger und schärfer. Der große Dichter erwies sich nun auch als begabter Redner. Und er sagte dem Präsidenten die Wahrheit direkt ins Gesicht:
»Sie haben das Volk, durch dessen Stimme Sie Präsident geworden sind, belogen und betrogen. Statt die Armut zu beseitigen, wie Sie versprochen haben, statt das Los der Slumbewohner zu lindern, was Sie versprochen haben, statt die Arbeitsbedingungen in den Minen zu verbessern, festigen Sie nur die Macht der wenigen Reichen, die das Volk aussaugen wie Vampire!«

Pablo Neruda in Kuba. Für ihn war die Zuckerrohrinsel ein Ort der Inspiration — künstlerisch und auch politisch.

Der Präsident hörte den aufrührerischen Reden kreidebleich zu. Aber Videla war nicht geneigt, einen zweiten derartigen Auftritt im Parlament zuzulassen. Die Mehrheit der Volksvertretung hob auf Wunsch des Präsidenten die Immunität Nerudas auf. Sofort wurde ein Haftbefehl erlassen.

Wieder mußte Neruda fliehen. Ähnlich wie damals in Madrid verließ er die Stadt im letzten Augenblick. Doch diese Flucht war bitterer. Neruda war nicht gesund. Aber das quälte ihn weniger als die Tatsache, daß er diesmal im eigenen Vaterland vor der Ungerechtigkeit fliehen mußte.

Eineinhalb Jahre lang wechselte der Dichter fast täglich seine Behausung. Obwohl ihn die Polizei mit allen zur Verfügung stehenden Mitteln verfolgte, entschlüpfte er ihr immer wieder. Überall öffneten sich Türen zu einem Unterschlupf. Die Menschen Chiles, vor allem die einfachen Leute, liebten ihren Dichter, der im Parlament den Mächtigen so mutig die Wahrheit gesagt hatte. Neruda hielt sich in einfachen Bauernkaten und in Fischerhütten am Meer versteckt. Er kroch bei Minenarbeitern unter, aber auch bei Ärzten, Anwälten und Ingenieuren. Oft waren ihm die Menschenjäger dicht auf den Fersen, und die Angst war sein ständiger Begleiter. Und dennoch schrieb er in dieser Zeit wesentliche Teile seines bedeutendsten Werkes »Canto general«, zu deutsch »Der große Gesang« — 15 000 Verse, in denen er Wesen und Geschichte des großen amerikanischen Kontinents von der Vorzeit bis zur Gegenwart deutete. Eine große Vision in poetischen und kritischen, in leisen und anklagenden Tönen.

Der einzige, der in dieser schweren Zeit immer wußte, wo sich Neruda gerade aufhielt, war sein Freund Ricardo Fonseca. Aber Ricardo merkte auch, wie dieses Leben den Dichter zermürbte. Die Herrschaft Videlas konnte noch lange vorhalten. Aber Neruda war mit seinen Kräften jetzt schon am Ende. Ricardo brachte den Freund zu Galo González, dem Parteiführer der inzwischen verbotenen Kommunisten. Auch González lebte im Untergrund.
»Ein Mann, der so berühmt ist wie du, kann sich auf die Dauer nicht verstekken«, sagte der Parteiführer schlicht, »Videla hat auf deinen Kopf eine Prämie ausgesetzt. Da mag manch einer schwach werden, der bis jetzt noch nicht an Verrat gedacht hat.«
»Was soll ich tun?« fragte Neruda, »die Grenzen sind dicht, eine Flucht ins Ausland scheidet also aus.«
»Nein, nicht alle Grenzen sind lückenlos bewacht. Wir kennen Übergänge in den Anden, schmale Schmugglerpfade und nicht ungefährlich zu begehen. Aber diese Wege werden auch von der Armee nicht kontrolliert.«
»Das ist nichts für mich. Ich würde den Weg nicht finden.«
»Du wirst natürlich nicht allein sein. Freunde werden dich begleiten. Aber die Zeit drängt. Wenn der erste Schnee fällt, werden die Übergänge unbegehbar.«
Was gab es da viel zu überlegen. Neruda stimmte González zu. Auf abenteuerlichen Wegen und in einer Verkleidung, die ihm lächerlich vorkam — schwarzer angeklebter Bart und dunkle Brille —, wurde Neruda in verschiedenen Fahrzeugen fast 1500 Kilometer nach Norden gebracht. Vor den Anden lag aber noch ein breiter Urwaldgürtel. Wochenlang ritt er unter Führung ortskundiger Freunde durch das vielstöckige Waldgebirge, das den Blick zum Himmel niemals freigab und den Waldboden auch in der hellsten Mittagsstunde in graues Dämmerlicht tauchte.
Sie mieden Wege und schlugen sich mit Buschmessern einen eigenen Pfad durch das nahezu undurchdringliche Grün. Sie durchquerten reißende Bäche und balancierten auf improvisierten Hängebrücken über tiefe Schluchten. Der Wald schien kein Ende zu nehmen. Doch nach einigen Wochen schwerster Strapazen erreichten sie das flach ansteigende Felsgebiet der Anden.
Es war schon spät im Herbst. Der kalte Wind durchdrang selbst die dicksten Kleider bis auf die Haut. Der Fels war schwer zu begehen. Selbst die geschickten Maultiere glitten immer wieder ab auf dem harten, von Sturm und Regen glattgeschliffenen Granit. Weit oben in einem schmalen Einschnitt erreichte Neruda mit seinen Begleitern eine einsame Hütte.
Erschöpft ließ er sich auf das Strohlager fallen.
»Was tut man nicht alles, um sein bißchen Leben und seine Freiheit zu erhalten«, stöhnte er. Doch seinen Weggenossen war nicht nach Lebensbetrachtungen zumute.
»Wir sind am Ziel«, sagte der Anführer. »Dort drüben, hinter dem Grat, beginnt Argentinien. Sie müssen uns entschuldigen, Don Pablo, aber der Winter steht vor der Tür, und wir haben noch einen weiten Weg vor uns.«
Sie gaben ihm die Hand und eilten den Berg hinab. Neruda trat vor die Tür und sah ihnen nach. Jetzt war er ganz allein in dieser düsteren, abweisenden Bergwelt. Er schulterte sein Bündel und stieg langsam den Bergpfad weiter hinauf.

Ein halbverfaulter Pfahl markierte die Stelle, an der die Grenze verlief. Neruda sah sich noch einmal um.
»Adieu Chile«, sagte er leise und machte sich an den Abstieg. Schon nach einer knappen Stunde kam er in das erste argentinische Kordillerendorf. Ein Mann erwartete ihn schon seit Tagen dort. Neruda erholte sich ein wenig von den Strapazen des langen Weges, ehe ihn ein Auto nach Buenos Aires brachte.
In der Hauptstadt traf Neruda auf seinen Freund Miguel Angel Asturias, Schriftsteller wie er und ebenso im diplomatischen Dienst wie Neruda selbst noch vor ein paar Jahren. Die beiden kannten sich schon lange und hatten auch äußerlich eine gewisse Ähnlichkeit miteinander. Im Scherz nannten Freunde sie manchmal die beiden »Chompiges«, die beiden Truthähne, weil die lange hakenförmige Nase, die beider Gesicht zierte, und das leicht fliehende Doppelkinn den Vergleich mit dem Federvieh nahelegte. Als Neruda seinen Dichterfreund jetzt auf die Ähnlichkeit ansprach, wußte Asturias gleich, was dahintersteckte.
»Gut, ich gebe dir meinen Paß. Unsere Behörden nehmen es nicht so genau, aber wenn du nach Europa willst, wird er dir wenig nützen.«
»Laß es mich versuchen. Ich habe vor, nach Paris zu reisen.«
Neruda erreichte die französische Metropole ohne Zwischenfälle, wenn man davon absieht, daß er als weltbekannter Dichter während der ganzen Reise hofiert wurde — allerdings nicht als Señor Neruda, sondern als Señor Asturias.
In Paris wurde er von seinen alten Freunden begeistert aufgenommen. Er, der so vielen Menschen zu einem Asyl verholfen hatte, war nun selbst Emigrant. Durch Vermittlung von Pablo Picasso erhielt er einen französischen Paß.
In den folgenden Jahren trat er überall in Europa, aber auch in der Sowjetunion, in China und Indien bei Friedenskongressen und politischen Debatten auf. Er verließ sich dabei in aller Regel auf die Aussage- und Überzeugungskraft seiner Gedichte. Die chilenische Regierung aber ließ auch jetzt nicht davon ab, den größten lebenden Dichter der Nation zu verfolgen. Sie übte starken politischen Druck auf die französische Regierung aus. Und tatsächlich wollten die Pariser Behörden Nerudas Paß einziehen. Der nächste Schritt wäre womöglich die Ausweisung oder gar die Auslieferung an Chile gewesen. Dem wollte Neruda zuvorkommen. Da er genügend informierte Freunde hatte, erhielt er die Nachricht von den geplanten Maßnahmen rechtzeitig genug, um Frankreich verlassen zu können. Zu seinem Freund Picasso sagte er beim Abschied:
»Wahrscheinlich werde ich immer ruhelos bleiben, und dabei brauche ich zum Leben und Arbeiten nichts wichtiger als meine Heimat.«
Diesmal sollte er mit seiner Prophezeiung nicht recht behalten. 1952 wurde in Chile gewählt. Videla verlor den Präsidentenstuhl, und Ibáñez del Campo, der schon in den zwanziger Jahren einmal Präsident gewesen war und damals ein soziales Reformwerk begründet und die Staatsfinanzen saniert hatte, kehrte zurück. Auf diplomatischen Kanälen ließ die neue Regierung Neruda wissen, daß er in Chile wieder willkommen sei. Gemeinsam mit seiner Frau Mathilde, die er in den Emigrationsjahren kennengelernt und geheiratet hatte, machte er sich überglücklich auf den Heimweg. Fürs erste wollte er keine der ihm angebotenen Positionen annehmen. Er wollte endlich die letzten Feinarbeiten an seinem »Canto general« machen und das große Werk herausgeben. Es erschien 1953.

Das Ehepaar Neruda bereiste nach der Nobelpreisverleihung ganz Europa. Unser Bild entstand in Mailand. Der chilenische Dichter wollte für die Sache des Friedens werben, aber er war bereits an Krebs erkrankt.

Fünf Jahre lang widmete er sich nun seinem dichterischen Schaffen in seinem Haus Isla Negra. Dann reiste er wieder um die Welt, las, diskutierte, hielt Vorträge für den Frieden. Es waren glückliche Reisen, denn er wußte, daß er jederzeit nach Hause zurückkehren konnte.

1970 standen wieder einmal Wahlen an. Neruda war nun schon 66 Jahre alt, aber er stürzte sich in den Wahlkampf, als ob das ganze Leben noch vor ihm liege, denn diesmal bewarb sich sein Freund Salvador Allende um das Amt des Präsidenten. Der Sozialist Allende gewann die Wahlen und überredete seinen Freund Pablo, Botschafter in Paris zu werden. Er wußte, wie wichtig es war, daß die neue Regierung, der vor allem die westlichen Länder unter Führung Amerikas skeptisch bis ablehnend gegenüberstanden, in dieser großen europäischen Metropole überzeugend vertreten war. Trotz seiner angegriffenen Gesundheit willigte der Dichter ein. Doch die Arbeit war kaum zu bewältigen. Sein aufregendes Leben hatte an seinen Kräften gezehrt. Schon nach wenigen Monaten mußte sich Neruda einer Operation unterziehen. Und er war noch nicht von ihr genesen, da ging eine Nachricht um die Welt, die neue Aufregung und Anstrengung für ihn bedeutete: Pablo Neruda erhält den Literatur-Nobelpreis 1971. Für ein paar Tage schien der Salon in der chilenischen Botschaft in Paris zum Zentrum der geistigen Welt geworden zu sein. Noch vom Klinikaufenthalt und der Krankheit gezeichnet, stand Neruda den Journalisten aus aller Welt Rede und Antwort — ein großer Dichter und ein großer Kämpfer für den Frieden und die Gerechtigkeit.

Wenig später kehrte er nach Chile zurück, herzlich begrüßt von seinen Freunden und Weggenossen. Es war schwer, all den Gratulationen und Ovationen zu entkommen und zurückzufinden in das ruhige kleine Häuschen am Rande der Stadt. Nur die besten Freunde wurden dort noch empfangen. Zu ihnen gehörte auch Victor Jara, der beliebte Volkssänger. Immer wieder zog es ihn zu Neruda, um dem großen Dichter seine Lieder vorzutragen, ihn um Rat zu bitten, um Kritik und Hilfe.

Neruda kränkelte. Seine Freunde sahen das mit großer Sorge. Auch Jara.

»Vielleicht solltest du weniger arbeiten, du könntest dir doch Ruhe gönnen. Mehr als den Nobelpreis kannst du doch nicht erreichen.«

Neruda lächelte dem Freund zu.

»Das sagt Mathilde auch. Aber ich kann nicht aufhören. Ich arbeite an acht neuen Gedichtbänden. Sie sollen im nächsten Jahr erscheinen, rechtzeitig zu meinem siebzigsten Geburtstag.«

Jara nickte. Das verstand er. Und er wußte, daß Allende selbst die Geburtstagsfeierlichkeiten für den großen alten Mann Chiles plante.

»Genieße wenigstens die warmen Sommertage. In ein paar Wochen schaue ich mal wieder vorbei.«

Es war August 1973. Die beiden sollten sich nicht wiedersehen. Am 11. September 1973 rissen die Militärs die Macht an sich. Der Präsidentenpalast wurde bombardiert, Allende starb unter den Kugeln der Putschisten. Jara wurde verhaftet und im Fußballstadion der Hauptstadt mit Gleichgesinnten zusammengepfercht und umgebracht (siehe das Kapitel »Victor Jara«).

Pablo Neruda erfuhr wenig von dem, was draußen geschah. Sein Haus wurde sofort von der Umwelt isoliert. Zudem verschlimmerte sich seine Krankheit. Er mußte das Bett hüten, und der Arzt verbot ihm, Radio zu hören. Jede Aufregung konnte nur schaden. Jetzt erst begriff Neruda, daß die Operation in Paris keine Heilung mehr hatte bringen können. Er litt an Krebs.

Am 18. September erklärte der Arzt, er könne keine Verantwortung mehr übernehmen. Neruda wurde ins Krankenhaus nach Santiago gebracht. Auf dem Weg dorthin muß er die ganze Tragweite des Militärputsches begriffen haben. In der Klinik selbst funktionierte gar nichts mehr. Es fehlte an Medikamenten, das Personal war zum Teil geflohen, Ärzte waren verhaftet worden, die verbliebenen Mediziner zitterten vor Angst.

Neruda erhielt am Krankenbett den Besuch des mexikanischen Botschafters. Der

Diplomat bot dem Dichter an, ihn in einer Sondermaschine auszufliegen. Die besten Ärzte Mexikos stünden bereit.

Pablo Neruda schüttelte resignierend den Kopf. Er hatte immer seine Heimat gesucht, um in ihr, mit ihr und für sie zu leben. Nun wollte er auch zu Hause sterben. Am 23. September 1973 starb Pablo Neruda.

Victor Jara

Er hatte kein Gewehr, nur seine Gitarre

Als im Jahr 1971 Salvador Allende zum Präsidenten von Chile gewählt wurde, herrschte in dem rund 4 300 Kilometer langen und nur 90 bis 440 Kilometer breiten südamerikanischen Land soziales Elend und wirtschaftliche Not. So gehörten zum Beispiel 75 Prozent des Bodens wenigen Grundbesitzern, die für einen erbärmlichen Lohn ungelernte Arbeiter auf den Feldern schuften ließen. Obwohl Chile die größten Kupfervorkommen der Erde besaß, trugen sie nicht zum Reichtum des Landes bei, denn Kupfer- und Eisenerzbergbau waren fest in der Hand amerikanischer Unternehmen, die den Gewinn abschöpften.
Allende versuchte, einen demokratischen Weg zum Sozialismus zu gehen. Er setzte ein gesetzliches Verstaatlichungsprogramm durch. Kupfer- und Kohlebergbau wurden verstaatlicht, der landwirtschaftliche Großgrundbesitz parzelliert und auf die armen Bauern verteilt. In den Slums der großen Städte wurden jetzt Schulen gebaut, zum erstenmal hatten die Ärmsten der Armen eine Chance, Lesen und Schreiben zu lernen. Allende förderte das Gesundheitswesen. Die Menschen in den Wellblechhütten und Bretterbuden am Rande der Städte wurden nun kostenlos medizinisch betreut.
Viele freiwillige Helfer unterstützten den Präsidenten. Sie alle hofften auf ein besseres und menschenwürdigeres Leben und waren bereit dafür, Entbehrungen und Verzicht auf sich zu nehmen. Einer von ihnen war der Volkssänger Victor Jara. Der ehemalige Theaterregisseur hatte Allende im Wahlkampf unterstützt. In seinen Liedern hatte er immer wieder das schwierige Los der Armen, der ausgebeuteten Arbeiter und der hoffnungslosen Jugend besungen. Auch nach dem Amtsantritt Allendes reiste Jara durch das Land und ermunterte die Menschen, in ihrem Kampf für mehr Gerechtigkeit weiterzumachen.
Trotz der sozialen Verbesserungen war das Leben in Chile nicht einfacher geworden. Immer wieder versuchten die Gegner Allendes, das neue System zu stürzen. Unterstützung erhielten sie von den USA, die über Chile einen wirtschaftlichen Boykott verhängt hatten. Die Amerikaner weigerten sich, das Kupfer der neuen Regierung abzukaufen. Die USA waren Hauptabnehmer des Metalls — neue Märkte waren nicht so schnell zu erschließen. Immer wieder reiste Victor Jara zu den Minen und Erzbergwerken, trug seine Lieder vor und diskutierte mit den Ar-

beitern. Es ging nun darum, daß die Chilenen durchhielten, sich nicht entmutigen ließen. Der Boykott konnte nicht ewig dauern. Die Amerikaner brauchten das Kupfer. Jara und seine Freunde ahnten, daß die Geduld der Gegenseite schwächer war als die eigene, aber sie konnten nicht wissen, welche Folgen das haben würde.

Dienstag, 11. September 1973, Santiago de Chile.
Victor Jara saß mit seiner Frau Joan und den beiden Töchtern beim Frühstück. Er wollte an diesem Tag zu einer Ausstellungseröffnung der Technischen Universität, um dort in einem Konzert aufzutreten.
»Pst«, rief Jara plötzlich, obwohl niemand sprach. Mit schräg geneigtem Kopf lauschte er auf die Stimme des Nachrichtensprechers.
»Einheiten der Marine haben den Hafen von Valparaiso besetzt. Alle Schiffe, die den Hafen verlassen, werden kontrolliert.«
»Was bedeutet das?« fragte seine Frau.
»Ein Militärputsch ...«
»Aber das ist doch nicht möglich!«
Dann lauschten sie wieder auf die Stimme des Nachrichtensprechers.
»... über ganz Chile ist der Belagerungszustand verhängt. Im Präsidentenpalast hat General Pinochet die Regierungsgewalt übernommen ...«
»Was ist aus Allende geworden?« flüsterte Joan.
»... die Bürger werden aufgefordert, sich ruhig zu verhalten und ihre Häuser nicht zu verlassen ...« tönte die Stimme aus dem Radio.
Victor Jara stand auf und holte seine Jacke.
»Ich muß zur Universität.«
»Hast du denn nicht gehört?« fragte seine Frau ungläubig.
»Doch. Und gerade darum muß ich jetzt sofort los. Die Universität wird ihr nächstes Ziel sein.«
Er küßte seine Frau und seine beiden Töchter und verließ still das Haus.
Joan stand am Fenster und sah ihrem Mann nach, wie er mit entschlossenen Schritten die Straße überquerte. Im Arm trug er seine einzige Waffe — seine Gitarre.
Joan Jara wußte noch nicht, daß sie ihren Mann nie mehr wiedersehen würde.
Auf den Straßen und Plätzen herrschte ein heilloses Durcheinander. Jeder versuchte so rasch wie möglich nach Hause zu kommen, so als schützten die verschlossenen Wohnungstüren vor der Macht und Willkür der Militärs. Armeejeeps patrouillierten durch die Straßen.
Über Hinterhöfe und versteckte Gassen kam Jara zur Universität.
Drei Jahre war es jetzt her, daß Allende von der Mehrheit des Volkes zum Präsidenten gewählt worden war. Aber seine sofort eingeleiteten Programme zur Reformierung Chiles waren von Anfang an von seinen Gegnern wütend bekämpft worden. Immer wieder war es zu Anschlägen, zu Sabotage und zu Überfällen gekommen. Jetzt hatten sie zum entscheidenden Schlag ausgeholt: gewaltsam wollte das Militär die Macht übernehmen.
»Wir müssen Barrikaden bauen«, sagte Jara ruhig, als er die Universität betrat. »Jeden Moment kann das Militär anrücken.«
Sofort entstand eine hektische Betriebsamkeit. Keiner der vielen Studenten und

Professoren konnte mit einer Waffe umgehen. Trotzdem waren sie entschlossen, Widerstand zu leisten. Mit Schränken, Tischen und Stühlen verbarrikadierten sie Fenster und Eingänge.
Ein junger Mann schleppte Bretter herbei und vernagelte damit die Tür.
»Wir können nicht die ganze Universität verteidigen«, sagte er, während er die Nägel in das Holz trieb. »Das beste wird sein, wenn wir uns auf diesen Teil des Gebäudes beschränken.«
»Es hat ja doch alles keinen Sinn«, sagte ein anderer junger Mann resignierend.
»Natürlich hat es Sinn«, fuhr ihn Jara ärgerlich an. »Die Regierung ist vom Volk gewählt, und sie hat alles getan, um das Vertrauen zu rechtfertigen, das die Leute in sie gesetzt haben. Es ist eine Menge passiert in den letzten drei Jahren. Hast du eine Ahnung, wie viele neue Schulen gebaut worden sind? Wie viele Krankenhäuser?«
Jara redete sich in Feuer. So kannten ihn seine Freunde. Von diesem Mann ging eine erstaunliche Kraft aus.
»Natürlich kann man sagen, was ist das schon, wenn jedes Kind jeden Tag kostenlos einen Viertelliter Milch bekommt? Oder wenn jeder Arme und Arbeitslose kostenlos ärztlich behandelt wird. Aber denk auch an die Landreform! Es gibt also genug Dinge, die es lohnt, zu verteidigen.«
Weiter kam er nicht. Eine Studentin, die auf der Treppe zum Oberstock saß, hatte ein Transistorradio gegen das Ohr gedrückt. Nun schrie sie auf: »Das ist schrecklich! Sie haben Allende umgebracht.«
Es trat eine lähmende Stille ein. Entsetzt sahen sie einander an. Alle Hoffnung, die Jara gerade noch entflammt hatte, war verflogen. Und dann rief ein Student von seinem Beobachtungsposten auf dem Dach: »Sie rücken an. Mein Gott, wie viele das sind!«
Aber zunächst geschah nichts. Die Soldaten umstellten die Universität, brachten Maschinengewehre in Stellung und bildeten eine dichte Kette. Nichts deutete auf einen schnellen Angriff hin. Manche der Uniformierten rauchten, die Maschinenpistole lässig über die Schulter gehängt. Panzer fuhren auf.
Es wurde Abend, aber sie griffen nicht an.
Die Menschen in der Universität erfaßte eine ungeheure Nervosität. Es wurde Nacht, aber niemand konnte schlafen. Jara spielte ein paar Akkorde auf seiner Gitarre und sagte leise:
»Bitte bleibt ruhig, Freunde. Sie wollen uns nervös und gereizt machen. Wir sollten alles tun, daß dieser Plan nicht aufgeht.«

Mittwoch, 12. September 1973
In der fahlen Morgendämmerung hatte sich noch immer nichts verändert. Die Soldaten wurden durch frische Kräfte abgelöst. In der Universität hatte kaum einer ein Auge zugetan in dieser Nacht. Müde und entmutigt saßen die Menschen auf dem Boden dicht beieinander. Der Getränkeautomat gab längst nichts mehr her. Die Essensvorräte waren aufgebraucht.
Jara sagte: »Wie unerfahren wir doch sind im Widerstand. Wir haben ihnen nichts entgegenzusetzen als unseren Glauben an Freiheit und Gerechtigkeit.«
Er griff zur Gitarre und sang eines seiner Lieder:

»Es gibt kein Haus, wohin ich gehen könnte,
weder Vater noch Mutter erwarten mich,
fern ist die feuchte Erde,
fern ist die feuchte Erde, wie ein Stern.
Und meine Hände sind alles, was ich besitze,
und meine Hände sind meine Liebe und meine Stütze.«

Dann hörten die Menschen in der Universität einen ohrenbetäubenden Knall. Glas splitterte. Beton barst. Eine erste Granate hatte ein mächtiges Loch in die Außenwand gerissen. Als sich der Staub legte, sahen sie hinter ihren Barrikaden, wie das Militär langsam vorrückte. Zu Hunderten kamen die Soldaten geduckt näher, während die Maschinengewehre im Hintergrund Feuerschutz gaben. Auch Panzer und Lkws schoben sich heran, als wollten die Putschisten eine bis zu den Zähnen bewaffnete Übermacht angreifen. Die erste Barrikade fiel schnell. Mit ihren Maschinengewehren schossen sich die Angreifer den Weg frei. Überall brachen Menschen zusammen — getroffen von den dicht aufeinanderfolgenden Salven. Neben Jara wurde ein Student mitten in die Brust getroffen. Er sank in die Knie und fiel aufs Gesicht. Der Stiefel eines Soldaten trat ihm ins Genick. Jara hörte, wie die Knochen brachen.
Eine rauhe Hand packte Jara und schleuderte ihn gegen die Wand. Als er, noch benommen von der Wucht des Schlages, wieder aufsah, blickte er in die Mündung eines Gewehrs. Der Soldat, der seine Waffe auf Jara richtete, grinste. »Sieh da, unser Volkssänger. Bin gespannt, ob du heute abend immer noch wie ein Zeisig singen wirst.«
Jara senkte den Blick und umklammerte seine Gitarre. Regungslos mußte er zusehen, wie seine Freunde getötet wurden. Ein entsetzliches Gemetzel begann. Jeder am Boden Liegende, der noch am Leben war, erhielt mit dem Gewehrkolben Schläge, bis er sich nicht mehr rührte. Ein junges Mädchen, dessen lebloser Körper den Eingang blockierte, zerrte ein Soldat an den Haaren über den blutbespritzten Boden. Wer auch nur den kleinsten Widerstand leistete, bekam eine Kugel in den Kopf. Unzählige seiner Freunde sah Jara sterben. Und er selbst blickte noch immer in die Mündung des Gewehrs.
»Los jetzt«, bellte die rauhe Stimme. Jara spürte, wie sich ihm der Gewehrlauf in die Seite bohrte. Vor ihm lagen seine Freunde — tot oder schwer verletzt. Auf dem blutverschmierten Fußboden bahnte sich Jara einen Weg durch die zusammengekrümmten Leiber. Brutal stieß ihn der Mann vorwärts. Jara stolperte und bemühte sich, nicht auf seine toten Freunde zu treten. Der Soldat hinter ihm nahm darauf keine Rücksicht.
Jara wurde auf die Ladefläche eines Lkws gestoßen. Die Plane fiel herunter. Er suchte sich einen Platz zwischen den anderen Gefangenen, die dicht zusammengepfercht auf dem Lastwagen saßen. Viele von ihnen waren verletzt. Man brachte sie in die größte Sportarena des Landes, das Estadio Chile. Vor ihnen mußten schon viele andere hierhergebracht worden sein. Über tausend Menschen hockten zusammengekauert auf der Tribüne, auf der sonst jubelnde Sportanhänger ihre Idole anfeuerten. Jetzt hatten die Faschisten aus dem Stadion ein Konzentrationslager gemacht.

Victor Jara — Poet, Sänger, Schauspieler, Regisseur, Freiheitskämpfer und Volksheld. Er starb im Kampf gegen die Faschisten in Chile.

Ständig kamen neue Transporte. Flüsternd tauschten die Gefangenen Informationen aus.
Was sie erfuhren, raubte ihnen jeden Mut. Viele Freunde waren unter den Kugeln der neuen Machthaber gestorben. Niemand konnte mehr das Land verlassen. Die Grenzen waren hermetisch geschlossen. Die Regierungsgewalt lag jetzt bei General Pinochet. Gesetze und Verordnungen, die die Menschen vor den Übergriffen des Staates schützten, waren außer Kraft gesetzt. Hoffnungslos starrten die Menschen auf die Lastwagenkolonnen, die immer neue Gefangene brachten.

Donnerstag, 13. September 1973
Neben Jara kauerte ein etwa 15jähriger Junge. Fröstelnd zog er die Schultern hoch. Während der Nacht blies ein eisiger Wind über die Zuschauerränge, auf denen die Gefangenen noch immer bewacht wurden. Zu essen gab es nichts. Nur ein Eimer Wasser, in dem eine schmutzige Brühe schwappte, wurde von Hand zu Hand weitergereicht.

Jara legte dem Jungen seine Jacke um die schmalen Schultern. »Wie heißt du denn?«
»Luis. Und du bist Victor Jara. Ich habe dich gleich erkannt.«
Jara lächelte dem Jungen zu und nickte.
»Gestern früh haben sie unser Haus gestürmt«, erzählte Luis. »Mein Vater hat die Tür geöffnet, und bevor er ein Wort sagen konnte, haben sie ihn erschossen. Dann wurden meine Mutter und meine Brüder verhaftet. Mich haben sie hierher gebracht — was aus den anderen geworden ist, weiß ich nicht.«
Luis sah Jara hilfesuchend an. »Hoffentlich sind sie nicht dort drinnen.« Mit dem Kopf zeigte er zu den Umkleidekabinen, die unter den Zuschauerrängen lagen. Von dort hörte man die Schreie der Gefolterten. Immer wieder holten die Anhänger der Junta Gefangene zum Verhör. Unter der Folter erpreßten sie die Namen von Freunden und Bekannten, die für Allendes Sozialismus kämpften.
Jara versuchte den Jungen abzulenken. »Woher kommst du denn?« fragte er.
»Aus der Hochkordillere.«
Jara lächelte den Jungen an. »Weißt du schon, welchen Beruf du später einmal lernen willst?« fragte er, obwohl in diesem Augenblick keiner wagte, an die Zukunft zu denken.
»Am liebsten würde ich Sänger werden, genau wie du, aber ich glaube, meine Stimme reicht nicht aus.«
Jara wollte die Unterhaltung unbedingt weiterführen, vielleicht vergaß der Junge so wenigstens für ein paar Augenblicke, was hier geschah. Und auch Jara selbst war froh, sich ein wenig ablenken zu können.
»Deine Stimme reicht bestimmt, die beste Schule für den Gesang ist das Leben. Man muß den Menschen etwas sagen wollen. Und das kann man am besten mit einem Lied.«
»Hast du schon immer gesungen?«
»Ja, schon als Kind. Mein Vater war ein armer Landarbeiter. Mutter hat als Wäscherin gearbeitet. Abends ist sie in unserem Dorf als Volkssängerin aufgetreten. Sie sang nur Lieder aus dem Volk. Schon als Kind habe ich die Melodien immer mitgesummt.«
»Hast du nie einen anderen Beruf gehabt?«
»O doch. Ich war früher einmal beim Theater und habe sogar eine Ausbildung als Schauspieler. Dann bin ich Regisseur geworden. Drei Jahre habe ich am Theater der Universität gearbeitet und 1965 sogar als bester Regisseur des Jahres den ›Goldenen Lorbeer‹ bekommen.« Jetzt lachte Jara sogar ein wenig.
»Toll«, staunte Luis mit großen Augen. »Aber warum bist du dann Sänger geworden?«
Jara antwortete: »Ich habe mir überlegt, wie ich meinem Volk am besten dienen kann. Der Aufbau des Sozialismus ist eine wichtige Sache, der man seine ganze Kraft widmen muß. Ich wollte dort helfen, wo ich am nötigsten gebraucht wurde. In ein Theater gehen nur sehr wenige Menschen. Wenn ich aber singe und den Arbeitern, den Studenten und den Jugendlichen Mut mache, dann erfülle ich eine bessere Aufgabe.«
Luis nickte ernst. Es gefiel ihm, daß der große Victor Jara mit ihm so sprach, als ob auch er schon erwachsen wäre.

»Meine Stimme und meine Gitarre sind eine Waffe im Kampf für den Sozialismus und für eine gerechte und menschlichere Gesellschaft. Darum bin ich Sänger geworden, habe Lieder komponiert und Texte geschrieben und sie in vielen Ländern Lateinamerikas und in Europa vorgetragen.«
Vielleicht werde ich es auch schaffen, überlegte Luis. Doch dann ließ er wieder den Kopf hängen, weil wieder die Schreie der Gefolterten zu ihnen drangen. Viele, die zum Verhör geholt wurden, zerrten die Soldaten als leblose Körper an den Beinen wieder ins Stadion heraus.
Luis fröstelte. Diesmal konnte ihn auch die Jacke Jaras nicht mehr wärmen.
»Hab keine Angst«, sagte Jara leise und eindringlich. »Sie tun dir bestimmt nichts. Vielleicht bist du morgen schon wieder frei. Wenn du hier wieder herauskommst, dann gehe bitte zu meiner Frau und grüße sie von mir. Sage ihr, daß sie mich vermutlich nicht mehr wiedersehen wird.«

Freitag, 14. September 1973
Luis wurde tatsächlich freigelassen. Aber die Militärs schleppten auch immer neue Gefangene heran. Tausende von Menschen, Anhänger des ermordeten Präsidenten Allende und seiner Politik.
Jeden Fluchtversuch beantworteten die Bewacher mit einem Hagel von Maschinengewehrkugeln. Die zerfetzten Leiber blieben dort liegen, wo sie zusammengebrochen waren. Manchmal schob sie einer der uniformierten Männer mit dem Fuß beiseite, wenn sie im Weg lagen.
Dann holten zwei Soldaten Victor Jara zum Verhör. Jara stand vor dem Kommandanten des Lagers.
»Sieh einer an, unser Volkssänger«, sagte der Kommandant, »mal schauen, ob wir ihn auch hier zum Singen bringen.«
Nein, das werdet ihr nicht, sagte Jara zu sich selbst. Er schwieg und blickte zu Boden. Ganz gleich, was ihr mit mir machen werdet, kein Wort kommt über meine Lippen, das einen Freund verraten könnte.
Dann spürte er einen furchtbaren Schmerz, der ihn aufstöhnen ließ.

Samstag, 15. September 1973
Jara lag regungslos mit geschlossenen Augen. Langsam tauchte er aus der Bewußtlosigkeit auf. Sein Gesicht war naß, und er spürte Feuchtigkeit auf seinen Lippen.
»Er lebt!« hörte er eine Stimme rufen. »Hast du gesehen, wie er das Wasser aufgeleckt hat. Er lebt!«
Nahe an seinem Ohr hörte Jara eine zweite Stimme:
»Victor, Victor!«
Vorsichtig öffnete er die Lider. Über sich sah er einen grauen Himmel. Neben ihm kniete ein Mann, der mit der hohlen Hand Wasser aus einem Eimer schöpfte und Jaras Gesicht besprengte.
»Was haben sie mit dir gemacht?« wollte er wissen.
Stöhnend richtete Jara sich auf. Er lag auf der Zuschauertribüne im Estadio Chile. Neben ihm lehnte seine Gitarre.
»Laß gut sein!« wehrte er ab und blickte sich um. Seine Mitgefangenen saßen mit hängenden Köpfen herum.

»Gib mir einen Schluck Wasser!« bat Jara. Er streckte die Hand nach dem Kübel aus und nahm von der brackigen Flüssigkeit einen tiefen Schluck. Dann griff er zur Gitarre.
»Was hast du vor?« fragte sein Nachbar erschrocken.
»Ich werde singen!«
»Nein, tu's nicht. Sie werden es nicht zulassen.«
»Schau dir die Menschen an. Tausende sind hier versammelt. Jeder hat die Hoffnung aufgegeben. Ich will ihnen Mut machen.«
Jara stand mühsam auf, nahm seine Gitarre und sang — zuerst noch leise, zaghaft, dann immer lauter und kraftvoller.

»Wir sind fünftausend
hier in diesem kleinen Teil der Stadt.
Wir sind fünftausend.
Wie viele aber sind wir zusammen in den Städten
und im ganzen Land?
Wie viele Menschen ausgeliefert
dem Hunger und der Kälte,
den Schrecken und Schmerzen,
dem moralischen Druck,
dem Terror und dem Wahnsinn!
Einer gestorben,
ein Mann geschlagen,
wie niemals ich geglaubt hätte,
daß man ein menschliches Wesen
so schlagen kann.
Doch plötzlich erwacht mein Bewußtsein,
und ich sehe dieses Zeichen ohne Zittern.
Ich schreie auf gegen diese Schande.
Das Blut unseres Kameraden Präsidenten
schlägt stärker
als Bomben und Maschinengewehre.
Und so wird unsere Faust zurückschlagen.«

Zögernd hoben die Menschen ihre Köpfe und blickten den Sänger verwundert an. Wie konnte jemand inmitten dieses Elends singen! Stumm starrten sie auf den Mann, der aufrecht dastand, den Kopf mit den dunklen Locken stolz erhoben. Wie oft hatten sie Jara schon zugehört, hatten zu seinen Liedern rhythmisch mit den Händen geklatscht und sich dabei im Takt gewiegt. Doch das war in einer anderen Zeit gewesen, in einem anderen Jahrhundert.
Unruhe entstand auf den Rängen des Sportstadions. Ja, sagten sie sich, Victor Jara hat recht, man darf die Hoffnung nicht aufgeben. Noch sind wir am Leben.
Auch das Wachpersonal wurde aufmerksam.
»Hör sofort auf zu singen«, schrie ein Bewacher und richtete seine Maschinenpistole auf den Sänger.
Jara schlug einen neuen Akkord an.
»Seit ich lebe, kenne ich in meinem Land Ungerechtigkeit, Not und soziales

Elend. Ich glaube, darum ist in mir das Bedürfnis entstanden, Lieder zu singen für das Volk.« Das hatte er noch vor wenigen Tagen zu seinen Freunden gesagt. Nun war die Ungerechtigkeit und die Not am größten. Darum mußte er gerade jetzt singen.
Niemand konnte ihn mehr davon abhalten. Auch die Wachposten nicht. Sie rissen ihn zu Boden, zertrümmerten seine Gitarre und brachen ihm die Handgelenke, damit er nicht mehr spielen konnte.
»Gebt die Hoffnung nicht auf, Kameraden, habt Mut!« rief er den beinahe sechstausend Gefangenen zu.
»Los, singt mit mir.«
Jara richtete sich auf und dirigierte mit seinen verstümmelten Händen.
Laut stimmte er das Freiheitslied der Unidad Popular an:
»Venceremos! Venceremos! Wir werden siegen!«
Tausende fielen in seinen Gesang mit ein.
Hoch aufgerichtet stand er in dem riesigen Sportstadion.
»Venceremos!«
Dann zerfetzten die Kugelgarben der Wachposten seinen Körper.

Ernesto Cardenal

»Sandino lebt«

Ernesto Cardenal kam 1925 in der kleinen nicaraguanischen Stadt Granada zur Welt. Seine Familie stammte ursprünglich aus Spanien und gehörte zur begüterten Oberschicht des Landes. Später zog sie nach Leon um, und der kleine Ernesto erhielt eine standesgemäße Ausbildung. Niemand lächelte über den Jungen mit dem Vogelgesicht, wenn er verkündete:
»Einmal werde ich ein berühmter Dichter sein.« Denn erstens ist es in Nicaragua nichts Ungewöhnliches, Gedichte zu schreiben, ja, es ist fast ein Volkssport; und zweitens waren schon die ersten Verse aus der Feder Cardenals ganz außergewöhnlich geglückt.
»Er hatte Augen für die Schönheit der Bäume und Flüsse, der Blumen und Mädchen; er hörte Klänge, Geräusche und Gesänge und gab ihnen in seinen Gedichten Ausdruck«, schreibt Hans Ulrich Jäger, der eines der einfühlsamsten Porträts des großen Nicaraguaners geschrieben hat.
Von der weitverbreiteten Armut in seinem Vaterland erfuhr der Junge wenig. Er lebte behütet, und es ist fast anzunehmen, daß im Kreise seiner Familie die Erwachsenen dem späteren Diktator Anastasio Somoza Beifall spendeten, als der die Guardia Nacional aufbaute — eine Spezialtruppe zur Unterdrückung der unzufriedenen Bevölkerung. Wahrscheinlich war seine Familie auch nicht dagegen gewesen, daß die Amerikaner fünf Jahre lang — von 1928 bis 1933 — Nicaragua besetzt hatten, um die Interessen der einflußreichen US-Banken zu wahren. Augusto César Sandino, der mit einer Gruppe Aufständischer von den Bergen her gegen die Fremdherrschaft der Amerikaner gekämpft und einige erstaunliche Teilsiege errungen hatte, war dem jungen Cardenal zwar dem Namen nach bekannt, aber für ihn war dieser Aufständische kein Freiheitsheld wie für viele anderen Kinder in Nicaragua, sondern — wie er es von den Erwachsenen gehört hatte, ein gemeingefährlicher Verbrecher. Denn Sandino und seine Männer bekämpften genau jene Oberschicht, zu der auch Cardenals Familie zählte. Die Eltern Ernestos waren deshalb sicher erleichtert, als es Somoza gelang, Sandino in einen Hinterhalt zu locken und zu ermorden. Das war 1934. Ernesto Cardenal war neun Jahre alt.
Aber auch als er mit 17 Jahren auf die Universität kam, um Sprachen und Litera-

turwissenschaft zu studieren, war die Politik für ihn noch nicht wichtig. Er schrieb Gedichte und genoß die vielen Vorrechte eines reichen jungen Mannes. Dazu gehörte auch die Möglichkeit, im Ausland zu studieren. Ernesto schrieb sich in Mexiko City an der Hochschule ein und wechselte später zur Columbia-Universität nach New York. Bildungsreisen nach Europa rundeten seine Studien ab. Seine Doktorarbeit beschäftigte sich mit dem Thema »Sehnsucht und Sprache in der neueren Lyrik Nicaraguas«. Die Sehnsucht nach Freiheit spielte für ihn damals noch keine so große Rolle.

Das änderte sich schlagartig, als er nach Nicaragua zurückkehrte. Nachdem er viele andere Länder kennengelernt hatte, ging ihm nun auf, daß die Reichen seines Heimatlandes in einem paradiesischen Ghetto lebten, während die Armen um das Existenzminimum zu kämpfen hatten. Entsetzt nahm er wahr, mit welcher Brutalität der Somoza-Clan seine Macht und seinen Reichtum verteidigte.

Als ein deutscher Beobachter einmal auf dem Katasteramt der Hauptstadt Managua fragte, wie groß der Privatbesitz des Diktators Somoza sei, antwortete ihm ein Beamter mit spitzbübischem Lächeln: »Oh, das ist gar nicht so viel, wie man meint, es sind kaum zehn Prozent der kultivierten Fläche. Aber nimmt man die anderen Familienmitglieder hinzu und seine Gesellschaften, dann gehört ihm das halbe Land.«

Der Journalist Jürg Leuenberger schrieb im Züricher Tagesanzeiger vom 14. Oktober 1978: »Zum Somoza-Imperium gehören die nationale Fluggesellschaft Lanica, die Schiffahrtslinie Mamenic, die Hafenanlagen von Puerto Somoza, die Hotels de Nicaragua S.A., die Tageszeitung ›Novedades‹, die Fernsehgesellschaft Television de Nicaragua, der Radiosender ›Estación X‹, die Carnic (Fleischverwertung), Zuckerraffinerien, auf dem Bausektor die Firman Casanica, Nicalit (Eternit), die Zementfabrik des Landes, Metall-, Textil-, Verpackungs-, Tabakindustrien, Banken und Versicherungsgesellschaften. Zudem gelang es den Somozas auch, sich an fast allen ausländischen Investitionen namhaft zu beteiligen.«

Die Somozas gingen gnadenlos gegen jeden vor, der ihnen von all dem etwas streitig machen wollte.

Als er dies alles begriffen hatte, erschienen Cardenal seine eigenen Gedichte harmlos, unbedeutend und schal. Er begann andere zu schreiben — ganz andere. So etwa die Neufassungen biblischer Psalmen. Ein Vers aus seinem 36. Psalm etwa lautet:

> Noch werden die Konzentrationslager vergrößert,
> neue Foltern erfunden
> und neue Untersuchungsmethoden.
> Nachts schlafen sie nicht, sondern schmieden Pläne,
> wie man uns noch mehr zertreten
> und vollkommen ausbeuten kann.

Und sein 21. Psalm beginnt:

> Mein Gott, mein Gott — warum hast Du mich verlassen?
> Ich bin zur Karikatur geworden ...
> Panzerwagen umgeben mich,
> Maschinengewehre zielen auf mich,
> elektrisch geladener Stacheldraht schließt mich ein.

Ernesto Cardenal spricht bei der 1.-Mai-Feier in Madrid. Leidenschaftlich wirbt er für die Sandinisten in seinem Heimatland Nicaragua.

Jeden Tag werde ich aufgerufen,
man hat mir eine Nummer eingebrannt
und mich hinter Drahtverhauen fotografiert ...

Doch der Dichter Cardenal, der sein Mitleid und seine Liebe zu den leidenden Menschen in Verse zu fassen versteht, beendet seinen 21. Psalm mit Zeilen, die Hoffnung machen:

Aber ich werde meinen Brüdern von Dir erzählen.
Auf unseren Versammlungen werde ich Dich rühmen.
Inmitten eines großen Volkes werden meine Hymnen angestimmt.
Die Armen werden ein Festmahl halten.
Das Volk, das noch geboren wird,
unser Volk,
wird ein großes Fest feiern.

Ein Mann, der solche Gedichte schreibt, muß jedem totalitären Regime ein Dorn im Auge sein. 1950 war Cardenal zurückgekehrt, zwei Jahre später gingen Gedichte von ihm, die offiziell nicht veröffentlicht werden durften, von Hand zu Hand — auf hektographierten Blättern, in Schulheften, auf einfachen Zetteln. Die Guardia Nacional verhaftete den Dichter.
Aber Cardenal gehörte zu jener Zeit noch keiner organisierten Widerstandsgruppe an. Er schrieb auf eigene Faust gegen das Regime. Auch unter der Folter

konnte er keine Kameraden verraten, weil er in jener Zeit noch keine hatte. Die Nationalgarde ließ ihn wieder frei.
Doch die direkte Erfahrung mit den Schergen des Somoza-Regimes hatte Cardenal vollends aufgerüttelt. Der Dichter wurde zum Revolutionär. Nun schloß er sich einer Widerstandsgruppe an, lernte Schießen und war bereit, für die Freiheit seiner Landsleute in den Kampf zu ziehen.
Für April 1954 planten Somozas Gegner einen Aufstand. Sie wollten generalstabsmäßig vorgehen, das Regierungsviertel, den Rundfunk, den Flughafen und Somozas Privatresidenz besetzen. Die wenigen Reichen sollten enteignet, die Armen sollten am Reichtum des Landes beteiligt werden.
Somoza hatte freilich längst seine Spione in die Freiheitsbewegungen eingeschleust. Die Nationalgarde war genau über die Pläne der Opposition unterrichtet. Kurz bevor der Aufstand beginnen sollte, marschierte Somozas Guardia Nacional. In allen Teilen des Landes hob sie Stützpunkte der Somoza-Gegner aus. Ungezählte Menschen wurden verhaftet, gefoltert, totgeschlagen oder von Hinrichtungskommandos erschossen.
Ernesto Cardenal entkam. Er tauchte zunächst unter und konnte dann in die Vereinigten Staaten fliehen. In einer Nacht, die er mit wenigen Freunden in den Felsen des Gebirges verbrachte, schrieb er im Schein des Feuers:

Die Guardia Nacional sucht einen.
Einer hofft, diese Nacht noch die Grenze zu erreichen.
Niemand kennt seinen Namen.
Viele andere werden in Gruben verscharrt.
Niemand kennt ihre Namen, niemand kennt ihre Zahl.
Niemand weiß, wo die Gruben sind,
niemand, wie viele es sind.
Die Guardia Nacional sucht einen.
Einer hofft, Nicaragua noch diese Nacht zu verlassen.

Für Ernesto Cardenal ging die Hoffnung in Erfüllung. Tief bedrückt versuchte er, in Amerika Fuß zu fassen. Der Versuch, die Heimat gewaltsam vom Tyrannen zu befreien, war kläglich im Keim erstickt worden. Es mußte andere Wege geben. Cardenal zog sich in sich selbst zurück.
»Ich hatte eine Eingebung«, schreibt er, »ich müsse mich ganz für Gott einsetzen ... Ich wollte mich von Politik und Literatur zurückziehen.«
Cardenal suchte das Trappistenkloster Getsemani in Kentucky auf, wo ein berühmter Dichter und Mönch als Novizenmeister lebte: Thomas Merton. Eine ganz ungewohnte Stille umfing Cardenal. Die Mönche durften nur bei den Stundengebeten und bei den wenigen seelsorglichen Unterhaltungen mit dem Novizenmeister sprechen.
Aber Cardenals Begeisterung für das mönchische Leben verflüchtigte sich rasch. Es ist eben ein Unterschied, ob man sich in Gesprächen und Gedanken mit dem Rückzug ins Kloster beschäftigt oder ob man tatsächlich in der Stille und Strenge der Abgeschiedenheit lebt. Ernesto Cardenal litt unter der Vereinsamung, schöpfte aber andererseits auch Kraft aus der Ruhe und aus der Askese.

Thomas Merton besuchte seinen jungen Freund regelmäßiger in dessen Zelle als die anderen Novizen, und die Diskussionen verliefen immer ähnlich:
»Wie kann ich hier ruhig leben«, fragte Cardenal, »während draußen in der Welt so viele Probleme ungelöst sind? Das Leben eines Mönches war immer eine Flucht vor der Welt; vor einer Welt voller Ungerechtigkeit.«
»Der heilige Chrysostomus sagt, wenn die Städte christlich wären, brauchte man keine Klöster zu bauen«, gab Merton zweideutig zur Antwort. »Jeder hat seine eigene Berufung.«
Cardenal kannte diese Art zu diskutieren. Merton wollte ihn nicht von seinem Entschluß abbringen, er wollte ihn aber auch nicht vorschnell bestärken. Ernesto mußte seinen Lebensweg selber finden.
»Ich glaube, daß jeder nach seiner Berufung für die Befreiung kämpfen muß«, sagte Cardenal.
Nach zwei Jahren verließ er das Trappistenkloster Getsemani und begann das Studium der Theologie, um Priester zu werden. Wie wichtig die Zeit im Kloster für ihn gewesen war, betonte er später immer wieder:
»Eigentlich bin ich erst durch das mönchische Leben zu einem politischen Menschen geworden ... In Wirklichkeit bin ich durch das Evangelium zur Revolution gekommen.«
Als 40jähriger wurde Ernesto Cardenal zum Priester geweiht. Sengende Hitze lastete an jenem Tag über Managua. Man schrieb den 15. August 1965. Die Stadt war feierlich herausgeputzt zum Fest Mariä Himmelfahrt. Die Menschen strömten zur Kathedrale. Alle wollten sie die festliche Messe erleben. Aber sie waren auch neugierig auf den bekannten Dichter, der an diesem Tag zum Priester geweiht werden sollte.
Mit seinem schlichten weißen Umhang stach der angehende Pater von seiner festlichen Umgebung ab, von den schmuckdurchwirkten Gewändern des Bischofs, den goldenen Meßgeräten, den weihrauchumwehten Marienstatuen. So schlicht wie an diesem Tag wollte Cardenal auch in den folgenden Jahren bleiben. Er ging in keine der Stadt- oder Landpfarreien. Er suchte nicht die Achtung, die die Leute dem »Hochwürden« entgegenbringen, er wollte mit ihnen ihr tägliches Leben teilen.
Zusammen mit zwei Freunden entschloß er sich, auf einer Insel im Nicaraguasee zu siedeln und dort unter den Bauern und Fischern zu leben. Wiliam Agudelo und Carlos Alberto kannte er vom Seminar, sie waren allerdings beide frühzeitig abgesprungen und hatten sich so der Priesterweihe entzogen. Zu dritt kamen sie 1966 auf die Insel Mancarrón, die zur Solentiname-Gruppe gehört.
»Als wir eintrafen, war hier nur Urwald und verfilztes Buschwerk«, berichtete Cardenal. »Von dort aus, wo heute die Gebäude stehen, konnte man nicht einmal den See sehen. Wir rodeten mit Äxten und Macheten, und langsam öffnete sich uns eine herrliche Aussicht auf den See und die umliegenden Inseln. Ich hatte das Grundstück schon einige Zeit vorher mit dem Geld eines Literaturpreises und mit Hilfe von Freunden und Verwandten gekauft. Mit dem Geld konnten wir auch Hütten bauen. Das erste Gebäude aber war das Fertighaus aus Holz, in dem wir heute noch wohnen. Es war von einer Firma bei einer Verlosung als Preis ausgesetzt, den niemand abholte. Die Firma schenkte es uns. Es wurde

mühsam in Einzelteilen von Managua hierhergebracht und zusammengebaut. Eigentlich sollte dieses Haus nur für Besucher sein, weil es uns zu luxuriös erschien. Wir wollten in genauso einfachen, strohbedeckten Häusern leben wie die Bauern ringsum. Aber aus Geldmangel konnten wir zu Anfang kein zweites Haus bauen und wohnten so immer gemeinsam mit den Besuchern. Inzwischen ist aber ein weiteres einfaches Holzhäuschen mit Strohdach fertig, so daß wir das Fertighaus für Besucher freimachen können. Es ist paradox, daß wir aus Geldmangel nicht früher in eine ärmere Wohnung ziehen konnten.«

Die drei versuchten sich auch sonst dem Leben der Landbewohner anzupassen. So hatten sie zum Beispiel vor, allein vom Ackerbau zu leben. Doch sie mußten dieses Vorhaben bald aufgeben. Der Boden war zu karg, und die harte Arbeit der Bauern war für Cardenal und seine Freunde zu schwer. So begannen sie mit der Herstellung kunstgewerblicher Gegenstände und brachten diese Arbeiten auch den Bauern bei, um ihnen ein paar Nebeneinkünfte zu verschaffen; denn der Anbau von Bohnen und Reis warf nicht genug ab, um die Familien zu versorgen. Andere Pflanzen konnten aber kaum angebaut werden, dazu war der Boden nicht fruchtbar genug.

Carlos Alberto hielt es nicht lange auf der Insel aus. Ihn zog es zurück in die Stadt. Einige Zeit später ging auch der junge Dichter Wiliam Agudelo fort. Doch er kam bald zurück, mit seiner Frau Teresita, einer Lehrerin, die er inzwischen geheiratet hatte. Zusammen mit drei Jungen aus Bauernfamilien, Alejandro, Laureano und Elvis, gründeten sie eine Kommune. Sie wollten eine neue Gemeinschaft aufbauen, ohne sich festgesetzten Regeln und Vorschriften zu unterwerfen.

»Wir teilen Hände, Kopf, Wissen, Gefühle und Herz«, schwärmte Cardenal, »wir brauchen keine Zäune, wir leben aus dem Geist des Evangeliums.«

Sie brachten den indianischen Bauern und Fischern Lesen und Schreiben bei. Wenn Ernesto sonntags die Messe las, dann ging es dabei ganz anders zu als in normalen Gottesdiensten, denn die Gemeinde diskutierte die Probleme des täglichen Lebens.

»Es waren keine theologischen Diskussionen, sondern Gespräche unter Brüdern«, sagt Ernesto Cardenal.

Obwohl Ernesto Cardenal in der Abgeschiedenheit unter den Bauern lebte, schrieb er weiter Gedichte und Geschichten, und seine Popularität war ungebrochen. Immer wieder wurde er eingeladen, so zum Beispiel auch nach Kuba, wo er 1970 bei einem Lyrikwettbewerb als Jurymitglied fungieren sollte. Ganz wohl war ihm bei dieser Reise nicht. Die Regierung Somoza hatte allen Nicaraguanern den Besuch Kubas streng verboten. Cardenal wandte einen Trick an: Er beantragte ein Visum nach Mexiko. Von dort aus konnte er ungehindert nach Havanna, der Hauptstadt Kubas, weiterfliegen. Cardenal war gespannt, was ihn erwartete. In seiner Heimat galt Kuba als eine schlimme Diktatur und Fidel Castro als autoritär und intolerant.

»Dieser Besuch war von einschneidender Bedeutung für mich«, erklärte Cardenal nach seiner Rückkehr den Freunden. »Mir wurde klar, daß der Marxismus die einzige Lösung für Lateinamerika ist. Nicht nur die Tage, die ich in Kuba verbrachte, waren wie eine Erleuchtung, sondern vor allem die Zeit danach, während ich diese Erfahrungen verarbeitete.

Ernesto Cardenal nach der Verleihung des Friedenspreises des Deutschen Buchhandels 1980.

In Kuba wurde der Unterschied zwischen arm und reich aufgehoben. Keiner muß mehr hungern, aber es gibt auch keinen Luxus mehr. Das wenige, das im Land produziert wird, wird unter allen gerecht verteilt«, so sah es Ernesto Cardenal.

An langen Abenden, oft bis weit in die tropische Nacht hinein, diskutierten sie in der Kommune seine Erfahrungen. Immer wieder wurden Ernesto die gleichen Fragen gestellt:

»Darf ein Christ für die Revolution sein? Müssen wir nicht von der offenen Rebellion abraten?« Teresita, die junge Lehrerin, formulierte, was auch in den Köpfen der anderen Gesprächsteilnehmer zum entscheidenden Punkt geworden war:

»Wir Christen müssen demütig sein. Wir dürfen uns nicht gegen die Regierung auflehnen.«
Ernesto wiegte nachdenklich den Kopf. In seiner ruhigen, überzeugenden Art sagte er: »Ich glaube, alle lateinamerikanischen Revolutionäre sind der Meinung, daß eine friedliche Revolution vorzuziehen ist. Der wirkliche Revolutionär ist ein Feind der Gewalt, er will das Leben und nicht den Tod.«
»Aber es kann der Fall eintreten, daß die Revolution gewalttätig sein muß«, warf Laureano, der indianische Bauernjunge, ein.
»Manchmal muß sie Gewalt benutzen, weil die Machthaber die Macht nicht freiwillig hergeben, das heißt, dem Volk übergeben. Und diese Gewalt ist gerechtfertigt. Das ist das Recht auf Widerstand, das auch die Kirche immer allen Völkern zugestanden hat.«
Ernesto redete sich langsam in Feuer. »Eine Befreiung von der Unterdrückung kann nicht ungerecht sein, sie ist immer gerecht.«
»Aber wärst du fähig, ein Gewehr in die Hand zu nehmen und damit auf Menschen zu schießen?« fragte Laureano eindringlich.
»Ich habe noch nie ein Gewehr auf Menschen angelegt, noch nicht einmal auf einen Vogel. Aber um einen Unschuldigen zu verteidigen, wäre es vielleicht meine Pflicht. Es wäre gegen meine innere Haltung. Ich müßte meine Natur vergewaltigen, um das zu tun. Aber selbst Gandhi sagte, Gewalt sei Feigheit vorzuziehen, der Feigheit der Zusammenarbeit mit dem Feind. Gewaltlosigkeit ist besser als Gewalt, aber Gewalt ist besser als Feigheit.«
Natürlich wurden Ernesto Cardenals Gedanken nicht nur in den einfachen Hütten von Solentiname diskutiert. Der ungewöhnliche Priester wurde im ganzen Land gehört und verstanden. Immer wieder verließ er die kleinen Inseln, um landauf, landab Vorträge zu halten. Ebenso wie seine theoretischen Überlegungen fand auch der Versuch einer Landkommune das Interesse der Öffentlichkeit. In gemeinsamer Anstrengung konnten Bauern, Landarbeiter, Lehrer und Priester besser überleben als jeder auf sich allein gestellt.
Die Regierung in Managua betrachtete das Experiment von Solentiname mit steigendem Argwohn. Im ganzen Land gab es immer wieder Unruhen. Für den Geheimdienst bestand da eine Verbindung zu dem Priester, der so ganz anders war, als man es sich von einem Kirchenmann erwartete. Ständig empfing er ausländische Besucher, schwärmte von Kuba und setzte den Indios Flausen in den Kopf. So wurde Ernesto Cardenal in den Berichten beschrieben, die der Chef des nicaraguanischen Sicherheitsdienstes, Samuel Genie, an Somoza schickte.
Ausländischen Besuchern stellte sich die Kommune anders dar. Hermann Schulz zum Beispiel, Cardenals deutscher Verleger, besuchte Cardenal 1972. Er schildert das Zusammentreffen mit dem Dichter in Managua in einer ausführlichen Tagebuchnotiz:
»Ich warte auf ihn in einem Schaukelstuhl in der Hotelhalle. Die Bücher und Schallplatten, die ich für ihn mitgebracht habe, liegen vor mir auf dem Tisch. Ein Taxi hält; durch das Fenster sehe ich seine kleine aufrechte Figur, sehe, wie er aus dem Taxi steigt, die Sandalen auf das Pflaster setzt. Seine Haare sind länger als früher, denke ich, und stärker ergraut, fast silbern. Sie reichen ihm weit über die Schultern.

Wir umarmen uns und lachen uns an.
In der Hand trägt er eine elegante schwarze Ledertasche, die eigentlich nicht zu ihm paßt. Er trägt Jeans, ein einfaches weißes Bauernhemd, eine Baskenmütze, wie ich sie auf den Bildern des Ché gesehen habe.
Ich bestelle ihm ein Bier, während er die Bücher durchsieht, die neuesten deutschen Ausgaben, die ich mitgebracht habe.
Es ist jetzt 46 Jahre alt. Seine Augen sind die freundlichsten Augen, die ich kenne; sie sind intelligent und immer sehr weit entfernt...
Er hat ein metallisches, ansteckendes Lachen. Beim Zuhören stößt er ein tiefes zustimmendes Hmm durch die Nase. Wenn er spricht, hört man einen leisen Zischton, und jeder Satz wird von seinen Händen sanft und ruhig begleitet. Die Bewegungen seiner Hände sind elegant. Sein Vollbart ist sorgfältig geschnitten.«
Ein anderer Besucher, Hans Schöpfer, schreibt: »Schon die Reise nach den Inseln von Solentiname im Süden des riesigen Sees von Nicaragua ist ein Abenteuer für sich. Aber auch wenn es viel Zeit und Geduld kostet — es lohnt sich, diesen Dichtermönch zu besuchen.
Sein Haus, eine von einem Freund hingestellte, weiß getünchte Baracke, in der er mit seinen Mitbrüdern auf bescheidenste Weise wohnt, bot auch mir Obdach. In einer Ecke des Wohnraumes, der nur zur Hälfte mit einer Bretterwand unterteilt war, befand sich der Arbeitsplatz des Dichters: einige Reihen Bücher, eine Hängematte, ein kleiner Tisch mit einer alten Schreibmaschine, Fotos, Stoffbilder der Cuna-Indianer und ein paar archäologische Fundstücke der präkolumbianischen Inselbewohner.
›Schau, die Bücher, die Hängematte und das Reservebett hier, das wir abends für dich aufklappen werden, stehen dir zur Verfügung. Fühle dich wie einer der Unsern!‹ hieß mich der ungewöhnliche Trappist willkommen. So half ich auch gleich bei den täglichen Arbeiten mit wie jemand, der es seit jeher so tat, sei es beim frühmorgendlichen Fischfang mit der Angel, sei es in der Küche, sei es beim Steinetragen oder Holzsägen...
Natürlich blieb es nicht bei bloßen Handarbeiten. Wie Ernesto sagte, dienten diese bloß, um uns den Lebensunterhalt zu sichern. Allmorgendlich versammelte sich, wer sich nicht verschlief — und es verschlief oder versäumte sich sozusagen niemand — in einer zentral gelegenen Blätterdachhütte, die der Allgemeinheit als ›Stube‹ diente. Dort betete man in Begleitung des üppigen Vogelsanges, der bei tropischen Sonnenaufgängen anhebt, die Laudes, man las aus der Bibel, und man las mit kritischer Offenheit moderne Revolutionsliteratur, zum Beispiel das Beste von Castro, Chávez, King. Anschließend ging man in eine benachbarte Hütte, die als Küche diente, zum Frühstück. Das rauchgeschwärzte Dach hatte seine Regenlöcher und der Erdboden seine Unebenheiten wie die Behausung der Einheimischen.
In der Einfachheit des Wohnens, Essens und Arbeitens spürte man bald das Wohltuende gesunder Armut. Ich fühlte mich auf eigenartige Weise von einer Stimmung getragen, die für eine persönliche Vervollkommung höchst förderlich sein muß: vergänglichkeitsbewußt, fern aller ablenkenden Sensationen des Großstadtrummels, aufgehoben in einer Gemeinschaft...«
Schöpfer spricht auch von »hypnotischen Reiz des Friedens« in der Inselkom-

mune. Somozas Leute dagegen redeten von verbrecherischen Anstiftern zum Widerstand.
Aber die Mächtigen wollten dennoch nicht frontal gegen den beliebten Dichter und Priester vorgehen. Die Unruhe im Volk über das ungerechte und korrupte System wuchs ohnehin ständig.
»Das Schlimmste, was uns jetzt passieren könnte«, sagte Genie bei einer Sitzung von Somozas Sicherheitsrat, »wäre ganz bestimmt, Cardenal zum Märtyrer und damit zum Helden zu machen. Das Volk lechzt geradezu nach einem geistigen Führer.«
Somoza winkte ab. »Auch mit Cardenal werden wir fertig.«
Aber man beschloß doch behutsam vorzugehen und zunächst alles belastende Material über den oppositionellen Geistlichen zusammenzutragen.
Anderntags ließ Genie einen jungen begabten Unteroffizier kommen. Jorge Moya galt im Geheimdienst als besonders intelligent und verschlagen, gleichzeitig konnte er aber auch ganz außergewöhnlich charmant sein.
»Sie werden sich einem mehrwöchigen Training unterziehen«, befahl Genie, »und sich zum Volksschullehrer ausbilden lassen. Anschließend schleusen Sie sich in die Kommune Solentiname ein.
Als Schulmeister müssen Sie sich auch mit linkem Gedankengut vertraut machen. Lesen Sie Marx und Fidel Castro und studieren Sie ein bißchen die Bibel. Bei denen da draußen weiß ja keiner, sind's Christen oder Kommunisten ...«
»... was nicht unbedingt ein Widerspruch sein muß«, vollendete Moya mit feinem Lächeln.
Jorge Moya bekam neue Papiere, hieß von nun an Mario Peralta und verfügte über ein hervorragendes Abschlußzeugnis als Lehrer. Als er auf der kleinen Insel im Nicaraguasee ankam, wurde er freundlich aufgenommen — wie jeder, der sein Können und seine Begabung der Kommune zur Verfügung stellte. Ein neuer Lehrer, das bedeutete zusätzliche Chancen für die Indios, lesen, rechnen und schreiben zu lernen.
Und Mario Peralta war ein guter Lehrer. Die Kinder lernten schnell bei ihm, und sie mochten den lustigen jungen Mann. Auch Wiliam und Teresita Agudelo konnten den Neuling gut leiden. Cardenal aber sah Peralta immer häufiger forschend an. Ihm war aufgefallen, daß der junge Lehrer bei all seinen Predigten mitschrieb und sich auch Notizen machte, wenn sie in der Kommune diskutierten. Ernesto bat einen aufgeweckten Jungen namens Pedro, den neuen Mann ein bißchen zu beobachten.
»Aber die Sache muß unter uns bleiben — großes Ehrenwort«, fügte der Priester verschwörerisch hinzu.
Auf Pedro konnte er sich verlassen. Und der junge Kerl hatte Augen wie ein Luchs. Ihm entging nicht, wenn Peralta heimlich telefonierte, und er kam auch dahinter, daß die vielen Kuverts, die der Lehrer abschickte, keine Liebesbriefe, sondern Geheimdienstberichte enthielten. Als Perdro seinem großen Freund Cardenal alles erzählt hatte, setzte der sich hin und schrieb einen Brief an Samuel Genie:
»Schon seit längerer Zeit ist uns bekannt, daß der Lehrer Mario Peralta ein Sicherheitsagent ist. Ganz Solentiname ist von dieser Tatsache unterrichtet. Wenn

es Sie interessiert, was ich persönlich von der Regierung und dem ganzen gegenwärtigen System halte, so haben Sie es nicht nötig, Geheimagenten nach Solentiname zu schicken. Meine Meinung habe ich mehr als einmal öffentlich zum Ausdruck gebracht, und meine Bücher werden nicht nur in Nicaragua, sondern auch in anderen Ländern gelesen. Ich persönlich habe keine Furcht: ich habe nichts zu verlieren, weil ich bereits auf alles verzichtet habe. Und der größte Wunsch meines Lebens ist, für die Sache der Unterdrückten sterben zu dürfen, denn die Sache der Armen ist für mich die Sache Christi. Ich habe diesen Brief ohne persönlichen Groll geschrieben, denn kein menschliches Wesen ist mein Feind. Gott segne Sie alle.«

Trotz dieser offenen Worte wagten es der Sicherheitsdienst und die Nationalgarde noch immer nicht, gegen Cardenal und die Bewohner Solentinames vorzugehen, denn in aller Welt interessierte man sich für die Inselkommune.

Mit um so größerer Härte wurden dagegen die Aufständischen in den anderen Gebieten Nicaraguas verfolgt.

Denn der Widerstand gegen Somoza und seine Statthalter wurde nicht nur zunehmend härter, die Gegner des Gewaltregimes hatten es mit der Zeit auch gelernt, sich zu organisieren. Sie schlossen sich in der Sandinistischen Befreiungsfront zusammen, die nach dem legendären Freiheitskämpfer Sandino benannt wurde und mit großem Mut und Einfallsreichtum für die Rechte der Armen focht.

1974 verhängte Somoza das Kriegsrecht über das Land. Wo immer die Nationalgarde Anhänger oder Mitglieder der sandinistischen Befreiungsfront vermutete, ging sie mit unbeschreiblicher Brutalität gegen ganze Dörfer vor.

Empört berichtet Cardenal von den Qualen der Bauern in den anderen Teilen Nicaraguas:

»Sie wurden eingekerkert, gefoltert, ermordet, ihre Frauen vergewaltigt, ihre Höfe verbrannt, Menschen wurden aus Hubschraubern geworfen.«

Nach Aufhebung des Kriegsrechts 1977 beschloß die Jugendgruppe von Solentiname, den Sandinisten beizutreten. Cardenal erklärte später:

»Zu Anfang war uns eine Revolution mit gewaltlosen Kampfmethoden lieber. Aber später wurde uns klar, daß in Nicaragua derzeit der gewaltlose Kampf kein gangbarer Weg ist. Selbst Gandhi wäre mit uns einer Meinung.«

Die Spannung in Solentiname nahm von Tag zu Tag zu. Es war deutlich zu spüren, daß etwas passieren würde. Ernesto Cardenal sagte deshalb auch die Einladung zum 17. Deutschen Evangelischen Kirchentag in Berlin ab.

»In Solentiname wußte man, daß wir nicht immer Frieden und Ruhe genießen würden, wenn man das Wort Gottes in die Tat umsetzen will. Es war bekannt, daß die Stunde des Opfers kommen würde«, notierte der Priester.

Innerhalb kürzester Zeit überschlugen sich dann die Ereignisse. Die Jugendgruppe beschloß die Station der Nationalgarde im nahen San Carlos anzugreifen. Ernesto, den sie nach seiner Meinung fragten, konnte und wollte die Aktion nicht verhindern.

Nachts ruderten die jungen Leute zu der Garnison. Die Nationalgardisten hatten nicht mit einem Angriff gerechnet. Den Angreifern gelang es, den Stützpunkt der Somoza-Soldaten im Handstreich zu nehmen.

Aus dem Untergrund in die Regierung. Cardenal kam als Kulturminister seines Landes nach Frankfurt, um den Friedenspreis des Buchhandels entgegenzunehmen.

Doch es war ein kurzfristiger Triumph. Somoza und sein Geheimdienstchef Genie hatten endlich einen Vorwand, die Kommune »Unsere liebe Frau von Solentiname« aufzulösen. Die Gebäude wurden niedergebrannt, gegen Cardenal ein Haftbefehl erlassen. Der alte Fuchs freilich ließ sich wieder einmal nicht fangen. Er entwischte dem Greifkommando und gelangte gesund nach Costa Rica.

In den folgenden Monaten reiste er in zahlreiche Länder. Auf Versammlungen warb er für die Sache der sandinistischen Befreiungsfront. Er sprach mit Regierungen und versuchte sie dazu zu bringen, die Unterstützung für das Somoza-Regime zu sperren.

Nach den Versammlungen setzte er sich mit Freunden zusammen und erklärte ihnen die Situation in Nicaragua und seinen eigenen Standpunkt:

»Meine Waffe ist das Wort, meine Dichtung die Verkündigung des Evangeliums. Wir bekämpfen die Diktatur mit allen Mitteln. Ich kämpfe mit den meinen. Ich klage an, mit meiner Dichtung, als Priester.«

Oft traf er dabei auf Unverständnis. Vor allem für Mitteleuropäer waren die Zustände in Nicaragua unvorstellbar. Viele von seinen Gesprächspartnern hielten ihn für einen Traumtänzer. Doch der kleine weißhaarige Mann mit dem weißen Vollbart argumentierte geduldig, verglich Somoza mit Hitler, berichtete unermüdlich von den Greueltaten der Nationalgarde und der Armut der Bevölkerung.

Während Ernesto Cardenals Aufklärungsfeldzug in Europa brach in Nicaragua der offene Bürgerkrieg aus. Am 10. Januar 1978 wurde einer der Oppositionspolitiker, Pedro Chamorro, am hellichten Tag auf der Straße ermordet.

Diesmal war Somoza zu weit gegangen. Auch viele seiner reichen Freunde erschraken vor der Rücksichtslosigkeit und Brutalität des Diktators. Arbeiter traten in Streik, aber auch viele Unternehmer ließen für fünfzehn Tage ihre Betriebe ruhen, um gegen die Willkürakte Somozas zu protestieren. Zum erstenmal spürten die Armen und Unterdrückten, daß sie eine Chance hatten, den verhaßten Alleinherrscher abzuschütteln.

Die Sandinisten erhielten immer mehr Zulauf. Somoza aber isolierte sich zusehends. Statt die Zeichen der Zeit zu erkennen und die Zügel etwas zu lockern, ließ er jetzt noch härter durchgreifen. Und das Volk antwortete immer feindseliger. Zehnjährige bewarfen Somoza-Panzer mit Steinen, alte Männer bastelten Benzinbomben.

Somoza schlug wild um sich. Er ließ die eigenen Städte von seinen Bombenflugzeugen angreifen. In Esteli erschoß die Guardia Nacional alle Jugendlichen eines Straßenzuges standrechtlich. Der Präsident hielt sein eigenes Land militärisch besetzt.

Die Antwort war ein solidarischer Volksaufstand. Arbeitgeber und Arbeitnehmer riefen in einer gemeinsamen Resolution zum Generalstreik auf. Am 22. August 1978 gelang den Sandinisten ein Überfall auf das Parlament, und sie nahmen ein Dutzend Somoza-Anhänger als Geiseln, gegen die sie 60 politische Gefangene eintauschten.

»Als die Sandinisten mit den Geiseln und den befreiten Gefangenen zum Flugplatz fuhren, stand die Bevölkerung Managuas am Straßenrand Spalier und applaudierte«, berichtete Hans Ulrich Jäger.

Deutlicher als andere spürte Ernesto Cardenal, daß die Stunde der Entscheidung gekommen war. Im September 1978 schrieb er an die Kirchenleitungen vieler Länder:

Sehr geehrte Damen und Herren,
liebe Brüder und Schwestern!

Ich richte an Sie diesen Brief mit Hilfe meiner Freunde, die wissen, in welcher ernsten Lage meine Heimat Nicaragua in diesen Tagen ist. Sie selbst werden aus den Nachrichten davon erfahren haben, daß das nicaraguanische Volk frei werden will vom Joch der Unterdrückung eines Diktators und seiner Helfer, die in unvorstellbarer Grausamkeit Kinder, Frauen und Männer verfolgen, foltern und morden.

In den Reihen des Widerstandes stehen Christen. Die nicaraguanische Kirche hat sich eindeutig auf die Seite der Gerechtigkeit gestellt. Sie tut das in der Überzeugung, daß das Evangelium die Botschaft von der Befreiung des Menschen ist.

General Somoza verfügt über starkes Militär und Unterstützung anderer Diktaturen in Lateinamerika. Auch die USA haben aus verständlichen Gründen im Falle Nicaraguas mit ihrer Menschenrechtspolitik nicht Ernst gemacht.

Gegen diese Übermacht droht der Widerstand unseres Volkes zusammenzubrechen. Unsere Mittel reichen nicht mehr aus, Waisen, Witwen, Verwundete und die Familien der Gefangenen in Somozas Konzentrationslagern zu versorgen. Für sie brauchen wir dringend Überlebenshilfe.
Für diese Zwecke und für ärztliche Versorgung unserer Brüder brauchen wir jetzt Mittel. Denn es sind die Wochen der Entscheidung, die für ganz Lateinamerika wichtig sein werden.
Darum bitte ich Sie: Helfen Sie der Sache der Befreiung in Nicaragua. Tausende von Christen, darunter Hunderte von Priestern beider Konfessionen, haben alles, was sie hatten, und oft ihr Leben für diese Sache gegeben. Nun hoffen wir auf Sie und Ihre Brüderlichkeit.
Geben Sie diese Bitte auch Ihren Gemeinden zur Kenntnis, und helfen Sie, daß jeder, der die Befreiung Nicaraguas will, einen Weg dazu findet. Helfen Sie, daß Bereitschaft zur Hilfe nicht an der Trägheit der Herzen scheitert.
»Was ihr einem der Geringsten unter meinen Brüdern getan habt, das habt ihr mir getan« (Matthäus 25, 40).
Ich bitte Sie, unser Evangelium, das die Befreiung der Menschen zum Inhalt hat, ernst zu nehmen. Und beten Sie für die Kämpfenden in Nicaragua.
Wer mich kennt, weiß, daß ich nichts für mich will und bereit bin, für die Sache der Armen zu sterben, die die Sache Christi ist.
Mit einer brüderlichen Umarmung
19. September 1978
sig. Ernesto Cardenal.

Cardenals rastloser Einsatz trug viel dazu bei, daß die Weltöffentlichkeit die Vorgänge in Nicaragua mit wachsender Aufmerksamkeit beobachtete. Selbst die USA rückten nun vorsichtig vom Somoza-Regime ab. Präsident Jimmy Carter widersprach einer starken Gruppe von 78 Kongreßmitgliedern, die ihn aufforderten, Somoza zu unterstützen. In Amerikas Presse wurde immer häufiger darauf hingewiesen, daß man Menschenrechte nicht nur im Osten fordern dürfe. Auch im eigenen Wirtschaftsbereich müsse gelten, was man von der Sowjetunion und den anderen Ostblockstaaten verlange: Freiheit für jeden einzelnen. Zwar zwangen die Vereinigten Staaten, die den Somozas einst zur Macht verholfen hatten, den Diktator nicht zum Rückzug, aber sie unterstützten ihn auch nicht mehr.
In Nicaragua aber tobte der Bürgerkrieg, und die Regierungstruppen schienen die Oberhand zu behalten. Sie waren hervorragend ausgerüstet und gingen rücksichtslos gegen die Freiheitskämpfer und die Bevölkerung vor. Wer im Verdacht stand, die Sandinisten zu unterstützen, mußte oft schon diesen Verdacht mit dem Leben bezahlen.
Die Angehörigen der sandinistischen Befreiungsbewegung zogen sich in die Berge zurück, aber sie sammelten sich nur, um mit einer neuen Strategie gegen Somozas Streitkräfte vorzugehen. Im Februar 1979 schlugen sie an verschiedenen Stellen des Landes gleichzeitig los. Taktisch geschickt schufen sie sich einzelne Zonen, die sie beherrschten und von denen aus sie operieren konnten. Als am 29. Mai die Generaloffensive begann, hatten sie so viele Stützpunkte besetzt, daß

die Regierungstruppen sich stark verzetteln mußten. Überall im Land loderten die Feuer des Freiheitskampfes auf. Sie wurden schnell zu einem Flächenbrand; denn die Bevölkerung stand in ihrer großen Mehrheit auf der Seite der Sandinisten. In ganz Nicaragua grüßten sich die Menschen mit dem neuen Gruß: »Sandino lebt!«
Ernesto Cardenal hat es später in seinem Gedicht »Barrikade« so beschrieben:

Alle waren beteiligt.
Die Jungen, die fortgingen ohne Abschied von der Mutter,
weil sie nicht wissen sollte, daß sie gingen.
Der Mann, der zum letztenmal sein Mädchen küßte.
Und das Mädchen, das sich aus der Umarmung löste,
  um ein Gewehr zu umarmen.
Der Junge, der seiner Großmutter einen Kuß gab,
  bei der er wohnte,
und sagte, er käme gleich wieder, und die Mütze nahm
  und nicht wiederkam.
Alle, die Jahre in den Bergen lebten, Jahre
im Untergrund, in den Städten, die gefährlicher waren
  als die Berge.
Alle, die Botschaften überbrachten auf den dunklen
  Wegen des Nordens
oder Fahrer waren in Managua, Fahrer von Guerilleros
  in jeder Abenddämmerung.
Alle, die Versammlungen organisierten im Ausland
  mit Fahnen und Liedern
oder auf Teppichen standen im Vorzimmer
  irgendeines Präsidenten.
Alle, die Kasernen stürmten mit dem Schrei:
  Freies Vaterland oder Tod.
Der Junge, der Wache hielt an der Ecke
  einer befreiten Straße,
ein rotschwarzes Tuch vor dem Gesicht.
Die Kinder, die Pflastersteine schleppten,
die Steine aus den Straßen rissen
— der Straßenbau auch in den Händen Somozas —
und Stein um Stein schleppten
  für die Barrikaden des Volkes.
Die Frauen, die den Jungen auf den Barrikaden
  Kaffee brachten.
Alle, die wichtige Aufgaben hatten:
  Alle waren beteiligt.
Alle häuften wir Stein um Stein auf die große Barrikade.
Alle waren beteiligt. Das ganze Volk.
  Ein ganzes Volk am gleichen Strang.
  Und so schafften wir es.

Rasch eroberten die Freiheitskämpfer die Städte Leon, Masaya und Jinotega. Um die Hauptstadt Managua wurde erbittert gekämpft. In seiner Verzweiflung ließ Somoza seine Luftwaffe Angriffe auf die Elendsviertel am Stadtrand von Managua fliegen, weil er dort Schlupfwinkel der Sandinisten vermutete. Zigtausende starben im Bombenhagel. Aber als die Sandinisten Riva, die größte Stadt im Süden, und Esteli eroberten und sich stündlich näher an Somozas Hauptquartier in Managua herankämpften, gab Somoza schließlich am 17. Juli 1979 auf. Er verließ das Land. Die Regierung übernahm zunächst eine fünfköpfige Junta, der Mitglieder der unterschiedlichsten Oppositionsgruppen angehörten. Ernesto Cardenal wurde Kulturminister.
Damit überraschte er selbst gute Freunde und Bekannte. Fast alle hatten erwartet, daß er die Kommune in Solentiname wieder aufbauen würde. Doch für ihn gab es jetzt eine neue, größere Aufgabe:
»Ich denke nicht daran, unser kleines Gemeinwesen in Solentiname wieder aufzubauen. Ich denke an die viel wichtigere Aufgabe, die sich uns allen stellt, nämlich den Wiederaufbau des ganzen Landes.«
Dafür wollte er seine ganze Kraft einsetzen. Er sah es als Pflicht an, sich der neuen Regierung zur Verfügung zu stellen; daß er deshalb heftig angegriffen werden würde, hatte Cardenal wohl einkalkuliert.
Viele Geistliche hatten bis zuletzt zu Somoza gehalten. Für sie war Ernesto Cardenal ein Verräter. Sie lehnten die neue Regierung ab und forderten Cardenal auf, von seinem Amt zurückzutreten. Der Erzbischof von Managua, Miguel Obando y Bravo, versuchte mit Drohungen und Überredungskünsten Cardenal umzustimmen. Doch der revolutionäre Priester erklärte dem höchsten kirchlichen Würdenträger seines Landes:
»Das Christentum hat nur darum nicht den neuen Menschen schaffen können, weil es ihm nicht gelungen ist, die Strukturen zu ändern. Teilweise hat es sie sogar mitgeschaffen, weil es Komplize der Mächtigen wurde. Aber das ist nur eine Etappe des Christentums; vergessen wir nicht, daß die ersten Christen die besten Christen waren: nämlich revolutionäre und subversive Christen.«
Der Erzbischof konnte nur mit Mühe seine Fassung bewahren. Bei diesem Mann versagten seine Mittel. Grußlos verließ er den Raum und beendete damit den Dialog. Dies bedeutete die Spaltung der katholischen Kirche in Nicaragua. Während die Kreise um den Erzbischof, die Amtskirche, an ihrer alten Politik festhielten, scharten sich zahlreiche, meist jüngere Priester um Ernesto Cardenal. Sie wollten dazu beitragen, das Land wiederaufzubauen und eine neue, menschlichere Gesellschaft zu ermöglichen. Im Gegensatz zur Amtskirche nannten sie sich »Volkskirche«. Dem Appell an ihren christlichen Gehorsam, die katholische Kirche nicht zu spalten, hielten sie stets entgegen:
»Wenn wir heute sehen, daß irgendeine Lehre der Kirche gegen das Evangelium ist, dürfen wir sie nicht befolgen, sondern müssen allein unserem Gewissen folgen. Und wenn Arbeiterpriester und Revolutionäre für die Zukunft arbeiten, dann folgen sie ihrem Gewissen.«
Gestärkt wurde die Volkskirche in ihren Bemühungen, als Ernesto Cardenal 1980 mit dem Friedenspreis des deutschen Buchhandels ausgezeichnet wurde.
»Die Dichtung Ernesto Cardenals ist ein Gang durch die Geschichte seines Kon-

tinents, Erinnerungen an Leiden und Hoffnung der Völker und wortgewaltige Mahnung zur Liebe als dem einzigen Element der Veränderung. Sein Werk ist gegründet auf die Hoffnung an die noch nicht entfalteten Möglichkeiten des Menschen«, stand auf der Stiftungsurkunde.
Die Popularität Cardenals machte der Amtskirche zu schaffen. Wo es ging, legte sie den »Volkskirchlern« und der neuen Regierung Steine in den Weg. Und als im Frühjahr 1983 Papst Johannes Paul II. eine Mittelamerikareise unternahm, sahen sie ihre Stunde gekommen. Falls es überhaupt jemand gelingen konnte, die Volkskirche »zurückzupfeifen«, dann ihm.
Der Papst sollte auf dem größten Platz in Managua sprechen. Die Bevölkerung fieberte dem Oberhaupt der katholischen Kirche entgegen. Obwohl es Freitag, also ein Werktag, war, hatten die Läden in der Hauptstadt geschlossen. Die Menschen gingen nicht zur Arbeit, sie wollten Papst Johannes Paul II. sehen. Schon am frühen Morgen war der Platz überfüllt, obwohl der Papst erst abends erwartet wurde. 100 000 waren es, als der Papst eintraf. Mit Hochrufen wurde er begeistert empfangen. Lautsprecheranlagen übertrugen die Messe in die anliegenden Straßen und Gassen.
Aber die anfängliche Begeisterung schlug rasch um, als der Papst anfing zu predigen. Er erteilte der Volkskirche eine Absage:
»Wer so handelt, der spaltet die Kirche. Nicht das Leben auf dieser Welt mit ihren Problemen, die Vorbereitung auf das ewige Leben, das ist die eigentliche Aufgabe eines katholischen Priesters.«
Weiter kam der Papst mit seiner Rede nicht. Zuerst waren es nur einige Pfiffe, die von weiter hinten kamen. Doch je länger er redete, desto mehr steigerte sich der Lärm. Mit einem ohrenbetäubenden Pfeifkonzert gaben die Gläubigen ihrem Unmut Ausdruck.
»Ruhe!« Mit ausgebreiteten Armen, die Handflächen beschwichtigend nach vorne gestreckt, stand Johannes Paul II. auf dem Podium.
»Ruhe!« Nur mühsam gelang es ihm, sich wieder Gehör zu verschaffen, die aufgebrachten Menschen ließen sich kaum besänftigen.
»Was für die Priester, für die Hirten ihrer Gemeinden gilt, ist auch die Richtschnur für die Gemeinde selbst: der absolute Gehorsam gegenüber den Bischöfen, ihrem geistlichen Oberhaupt«, fuhr der Papst in seiner Rede fort.
Zwischenrufe unterbrachen ihn erneut.
»Poder popular — die Macht dem Volk!« riefen einige in der Menge.
»Poder popular, poder popular!« fielen die anderen ein. Die vereinzelten Rufe waren zu Sprechchören angewachsen.
»Wir wollen den Frieden und wir wollen die Kirche der Armen«, entgegneten sie dem Papst in neuen Sprechchören.
Die Menschen waren nicht gekommen, um sich vom Papst auf ein Leben nach dem Tod vertrösten zu lassen. Sie wollten eine Kirche und einen Papst, die etwas für ihr jetziges Dasein, für das irdische Leben tun. Mit einer Parteinahme für die Bischöfe hatte Papst Johannes Paul II. genau das Gegenteil von dem erreicht, was sich Erzbischof Miguel Obando y Bravo erhofft hatte. Aus einer Zurechtweisung Ernesto Cardenals und seiner Freunde war ein überwältigender Sieg für die Volkskirche geworden. Die 100 000köpfige Menge hatte sich lautstark hinter ihre Priester gestellt.

Wenn auch das Niederschreien des Papstes sicher nicht im Sinne Cardenals war, so zeigte es ihm und der Welt doch recht deutlich, daß die Probleme der Völker Lateinamerikas nicht mit Trostworten aus der Bibel und unbedingtem Gehorsam gegenüber kirchlichen Autoritäten zu lösen sind.
Die Differenz zwischen der Institution Kirche und gelebtem Christentum in unserer Zeit ist offenkundig. Wo Ernesto Cardenal steht, ist keine Frage mehr.

Martin Niemöller

Vom U-Boot-Kommandanten zum Kriegsgegner

»Wir werden nicht Ruhe geben, solange die Drohung des Atomtodes über unserem Volk hängt. Wer angesichts dieser Dinge schweigt, wird selbst schuldig.«
Dieser Satz stammt von einem Mann, der wohl zu den umstrittensten Persönlichkeiten in der Bundesrepublik Deutschland zählt.
Über 90 Jahre alt, fühlte sich der engagierte Christ, Pastor Martin Niemöller, auch in der Mitte der achtziger Jahre, noch immer verpflichtet, die Menschen vor den Massenvernichtungsmitteln zu warnen und den Frieden zu predigen.
Pastor Niemöller, der immer wieder junge Menschen auffordert, den Wehrdienst zu verweigern, stand in seiner eigenen Jugend dem Militär durchaus positiv gegenüber. Als ehemaliger Berufssoldat war er bereit, für Kaiser und Vaterland den Heldentod zu sterben. Auch als 1914 der Erste Weltkrieg ausbrach, änderte er seine Meinung nicht. Er kommandierte ein U-Boot und gehörte zu den besonders begeisterten Kriegsteilnehmern. In seinem Buch »Vom U-Boot zur Kanzel« schrieb er später:
»Ich bin als Seeoffizier über alle Maßen glücklich gewesen.«
Die Begeisterung für die Seefahrt, die hochkomplizierte Technik an Bord und ein kritikloser Patriotismus verdrängten Gedanken über die Grausamkeit des Krieges. Für die jungen Marinesoldaten war alles ein großes Abenteuer, bei dem man jagte und gejagt wurde. Jedesmal, wenn ein gegnerisches Schiff abgeschossen wurde, ertönte aus dem Grammophon das Deutschlandlied, und die Mannschaft bejubelte den Sieg. An die getöteten Feinde verschwendeten sie keinen Gedanken.
Auch nach dem Ersten Weltkrieg blieb Niemöller ein Staatsbürger, der alles guthieß, was von oben angeordnet wurde. Als Offizier, der nach eigener Aussage »nichts gelernt hatte«, schwankte er in der Berufswahl zwischen Verlagslektor, Mitglied bei einem Freikorps oder Schafzüchter in Argentinien. Aus keinem dieser Pläne wurde etwas. Im Mai 1919 fand Niemöller im Tecklenburger Land einen Bauernhof, auf dem er als Knecht arbeiten konnte. Von dem harten entbehrungsreichen Leben auf dem Land war er begeistert. Er träumte davon, selbst einmal einen Hof zu kaufen. An seine Braut Else Bremer, eine Arzttochter aus Elberfeld, schrieb er: »Muß die deutsche Wiedergeburt nicht, wenn sie über-

haupt kommen soll, von einem gesunden, freien und frommen Bauerntum ausgehen?«
Bevor Niemöller seine Arbeit auf dem Wieligmanns-Hof antrat, heiratete er Else. Sie arbeiteten hart und sparten konsequent auf das eigene Anwesen. Doch die Inflation fraß bald alles Ersparte auf. Niemöller wußte, daß er es nicht zum eigenen Hof bringen konnte.
Also wechselte er noch einmal den Beruf. Im Oktober 1919 begann er an der Universität Münster ein Theologiestudium. Nach dem Examen bekam Niemöller eine Anstellung als Lehrvikar in Münster. Schon ein halbes Jahr später stieg er zum Geschäftsführer der Inneren Mission Westfalen auf.
Im Villenvorort Berlin-Dahlem trat Niemöller im Sommer 1931 seine erste Stelle als Pfarrer an. Dort bekam er auch Kontakt zu den »Deutschen Christen«, einer kirchenpolitischen Strömung, die die zersplitterte protestantische Kirche in einer einheitlichen »Reichskirche« vereinigen wollte. Offen bekannten sich die »Deutschen Christen« zum »Führungsprinzip« in Staat *und* Kirche. Ihre Deutschtümelei ging so weit, daß sie alle Nichtarier aus der Gemeinde ausschließen wollten.
Bei der Reichstagswahl im Frühjahr 1933 gab Niemöller zwar der NSDAP seine Stimme, stand aber den »Deutschen Christen«, die er abfällig »Hitlers fünfte Kolonne« nannte, bereits kritisch gegenüber.
Kurze Zeit später schloß sich Niemöller dem »Pfarrer-Notbund« an — einer Vereinigung, aus der sich später die »Bekennende Kirche« entwickelte. Der »Pfarrer-Notbund« setzte sich dafür ein, daß zum Christentum bekehrte Juden nicht aus der Gemeinde ausgeschlossen werden sollten. Niemöller, der diese Haltung sehr nachdrücklich vertrat und sich offen dazu bekannte, Nichtarier als gleichberechtigte Mitglieder in die Kirche aufzunehmen, verstieß damit gegen die neuen Rassengesetze der Nazis.
Die Folgen ließen nicht lange auf sich warten: Niemöller wurde als Pfarrer abgesetzt. Gleichzeitig leitete man gegen ihn ein Disziplinarverfahren ein. Doch der Dickschädel im Talar blieb standhaft. Ohne sich um seine Absetzung zu kümmern, predigte er weiter, konfirmierte, taufte und beerdigte, als ob nichts geschehen wäre. Er schafft es sogar, als einziger einfacher Pfarrer in eine Kirchendelegation aufgenommen zu werden, die Hitler am 25. Januar 1934 in der Reichskanzlei empfängt. Der Führer erwartet ein Treuegelöbnis der Bischöfe. Und die Verantwortlichen der Kirchenleitung sind auch entschlossen, wenigstens eine Art Waffenstillstand zu erreichen. Wenn man den Ariergesetzen zustimme, so glauben sie, könne man in Ruhe und von den Nazis toleriert weiterarbeiten.
Bevor es zu einem Gespräch kommt, tritt der schwergewichtige preußische Ministerpräsident Hermann Göring vor und zieht einen Zettel aus der Jackentasche seiner prachtvollen Uniform.
»Ein gewisser Pfarrer Niemöller ...« beginnt er. Alle Augen richten sich auf den Gemeindehirten aus Dahlem.
Dann verliest Göring den Text. Es ist die Niederschrift eines Telefongesprächs, das Niemöller mit einem Amtsbruder aus der Bekennenden Kirche geführt hat und das von der Gestapo abgehört worden ist. Niemöller bezeichnete in dem Telefonat den Reichsbischof Müller als willfähriges Werkzeug des zu maßloser Selbstüberschätzung neigenden Führers. Es werde in der Reichskanzlei zur Kapi-

tulation kommen. Die »Herren Kirchenführer« seien womöglich zur Preisgabe des Evangeliums und der Kirche fähig.
Hitler tobt und Niemöller weicht keinen Millimeter zurück. Die Bischöfe versuchen zunächst zu vermitteln, stellen sich aber schließlich auf die Seite des Führers, um den Zorn dieses Allmächtigen zu besänftigen. Sie bezeichnen Niemöller als Störenfried und Querulanten. Hitler bekommt, ohne irgendein Zugeständnis seinerseits, was er wollte, eine Treueerklärung der evangelischen Kirche. Tags darauf berichteten die Zeitungen:
»Die Führer aller deutschen evangelischen Landeskirchen haben unter dem Eindruck der großen Stunde, in der sie mit dem Herrn Reichskanzler versammelt waren, einmütig ihre unbedingte Treue zum Dritten Reich und seinem Führer bekräftigt und sich geschlossen hinter den Reichsbischof gestellt.«
Wie sich Niemöller entschieden hatte, stand allerdings nicht in den Zeitungen. Er betrachtete das Treuegelöbnis als einen schrecklichen Skandal. Als Hitler die Herren verabschiedete, sagte Niemöller:
»Herr Reichskanzler, Sie haben gesagt: ›Die Sorge um das deutsche Volk, die überlassen Sie ruhig mal mir‹, als ich davon sprach, daß wir uns für das deutsche Volk verantwortlich fühlen. Ich aber sage Ihnen, die Verantwortung für das deutsche Volk, die können wir nicht weggenommen bekommen, die hat Gott uns auferlegt, und kein anderer als Gott kann sie uns wegnehmen — auch Sie nicht!«
Hitler starrte Niemöller voller Haß an und wandte sich abrupt ab. Der einfache Pfarrer wußte natürlich, daß er sich den Mächtigen zum unversöhnlichen Feind gemacht hatte. Schon am nächsten Tag polterte die Gestapo ins Dahlemer Pfarrhaus, um ihn zu verhören und ihm unverhohlen zu drohen. In seinen Gottesdiensten entdeckte Niemöller von nun an immer Männer, die jedes Wort seiner Predigt notierten. Doch Niemöller ließ sich von den Agenten nicht abschrecken. Nach wie vor verkündigte er: »Man muß Gott mehr gehorchen als den Menschen.«
Bis zum Sommer 1937 wurden 40 Gerichtsverfahren gegen ihn angezettelt. Aber noch immer stand Niemöller auf der Kanzel, ohne daß gegen ihn etwas unternommen wurde. Erst im Juli holte ihn die Gestapo nachts aus seiner Wohnung.
»Nur ein kurzes Verhör«, erklärten sie seiner verstörten Frau. Doch die Niemöllers glaubten den Männern in den glatten Ledermänteln kein Wort. Sie verabschiedeten sich, als ob es für eine lange Zeit wäre. Es wurden — mit einer Unterbrechung von wenigen Stunden — acht Jahre.
Nach siebenmonatiger Untersuchungshaft begann Niemöllers Prozeß. Die Anklage lautete auf »Verstoß gegen den Kanzelparagraphen«.
Das Gericht stand auf der Seite des widerspenstigen Pfarrers. Es verurteilte ihn zu sieben Monaten Festungshaft, die durch die Untersuchungshaft verbüßt waren, und zu 2 000 Mark Geldstrafe. In der Urteilsbegründung wird Niemöller bestätigt, er sei ein »Mann von unbedingter Wahrheitsliebe«.
Die Baseler Nachrichten jubelten über Niemöllers Sieg: »Es gibt noch Richter in Berlin.«
Doch die Freude dauerte nicht lange. Die Richter erhielten Beförderungssperre, und Niemöller kam nicht einmal dazu, zu Hause seinen Koffer auszupacken. Am

Martin Niemöller, der das Naziregime trotz eines jahrelangen KZ-Aufenthaltes überlebte, erhoffte nach dem Krieg eine Aufarbeitung der schlimmen Vergangenheit. 1949 sagte er als Zeuge gegen die Hersteller des Gases aus, das zur Vernichtung von Millionen Juden verwendet wurde.

Tage seiner Entlassung wurde er erneut verhaftet. Als »Hitlers persönlicher Gefangener« transportierte ihn die Gestapo ins KZ Sachsenhausen-Oranienburg. Drei Jahre lang hielt ihn der Lagerkommandant in Einzelhaft. Später verlegte man ihn in das KZ Dachau.
Verzweiflung, Depression und ohnmächtiger Zorn überwältigten ihn während seiner Haft immer wieder:
»Die ganze Nacht habe ich nicht geschlafen. Ich habe nichts getan als mit Gott gehadert«, sagt Niemöller zu seiner Frau, die ihn bis zum Beginn des Krieges mit einem der sieben Kinder einmal pro Monat besuchen durfte. Niemöller nahm regen Anteil am Familienleben: Er wollte dabei sein, gefragt werden und Entscheidungen treffen. Er wurde oft ungeduldig, zornig, manchmal sogar böse, wenn seine Anweisungen nicht ausgeführt wurden. Über die Zeugnisse seiner Kinder schrieb er am 6. April 1938 an seine Frau: »Eigentlich bin ich über die Zensuren recht befriedigt. Aber Brigittes Unordnung und Jans Schrift ärgern mich mehr als eine Vier in irgendeinem Fach.«
Er kümmerte sich um alles, was draußen geschah. Seine Frau überhäufte er mit Aufträgen aller Art, mit Gemeindeangelegenheiten und mit Grüßen und Bestellungen. Sogar um den Verlauf der familiären Weihnachtsfeier sorgte er sich. Er wollte genauen Bericht vorgelegt bekommen, welches Programm geplant war.

Die Verbissenheit, mit der sich Niemöller am Leben außerhalb des Lagers beteiligte, war sein Schutz gegen die Verzweiflung. Das einzige, was er vor seinem Zellenfenster sehen konnte, war ein Stück Himmel und der Galgen.
»Ich habe damit gerechnet, daß ich eines Tages dort aufgehängt werden könnte. Ich habe dabei nur eine Angst gehabt, ich könnte, wenn ich dort hinge, auf die Menschen, die mich zu Unrecht aufgehängt hätten, Gottes Gericht herabfordern und so im Unglauben sterben«, berichtet er in seinen Dachauer Predigten.
Im April 1945 besuchte ihn seine Frau zum letztenmal. Else traf ihren Mann in niedergeschlagener Stimmung an.
»Sie wollen uns verschleppen, aber ich will nicht verschleppt werden«, sagte er zu ihr.
Die Gerüchte, die hinter vorgehaltener Hand weitergeflüstert wurden, trafen tatsächlich zu. Zwei Wochen später startete ein offener Lastwagen mit politischen Sonderhäftlingen zu einer Fahrt ins Ungewisse. Über München, Innsbruck und den Brenner erreichte der Transport nach tagelanger Fahrt Südtirol. Wie aussichtslos ihre Lage war, erkannten die Häftlinge erst, als einer von ihnen im Gepäck des verantwortlichen Offiziers ein Dokument entdeckte, in dem es hieß: »Keiner der Gefangenen darf lebend dem Feind in die Hände fallen.«
Doch fünf Tage später war ihr Schicksal entschieden. Die Amerikaner rückten vor. Der Offizier übergab seine Gefangenen kampflos an die U. S. Army. Niemöller, den sein Mut und seine Standhaftigkeit weltweit bekannt gemacht hatten, war sofort von einem Schwarm Journalisten umlagert. Auch politische Offiziere interessierten sich für den KZ-Häftling. In Wiesbaden verhörte ihn ein Amerikaner, der sich für Niemöllers zukünftige Pläne interessierte.
»Nennen Sie das Befreiung?« fauchte der Pastor den Offizier an. »Wenn Sie mich nicht in Ruhe lassen, werde ich in den Hungerstreik treten. Hungern, das habe ich im KZ gelernt.«
Niemöller legte sich auf ein Bett und war für niemanden mehr zu sprechen. Zwei Tage später war er frei.
Sofort begann Niemöller wieder zu arbeiten. Verwundert fragte man ihn, ob er nach den langen Jahren im KZ nicht erst einmal ausspannen wolle. Niemöller erklärte:
»Ich habe geschwiegen, als die Nazis die Kommunisten holten, denn ich war nicht Kommunist; als sie die Sozialdemokraten holten, habe ich geschwiegen, denn ich war kein Sozialdemokrat; als sie die fortschrittlichen Katholiken holten, habe ich immer noch geschwiegen; als sie schließlich mich holten, war keiner mehr da, der protestieren konnte.«
Seine ganze Kraft widmete Niemöller der Bekennenden Kirche. Noch immer gab es die alten Gegensätze zur amtlichen Kirche. In seiner ersten öffentlichen Rede sagte er:
»Wir können nicht einfach weiterarbeiten, als ob nichts geschehen wäre. Wir müssen an einer Erneuerung der Kirche arbeiten, an einer echten und ernsthaften Reformation. Deshalb müssen wir eine Anzahl von Personen in den Kirchenleitungen loswerden, die für dieses Amt nicht geeignet sind. Das, was wir heute unserem Volk zu sagen haben, ist, daß wir viel mehr schuldig sind und versuchen wollen, in Zukunft unsere Pflicht recht zu erkennen und treu zu erfüllen.«

Als Niemöller 1945 diese Sätze sprach, sorgte er damit für ungeheuren Zündstoff. Schon wieder galt er als Querulant und Störenfried. Später sagte er zu Journalisten: »In der Zeit nach 1945 habe ich unter der Kirche mehr gelitten als zuvor unter dem ganzen Nationalsozialismus.«
Eine Welle der Empörung ergriff Christen und Nichtchristen, als Niemöller im Oktober des gleichen Jahres als stellvertretender Vorsitzender des Rats der Evangelischen Kirche Deutschlands die Stuttgarter Schulderklärung mit unterzeichnete. Darin heißt es:
»Durch uns ist unendliches Leid über die Völker und Länder gebracht worden. Wir klagen uns an, daß wir nicht mutiger bekannt, nicht treuer gebetet, nicht fröhlicher geglaubt und nicht brennender geliebt haben.«
Vor diesem Schuldbekenntnis schreckten viele zurück. Studenten in Erlangen, Göttingen und Marburg, denen er das Schuldbekenntnis vortrug, protestierten und wendeten sich von der Kirche ab.
Trotz der vielen Anfeindungen wurde Niemöller im Oktober 1947 zum Präsidenten des Rates der Evangelischen Kirche Deutschlands berufen. Zeit seines Lebens setzte er sich für die ökumenische Arbeit der Kirchen ein. Sein Hauptziel aber war die Verhinderung eines weiteren Krieges. Auf der ersten Weltkirchenversammlung im Jahr 1948 in Amsterdam erklärten die Versammelten den Krieg als Sünde. Doch der Ruf: »Nie wieder Faschismus, nie wieder Krieg!« verklang rasch.
Im März 1950 lud Bundeskanzler Konrad Adenauer den Rat der Evangelischen Kirche zu einer Aussprache ein, um die Mitglieder dieses Gremiums für seine Politik der Wiederaufrüstung und der Bindung an den Westen zu gewinnen. Niemöller machte sich sofort unbeliebt:
»Herr Bundeskanzler, wenn Sie die Bundesrepublik wiederbewaffnen, kriegen Sie auch die Wiederbewaffnung in der Deutschen Demokratischen Republik. Sie befestigen damit endgültig die Spaltung Deutschlands in zwei Staaten und schieben die Wiedervereinigung auf den Sankt Nimmerleinstag.«
Nach einigem Zögern schwenkten die Amtskirchen, die Landesbischöfe und die Synode dennoch auf Adenauers Kurs ein. Niemöller kündigte seinen eisernen Widerstand an.
Im gleichen Jahr noch bot Adenauer den drei westlichen Besatzungsmächten, den Amerikanern, Franzosen und Engländern, westdeutsche Truppenkontingente gegen den Osten an. Als 1952 die Sowjetunion der Bundesrepublik Gespräche über die Wiedervereinigung Deutschlands vorschlug, lehnte Adenauer ab. Die Forderung der Russen, das wiedervereinigte Deutschland dürfe keinem Militärbündnis mehr angehören, das gegen einen Staat gerichtet sei, der am Krieg gegen Nazi-Deutschland teilgenommen habe, erschien ihm als unerfüllbar, weil zu gefährlich. Ein neutrales Deutschland, so glaubte der Kanzler, wäre eines Tages von der größten europäischen Macht, der Sowjetunion, geschluckt worden.
1955 führte Adenauer die Wiederbewaffnung ein und schloß die Bundesrepublik der NATO an.
Ein Jahr zuvor war die Wasserstoffbombe zum erstenmal erprobt worden. Mit dieser neuen Bombe konnte man nicht nur Städte, sondern ganz Staaten mit ihrer Bevölkerung ausradieren. Der Rat der Evangelischen Kirche erklärte:

»Die Entwicklung der Atomwaffen erfüllt die Christen in Deutschland mit schwerer Sorge. Es werden jetzt Waffen hergestellt, die die Massenvernichtung menschlichen Lebens bezwecken und gegen deren Wirkungen sich niemand mehr zu schützen vermag. Damit werden kriegerische Auseinandersetzungen zwischen den Völkern zu einem Schauspiel unmenschlicher und grauenvoller Verwüstung.«

Niemöller forderte die Ausmerzung und das Verbot von Atom- und Wasserstoffwaffen und allen anderen Massenvernichtungsmitteln sowie eine Beschränkung aller Rüstung auf ein Minimum.

Unter dem Motto: »Der Atomtod bedroht uns alle« rief Niemöller 1958 zum ersten Ostermarsch auf. Er selbst führte den Zug an und verlas bei der Kundgebung die Göttinger Erklärung von 18 Atomphysikern, die sich öffentlich weigerten, bei der Herstellung von Massenvernichtungsmitteln mitzuarbeiten. In seiner Rede sagte er:

»Als 1945 die Amerikaner die erste Atombombe auf Hiroshima abwarfen, starben innerhalb weniger Sekunden zweihundertvierzigtausend Menschen. Heute noch kommt jedes siebente Kind in Hiroshima behindert zur Welt. Neben den Totgeburten gibt es Kinder ohne Gehirn, ohne Nasen und Ohren, ohne Augen oder ohne gesunde Glieder. Die volle Auswirkung der radioaktiven Schädigung wird sich erst in dreißig bis vierzig Generationen zeigen, das sind achthundert bis tausend Jahre.

Heute verfügen die USA über elftausend solcher Sprengköpfe. Das, was wir heute Frieden nennen, ist ja schon Krieg, wenn es der Friede mit der Atombombe ist. Wir leben mitten im Krieg.«

Wegen dieser Haltung wurde Niemöller oft als Kommunist beschimpft. Adenauer nannte ihn einen Dummkopf und Verräter, und die Synode der Evangelischen Kirche in Deutschland setzte ihn als Präsidenten des kirchlichen Außenamtes ab. Frei von allen lästigen Verwaltungsämtern konnte er sich nun ganz seiner Aufgabe widmen, gegen die Aufrüstung zu kämpfen.

»Der Krieg im Atomzeitalter ist keine politische Möglichkeit mehr; und jeder, der dazu hilft, ihn als Wahnsinn aufzudecken und dies Verbrechen zu verhüten, leistet damit einen Dienst zur Bekämpfung der Unmenschlichkeit und einen Beitrag zur Rettung der Menschheit«, predigte er 1964.

»Wir brauchen eine friedliche Welt, nicht nur die Abschaffung des Krieges als politisches Täuschungsmittel, sondern die Absage an den uralten Gedanken, wir Menschen könnten uns auf Kosten unserer Mitmenschen Vorteile verschaffen und unser Leben erhalten. Leben können wir nur miteinander und füreinander. Am Ende des Jahrhunderts werden auf dieser Welt zirka siebeneinhalb Milliarden Menschen leben, davon eintausendachthundert Millionen Weiße und über fünftausendvierhundert Millionen Farbige. Fünfundsiebzig Prozent dieser Menschen werden unterernährt sein. Was werden die Farbigen mit den Weißen machen? Was die Hungrigen mit den wenigen Satten? Wenn wir bis dahin nicht gelernt haben, daß wir alle in einem Boot sitzen und nur noch ein gemeinsames Schicksal haben, dann wird das große und furchtbare Ende kommen.«

Zehn Jahre nach dem Tod seiner Frau, die bei einem Autounfall ums Leben gekommen war, heiratete Niemöller 1971 zum zweitenmal: Sybil Niemöller, gebo-

Pastor Niemöller — ein Vorkämpfer für den Frieden. Das Bild entstand 1970 und zeigt ihn mit einer Überlebenden des Massakers von My Lai in Südvietnam. Auch 14 Jahre später war Niemöller noch aktiv im Streit um Frieden und Abrüstung.

rene von Sell, die Freundin einer seiner Töchter. Auch sie nimmt aktiv an Niemöllers Friedensarbeit teil.
Lange bevor es in der Bundesrepublik eine Friedensbewegung gab, hatte Niemöller schon vor den Folgen der atomaren Rüstung gewarnt. Viele Jahre hatte es gedauert, bis die Bürger begriffen hatten, daß ihr Land noch immer keinen Frie-

densvertrag hat, daß die Bundesrepublik Stationierungsort der Pershing-I- und Pershing-II-Raketen werden soll und daß die Wälder Depots mit gefährlichen Giftlagern und Atomsprengköpfen beherbergen. Erst Ende der siebziger Jahre wehrten sich die Bürger dagegen, zum Testgelände für einen atomaren Erstschlag zu werden.

Christen, Marxisten, Sozialdemokraten, ehemalige Militärs, Journalisten, Juristen und Politologen griffen Ende der siebziger Jahre Niemöllers Idee auf und warnten vor den Folgen des Wettrüstens. So sagte zum Beispiel Max Born vor Offizieren des Bundesgrenzschutzes:

»Die modernen Massenvernichtungswaffen verdienen den Namen Waffe nicht mehr. Sie führen dazu, Menschen als Ungeziefer anzusehen und auszurotten wie Ungeziefer. Auf dieser Anschauung beruht die Aufrüstung und strategische Planung. Ich kann mir nichts Unsittlicheres und Verwerflicheres denken. Moderne Waffen lassen keinen Raum für irgendwelche sittlich begründeten Einschränkungen.«

Gerd Bastian quittierte seinen Dienst als General bei der Bundeswehr und hielt gemeinsam mit dem Friedensforscher Alfred Mechtersheimer Vorträge, um vor sinnloser Rüstung zu warnen, die jetzt schon ausreicht, um die Erde 14mal zu vernichten.

Ärzte schlossen sich zusammen, um die Bevölkerung über die medizinischen Folgen eines Atomkrieges aufzuklären.

»Die Lebenden werden die Toten beneiden«, erklärten sie und bewiesen, daß im Falle einer atomaren Katastrophe auch Zivilschutzbunker vor der Radioaktivität nicht schützen können.

Allen voran predigt und appelliert Niemöller an die Menschen aller Generationen. Als ihn ein Journalist einmal fragt, wie sich sein politischer Widerstand mit der Lehre Christi vereinbaren lasse, antwortet er:

»Die Obrigkeit wird vom Volk gesetzt für eine bestimmte Zeit, zu bestimmten Bedingungen, mit bestimmten Bindungen. Heute haben wir eine Obrigkeit umzuändern, wenn sie nicht das tut, was nach dem Urteil des Volkes, von dem die Gewalt ausgeht, zu geschehen hat. Dann wird die Obrigkeit abgesetzt, und kein Mensch wird das oder kann das als Sünde gegen Gottes Autorität oder Willen ansehen.«

Niemöllers Leitmotiv ist die Liebe und die Verständigung. Als am 10. Oktober 1981 in Bonn 300 000 Menschen für Frieden und Abrüstung demonstrieren, steht der 90jährige auf dem Podium. Es wird die größte Demonstration in der Geschichte der Bundesrepublik Deutschland. Schon Tage vorher sind Friedensfreunde aus allen Teilen des Landes ausgezogen, um in Bonn dabei zu sein. Sie fahren Hunderte von Kilometern mit dem Fahrrad, reisen per Autostopp oder sogar mit dem Schiff rheinabwärts nach Bonn. Tausende kommen mit Bussen und Sonderzügen. Sie alle wollen gegen die Gefahr protestieren, daß Europa im Falle eines Krieges zum atomaren Schlachtfeld wird.

Vom frühen Morgen an ziehen sie in langen Demonstrationszügen durch die Innenstadt. Den Gesichtern der Teilnehmer sieht man an, daß sie wenig geschlafen haben, viele frösteln an diesem neblig-kalten Herbstmorgen in der Bundeshauptstadt. Doch sie alle sehen auch fröhlich aus. Zum erstenmal zeigt sich, wie viele

Leute gegen die weitere Aufrüstung sind. Niemand hat mehr das Gefühl, allein zu sein. Die Demonstrationszüge werden immer größer und bunter.
Eine Gruppe junger Leute trommelt auf leeren Blechtonnen. Andere rufen in Sprechchören Parolen:

»Ene mene miste, Raketen in die Kiste,
ene mene mu, macht die Kiste zu,
ene mene meck, werft die Kiste weg.«

Oder: »Nach Rüstung kommt Krieg.«
Oder: »Keine Moneten für die Raketen.«
Weiter hinten im Zug singen die Leute:

»Jetzt müssen wir kämpfen,
keiner weiß wie lang,
jetzt müssen wir kämpfen, gegen den Krieg;
und für ein Leben ohne Rüstungswahn,
dafür laßt uns kämpfen,
los, fangt heute an,
wir kämpfen zusammen, nicht allein.«

Immer wenn ein Demonstrationszug an dem Kundgebungsplatz ankommt, wird er von den Anwesenden mit großem Hallo empfangen.
Der Hofgarten in Bonn, wo die Kundgebung stattfindet, ist bald überfüllt. 100 000 Menschen haben dort Platz, dreimal so viele sind gekommen. In der ganzen Innenstadt verteilen sich die Demonstranten auf kleinere Plätze. Über Lautsprecher werden die Ansprachen der Redner übertragen. Für Martin Niemöller ist dies einer der größten Tage in seinem Leben. Für einen Tag gehört die Bundeshauptstadt den Friedensfreunden. Vor Hunderttausenden verkündet der hochbetagte Pastor seine Botschaft:
»Wer Frieden will, muß sich mit dem, den er als einen vielleicht nur potentiellen Feind betrachtet, unterhalten, mit ihm leben lernen und leben wollen. Wenn ich einen Gegner habe, mit dem ich gar keinen Frieden haben will, dann soll ich vom Friedenswillen nicht mehr reden. Wer heute glaubt, die eigene Sicherheit und den eigenen Wohlstand ohne Rücksicht auf das gemeinsame Schicksal mit anderen Menschen, Völkern oder Rassen gewinnen oder erhalten zu können, wer sein Leben auf ein solches Ziel hin programmiert, der hat es schon verfehlt und hat sich schon selbst aus der allein noch möglichen menschlichen Gesellschaft ausgeschlossen. Es gibt nur einen Schritt zum menschlichen Überleben: Schluß mit dem Rüsten — statt dessen ernsthafte und friedsame Arbeit bis zu dem Ziele einer ihrer Solidarität bewußten, friedlich miteinander und füreinander lebenden Erdbevölkerung, einer Menschheit, wie Gott sie haben will.«